놀랍게 쉬운
인공지능의
이해와 실습

한선관, 류미영, 김태령, 고병철, 서정원 지음

BM (주)도서출판 성안당

놀랍게 쉬운
인공지능의
이해와 실습

한선관, 류미영, 김태령, 고병철, 서정원 지음

BM (주)도서출판 성안당

머리말

'소프트웨어 중심 사회'라는 정책이 5년도 지나지 않아 'IT 강국을 너머 AI 강국으로'라는 정책으로 바뀌면서 인공지능이 모든 세상을 바꾸는 시대에 돌입했습니다. 이러한 급작스러운 변화는 우리에게 당혹감과 부담을 주는 것이 사실이지만, 그 이면에는 새로운 가치와 도전이라는 기회의 측면도 있습니다.

인공지능을 제대로 이해하는 것은 그리 간단한 문제가 아닙니다. 인공지능은 컴퓨터 과학의 학문 분야에서도 가장 윗부분에 있는 영역의 기술입니다. 기본적인 컴퓨터 과학의 지식을 바탕으로 하드웨어와 소프트웨어를 이해하고 데이터에 대한 과학적 지식이 필요합니다. 인공지능은 컴퓨터 사용자인 인간의 지능을 구현하는 학문(수학, 뇌과학, 사회과학, 언어학, 예술 등)으로서 인간이 알고 있는 모든 학문과 지식이 융합돼 완성되는 것입니다. 그렇기 때문에 단시간 내에 어떠한 한 영역의 내용을 깊게 파고들어 학습한다고 해서 이해하기는 어렵습니다. 인공지능을 이해하는 것은 우리 인간의 지능을 이해하는 것이므로 인간의 지능적 특징을 기계에 구현하는 학문으로서 인공지능을 이해하는 인간의 메타적 지능이 필요합니다.

현재 시중에 나와 있는 도서나 온라인상에서 제시하는 교육 콘텐츠들은 인공지능의 핵심적인 엔진은 가려둔 채 플랫폼이나 응용 인공지능 앱 등을 이용한 체험 활동이나 실습을 위주로 안내하고 있습니다. 또한 소프트웨어를 구현하는 코딩 도구를 이용하여 인공지능이 처리한 산출 결과를 활용해 응용 서비스를 구현하는 소프트웨어 공학적 접근이 많습니다. 이러한 실습과 구현으로는 인공지능의 실체를 이해하기 어렵습니다. 블랙박스로 가려진 인공지능을 활용하는 체험과 실습은 가능하겠지만, 인공지능의 지식과 본질을 파악하기에는 한계가 있습니다.

인공지능의 개념을 제대로 이해하기 위해 10년이 넘는 시간 동안 컴퓨터 과학과 인공지능을 공부하는 전공자처럼 컴퓨터 과학 지식을 바탕으로 C 또는 파이썬과 같은 도구를 활용해 직접 알고리즘을 구현하고 인공지능 시스템을 개발하는 과정은 일반인이나 교양 수준의 학습자들에게는 보통 일이 아닙니다. 앞서 이야기한 것처럼 코딩으로만 끝나는 것이 아니라 그 기반이 되는 수학, 뇌과학, 물리학, 생물학, 언어학 그리고 컴퓨터 과학 등의 다양한 학문적 배경 지식이 있어야 하기 때문입니다.

이 책에서는 인공지능을 제대로 이해하고 싶고 이를 효과적으로 활용하는 능력을 신장하고 싶은 분들에게 효과적인 아이디어를 제공합니다. 1부에서는 인공지능의 개념적인 이해, 특히 인공지능 알고리즘을 여러분들이 이미 경험적(휴리스틱적)으로 갖고 있는 지식과 연결 지으며 학습할 수 있도록 제시하고 있습니다. 또한 뇌에서 작동하는 알고리즘을 직접 체험하고 실행해보면서 스스로 발견한 인공지능 알고리즘에 대한 지식을 탐구하도록 인공지능학자들이 구현한 시뮬레이션과 프로그래밍 소스를 제공하고 있습니다. 이를 통해 인공지능의 핵심적인 개념과 알고리즘을 이해하며 인간의 지능적 속성인 휴리스틱 탐색, 논리적 추론, 지식 표현, 기계학습, 언어 처리와 행동 등이 기계에서 어떻게 작동하며 구현되는지 알게 됩니다.

2부에서는 인공지능 플랫폼에서 제공하는 알고리즘을 활용해 직접 코딩으로 응용 서비스를 구현하며 인공지능의 작동 원리를 이해하고 다양한 융합 서비스와 창의적인 아이디어를 이끌어 내도록 실습 위주의 프로젝트들을 제시하고 있습니다.

소프트웨어 교육이 소프트웨어 개발자들처럼 기계가 자동적으로 일을 처리하도록 하는 컴퓨팅 사고(Computational Thinking)를 신장시키는 데 목표를 두고 있는 것처럼 인공지능 교육에서는 인공지능 사고(AI Thinking)를 신장시키는 데 목표를 두고 있습니다. 인공지능 사고는 인공지능 과학자들이 문제를 해결할 때 생각하는 방법, 즉 기존의 컴퓨터 과학, 프로그래밍, 정보 처리의 기본적인 사고를 바탕으로 인공지능을 통해 인간의 핵심적인 지능의 특징인 문제해결력을 형성하는 핵심적인 사고력입니다.

인공지능 사고를 신장시키는 방법은 이 책에서 제시한 것처럼 인공지능 지식을 제대로 이해하고 인공지능의 체험과 실습 그리고 개발을 통한 기능을 키워 인공지능이 인간과 사회에 미치는 영향을 통해 그 가치와 미래 사회의 관점을 갖는 통합적 접근이 필요합니다. 이 책은 인공지능의 지식과 기능 그리고 가치에 대한 통합적인 내용을 논리적으로 제시하고 있습니다.

이 책의 대상은 중·고등학생, 일반인뿐 아니라 대학의 인공지능 교양 강좌에 적합한 내용과 수준으로 기획되었습니다. 인공지능의 이론과 지식 15주, 인공지능 개발 실습 15주 분량으로 구성돼 있으므로 주어진 시간에 맞춰 필요한 부분을 체계적으로 구성하면 알찬 인공지능 학습 교재가 될 것입니다.

이 책의 저자들은 인공지능의 인재 양성과 확산을 위해 2002년부터 깊은 고민을 했습니다. 2002년 '정보교육연구소'를 시작으로 2008년 '미래인재연구소' 그리고 2019년 '인공지능교육연구소'를 설립해 공교육뿐 아니라 학교 밖에서의 인공지능 교육 그리고 대학과 일반인들의 인공지능 소양을 위한 다양한 교육 콘텐츠와 방법론을 개발하고 적용하고 있습니다. 그 결과가 바로 이 책입니다.

우리 모두가 인공지능 전문가가 될 필요는 없으며 또한 인공지능을 그저 수동적으로 활용하려는 것으로 멈추는 것은 우리의 타고난 본성이 아닙니다. 이 두 가지의 균형을 잡고 인공지능을 제대로 이해하고 효과적으로 활용하는 능력을 갖추는 것이 미래를 위한 최선의 방법이라 믿습니다. 전문가들의 생각을 이해하고 초지능 사회의 일원으로서 올바른 소양을 갖기 위해서는 어떤 것이 필요할지를 심각하게 고민했습니다. 이 책이 인공지능에 대해 제대로 알고 싶거나 전문가적인 소양을 갖고 싶은 모든 이들에게 길잡이가 되기를 바랍니다.

2020년 12월

은행잎이 황금빛으로 물든 교정에서

저자 일동

저자 약력

한선관

- 경인교육대학교 컴퓨터교육과 교수
- 한국인공지능교육학회 학회장
- 인공지능교육연구소 소장
- 『중학교 정보』 교과서, 『스크래치 마법 레시피』, 『스크래치 창의컴퓨팅』, 『컴퓨팅 사고를 위한 스크래치 3.0』, 『스크래치 주니어 워크북』, 『AI 사고를 위한 인공지능 랩』, 『AI 플레이그라운드』, 『AI 사고를 위한 인공지능 교육』(이상 성안당), 『컴퓨팅 사고를 위한 파이썬』, 『소프트웨어 교육』, 『소프트웨어 교육 방법』(이상 생능출판사) 저자

류미영

- 경인교육대학교 컴퓨터교육 박사
- 한국인공지능교육학회 회원
- 인공지능교육연구소 연구원
- 경인교육대학교 강사
- 중학교 『정보』 교과서, 『AI 플레이그라운드』, 『AI 사고를 위한 인공지능 교육』(이상 성안당), 『소프트웨어 교육』, 『소프트웨어 교육 방법』(이상 생능출판사) 저자

김태령

- 경인교육대학교 컴퓨터교육 박사 과정
- 한국인공지능교육학회 회원
- 인공지능교육연구소 연구원
- 경인교육대학교 강사
- 『AI 사고를 위한 인공지능 교육』(성안당), 『컴퓨팅 사고를 위한 파이썬』, 『컴퓨팅 사고를 위한 스크래치 3.0』(이상 생능출판사) 저자

고병철

- 경인교육대학교 컴퓨터교육과 석사 과정
- 한국인공지능교육학회 회원
- 인공지능교육연구소 연구원

서정원

- 경인교육대학교 융합교육 석사
- 한국인공지능교육학회 회원
- 인공지능교육연구소 연구원
- 『중학교 정보』 교과서(성안당), 『컴퓨팅 사고를 위한 스크래치 3.0』(생능출판사) 저자

차례

차례

Part 1

인공지능의 이해

인공지능 기술이 빅데이터, 사물인터넷, 클라우드 기술의 발달과 함께 사회를 빠르게 변화시키고 있다. 또한 모든 분야에 인공지능이 융합되면서 기존 산업은 물론 삶의 패러다임도 바뀌고 있다. 인공지능의 핵심 기술로는 탐색, 추론, 학습, 인지 알고리즘을 들 수 있다. 1부에서는 그 핵심이 되는 인공지능 알고리즘을 분야별로 살펴보고 시뮬레이션과 실습을 통해 이해한다. 또한 인공지능 기술에 따른 사회적 영향과 윤리적 이슈, 미래 사회의 가치를 탐색한다.

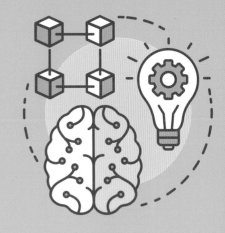

Chapter 1

인공지능의 개요

1 지능과 인공지능

1 지능의 정의

지능은 '인간의 지적 능력'을 말한다. 여기서 지적 능력이란, '특정 지식이나 기술을 획득하거나 적용할 수 있는 능력'을 의미한다. 하워드 가드너(Howard Gardner)는 '문제를 찾아 해결하는 기술 또는 뭔가를 창조하는 능력', 뢰벤 포이어스타인(Reuven Feuerstein)은 '생존 환경의 변화에 적응하기 위해 인지적 기능을 변화시키는 인간 고유의 능력'이라 정의했다. 뇌 학자들의 공통적인 정의는 다음과 같다.

- 지능은 '적응 능력(Adaptive Ability)'이다. 다양한 상황과 문제에 융통성을 갖고 적응하는 데 사용한다.
- 지능은 학습 능력(Learning Ability)과 관련이 있다. 지능을 통해 좀 더 신속하게 새로운 정보를 습득하고 처리할 수 있다.
- 지능은 선행 지식(Use of Prior Knowledge)을 활용해 새로운 상황을 효과적으로 분석하고 이해하기 위한 것이다.
- 지능은 여러 가지 다른 정신 과정의 복잡한 상호 작용(Interaction)과 조정(Alignment)을 포함한다.
- 지능은 문화 특수적(Cultural Specific)이며 보편적이지 않다. 한 문화에서 지적인 행동이 반드시 다른 문화에서 지적인 행동으로 간주될 필연성을 갖지 않는다.
- 지능은 감정과는 독립적으로 사고하는 기능이다. 또한 경험과 학습으로 변화할 수 있다.

지능은 여러 가지 일이 서로 어떻게 관련돼 있는지를 인식해 올바른 판단을 내리는 정신적 활동이다. 인식을 하거나 판단하기 위해서는 과거의 체험과 감각을 통해 입력받은 정보가 어떻게 결부되는지를 알아야 한다. 즉, 지능이 작용할 때는 기억과 그것을 바탕으로 판단하는 능력이 필요하다. 그 기억과 판단을 관장하고 있는 곳이 두뇌이며 그 안에 신피질을 구성하는 뉴런이 있다. 이것이 바로 인간의 지능과 그 근간이 되는 두뇌에 대한 이해가 필요한 이유다.

2 인공지능과 컴퓨팅 기기

역사적으로 인간은 지능적인 처리를 위해 생물학적 뇌의 시스템을 벗어나 기계에 지능을 이식하기 위해 끊임없이 도전했다. 인간의 지적 행동 중 하나는 바로 '기억'이다. 쐐기 문자는 기원전 2000년 수메르인이 토기에 60진법의 수를 표기해 기억하기 위한 장치였다.

1	2	3	4	5	6	7	8	9	10
Y	YY	YYY	YYYY	YYYY	YYYY	YYYY	YYYY	YYYY	⫶

10	11	12	...	20	30	40	50	58	59
⫶	⫶Y	⫶YY	...	⫶⫶	⫶⫶⫶	⫶⫶⫶	⫶⫶⫶	⫶⫶⫶⫶⫶	⫶⫶⫶⫶⫶

이후 정확한 계산을 하기 위해 주판이 등장했고 보다 빠른 계산을 하기 위해 컴퓨팅 머신의 발전이 지속돼 파스칼(Pascal)의 기계식 계산기와 찰스 바비지(Charles Babbage)의 차분 기관으로 발전했다. 더 나아가 전기를 바탕으로 하는 전자식 컴퓨터인 에니악(ENIAC)의 등장과 함께 트랜지스터, IC 회로, VLSI 칩, 그리고 양자 컴퓨팅 기기로 발전을 거듭하고 있다. 이러한 컴퓨팅 머신은 자동화된 기억과 계산을 통해 일을 제어하고 인간의 기본적인 사고력을 구현했다.

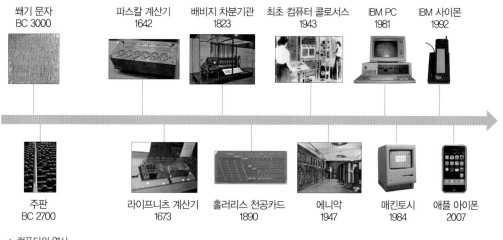

▲ 컴퓨터의 역사

이후 인간들은 기계에 학습 능력과 자율성을 부여하여 지능적인 기능을 수행하는 기술을 꾸준히 발전시켜왔으며 그 중심에는 인공지능이 있었다. 인공지능 시스템은 인간의 지능과 같은 역할과 기능을 갖춘 컴퓨터 시스템으로, 인간의 지능을 기계에 인공적으로 구현한 것이다. 인공지능은 지능적 기계, 특히 지능적 컴퓨터 프로그램을 만드는 '과학'과 '공학'이다.

❸ 인공지능의 기초와 응용

인공지능을 한마디로 정의할 수는 없지만, 기계에 인간적인 지능의 특징을 부여해 자율적으로 수행할 수 있게 하는 것이다. 1950년 앨런 튜링(Alan turing)이 '컴퓨팅 기기와 지능'에서 기계도 사람처럼 생각할 수 있다는 논문을 발표한 이후, 1956년 존 매커시(John McCarthy)가 다트머스 회의에서 인공지능을 '기계가 인간 행동의 지식에서와 같이 행동하게 만드는 것'이라 정의했다.

스튜어트 러셀과 피터 노빅은 『인공지능의 현대적 접근 방식』이라는 책에서 인간적 사고와 행동 그리고 합리적 사고와 행동의 측면에서 인공지능을 다음과 같이 정의했다.

- **합리적 사고:** 컴퓨터를 좀 더 똑똑하게 만드는 연구와 기술
- **합리적 행동:** 사람이 수행했을 때 지능이 필요한 일을 기계에게 시키고자 하는 연구와 기술
- **인간적 사고:** 생각하는 기계를 만드는 연구와 기술
- **인간적 행동:** 인간과 같은 지능적 특징(기억, 지각, 인식, 이해, 학습, 연상, 추론, 계획, 창조 등)을 기계에 이식하기 위한 연구와 기술

공학적 측면에서 인공지능의 효율성과 성능을 바탕으로 한 추상적 알고리즘과 물리적 작용에 관한 것이 합리적 사고와 행동이고, 인지 과학적 측면에서 인간과 유사하게 구현한 것이 인간적 사고와 행동이다. 인공지능의 발달과 연구 방법은 이렇게 두 가지의 관점으로 발전해왔다.

인공지능은 기존의 컴퓨터 과학 분야에서 복잡도와 불확실성에 기인한 학문이다. 인간의 사고와 행동을 이끄는 지능은 경험적(Heuristic)으로 학습한 내용과 방법을 바탕으로 문제를 해결한다. 이러한 경험적 알고리즘을 구현한 것이 인공지능이다. 경험적 알고리즘은 쉽게 말해 완벽한 답을 찾아 문제를 해결하는 것이 아니라 적당한 근사치의 답을 찾아 문제를 적당히 해결하는 방식이다.

우리는 컵을 집어들거나 운전할 때 완벽한 동작을 취하거나 가장 짧은 이동 경로를 찾아 운전하지 않는다. 적당한 감각 또는 경험에 의존해 무리 없는 선에서 적절히 처리한다. 불확실한 상황에서 적당한 값을 찾는다는 것은 직·간접적인 학습을 통해 경험으로 습득된다. 이러한 학습을 바탕으로 계획, 결정, 행동, 소통을 하게 된다.

인공지능은 인간의 지능적 특성을 구현하기 위해 크게 두 가지 패러다임으로 발전했다. 인공지능 발전의 초창기에는 인간의 지식을 모아 잘 정제한 후 기계에 넣어주면 인간처럼 똑똑해질 것이라 믿었는데, 이것이 바로 '기호주의(Symbolism)'다.

그러나 인간의 지식을 완벽하게 모아 기계에 주입하는 방식은 금방 한계에 도달했고 인간 스스로 학습하거나 부모나 교사로부터 학습해 성장하는 방식을 모방한 새로운 방법이 대두됐다. 인간의 뇌는 학습하는 기관이고 뇌의 신경망으로 연결된 뇌의 지능적 모형을 본떴기 때문에 '연결주의(Connectionism)'라 부르며 현재 기계학습과 딥러닝의 발전을 이끌고 있다.

구분	기호주의	연결주의
특징	인간의 지식을 기계에 주입해 의사결정	데이터에서 패턴을 찾아 기계가 스스로 학습
주요 이슈	지식 획득, 표현, 추론	신경망 모형, 기계학습
응용	전문가 시스템, 정리 증명	딥러닝, CNN, RNN

인공지능 연구 분야의 역사는 탐색(Search), 문제 풀이(Problem Solving), 정리 증명(Theorem Proving), 지식 표현(Knowledge Representation), 추론(Reasoning), 불확실성(Uncertainty), 계획(Planning), 기계학습(Machine Learning), 인공 신경망(Artificial Neural Network), 유전 알고리즘(Genetic Algorithm), 인공지능 언어 및 도구(Tool)의 개발과 관련된 주제로 나뉜다. 인공지능의 연구 분야와 내용을 요약하면 다음과 같다.

분야	내용
인공지능 연구	• 탐색(search)과 문제 풀이(problem solving) • 지식 표현(knowledge representation)과 추론(reasoning) • 불확실성(uncertainty)과 계획(planning) • 기계학습(machine learning)과 인식(cognition)
인공지능 응용	• GPS(범용 문제해결 프로그램) • 전문가 시스템 • 정보 검색 • 지능형 에이전트 시스템 • 추천 시스템 • 자연어 처리 • 컴퓨터 비전 • 로보틱스
연구 패러다임	• 기호주의(지식 기반 접근) • 유추주의(유사도 계산) • 통계주의(베이지안 접근) • 연결주의(인공 신경망) • 행동주의(강화학습) • 진화주의(유전자 알고리즘)

인공지능의 연구 방향은 현재 다양한 연구 패러다임이 통합하는 형태로 진행하고 있다. 즉, 기호주의와 연결주의를 통합한 방식과 통계를 적용한 신경망, 유사도를 바탕으로 하는 진화주의 최적화 연구 등 융합적인 방법으로 발전해 나가고 있다. 2019년 한국정보화진흥원에서는 전 세계의 대학과 연구 기관이 추진하고 있는 인공지능의 발전 방향에 관한 보고서를 발간했다. 이 보고서는 글로벌 인공지능 연구를 4대 키워드와 시사점을 통해 분석했는데, 현재 연구, 개발되고 있는 인공지능 발전 분야는 다음과 같다.

대학 및 연구소	주요 활동
카네기멜론, CMU AI	실용적인 문제해결을 위한 인공지능 연구에 집중 인공지능 핵심 기술을 'AI Stack'으로 세분화해 연구
MIT, CSAIL (Computer Science and Artificial Intelligence Lab)	알고리즘, 기계학습, 컴퓨터 비전, 인간-기계 상호 작용, 로보틱스 등 10여 개 주제별 연구
MIT 미디어랩, Ethics and Governance of Artificial Intelligence	인공지능 기술 및 시스템 적용이 가져올 사회적 영향, 거버넌스, 윤리적 함의 등을 장·단기적 관점에서 연구
스탠퍼드, HAI (Human-Centered Artificial Intelligence)	인간과 협업적이며 생산성과 삶의 질을 향상시킬 수 있는 인간 중심의 인공지능 기술 및 응용 분야 연구
스탠퍼드, AI100 프로젝트	향후 100년(2015~2115) 동안 인공지능의 발전과 인공지능이 인간과 사회에 미치는 영향을 연구
UC 버클리, BAIR (Berkeley Artificial Intelligence Research)	지식 표현, 추론, 기계학습, 의사결정, 비전, 로봇 공학, 언어처리 등 인공지능 핵심 기술 연구
UC 버클리, Center for Human-Compatible AI	인공지능이 인간에게 유익하게 활용되고 우발적인 사고가 발생하지 않도록 보장하는 연구 추진
UC 버클리, MIRI(Machine Intelligence Research Institute)	인간 지적 행동(intelligent behavior)의 수학적 구조와 시스템, 안전한 인공지능을 연구
하버드(The Future Society), THE AI INITIATIVE	인공지능의 이해를 바탕으로 글로벌 AI 정책 프레임워크 수립을 지원
옥스퍼드, Ethics in Artificial Intelligence	미래생명연구소(FLI)의 글로벌 연구 프로젝트 중 하나로, '인공지능 연구 윤리 강령'을 연구
옥스퍼드, Strategic Artificial Intelligence Research Centre	옥스포드-캠브리지 대학의 공동 프로젝트로, 안전한 인공지능을 위한 기술적·전략적 연구 추진
워싱턴 대학, Paul G. Allen School	뇌-기계 인터페이스, 기계학습, NLP, 로봇 공학, 컴퓨터 비전 등 8개 분야를 중심으로 인공지능을 연구
뉴욕 대학(AI Now Institute), AI Now	인공지능이 사회 영역에서 어떻게 잘 적용되는지 확인하기 위한 측정, 감사, 분석, 개선 방법 연구

2 컴퓨팅 사고

2014년 소프트웨어 중심 사회 정책을 통해 소프트웨어 인재 양성을 위한 소프트웨어 교육이 강조됐다. 소프트웨어를 중심으로 문제해결력을 신장하기 위해 컴퓨팅 사고(Computational Thinking, CT)라는 신조어가 등장했고 컴퓨팅 사고의 신장을 위해 코딩과 컴퓨터 과학의 지식을 바탕으로 다양한 접근이 시도되고 있다.

2019년 말 정부는 '인공지능 국가 전략'을 통해 인공지능 기술 및 산업의 경쟁력을 강화하고 공교육에서의 소프트웨어·인공지능 교육체계를 확립하겠다고 발표했다. 산업 전반에서 소프트웨어를 기반으로 하는 인공지능을 이해하고 활용하기 위해서는 기본적으로 소프트웨어와 인공지능을 다루고 이를 적극적으로 활용해 문제를 해결하는 능력을 갖춰야 한다. 지금부터 컴퓨팅 사고를 기반으로 인간과 인공지능이 협력해 공존하는 사회에 필요한 인공지능 사고(Artficial Intelligence Thinking, AIT)에 대해 알아보자.

1 사고력과 기계적 사고

인간은 기계에 지적인 능력을 부여하기 위해 노력했다. 그 과정에서 많은 사고력이 동원됐고 결국 그 사고력을 기계에 부여하는 작업이 컴퓨터 과학, 인공지능이라 할 수 있다.

다른 학문과 달리 사고력에 관한 학문이 '컴퓨터 과학'이고 컴퓨터 과학의 기반 위에서 지능을 구현하는 학문이 '인공지능'이다.

우리는 인간들이 기계에 부여한 사고력으로 변화하는 세상을 접하게 됐고, 미래 사회를 달리 보게 됐다. 기계적 사고와 인공적인 지능의 창발성이 인간의 시야와 미래를 보는 사고의 변화를 가져온 것이다. 이제 문제의 해결은 인간이 가진 지적 역량과 사고력만으로 해결하기에는 너무 복잡하고 어려운 상황이 됐다. 기계가 사고하는 방법, 컴퓨팅 기기가 사고하는 과정(엄밀히 말하면, 계산으로 처리하는 과정)을 이해하고 그 컴퓨팅 파워를 제대로 활용하는 것이 문제해결의 근간이 된 시대가 도래한 것이다. 인간과 기계의 상호 사고 작용에 관한 논의가 바로 컴퓨팅 사고와 인공지능 사고(AIT)다. 두 가지 새로운 사고력은 지능 정보 사회에서 실세계의 문제해결에 적용되고 있으며 외부 환경에 작용해 그 영향력과 함께 미래를 변화시키고 있다.

새로운 사고력을 이해하고 신장시키기 위해서는 컴퓨터가 구성되고 작동하는 개념과 원리를 이해해야 한다. 이것이 바로 '컴퓨터 과학의 이해'다. 컴퓨터 과학은 하드웨어와 소프트웨어로 이뤄진 컴퓨팅 시스템과 데이터와 사용자에 관한 내용으로 구성돼 있다. 이를 위해서는 컴퓨터의 구조, 프로그래밍과 알고리즘, 자료의 구조와 관리에 대한 이해가 필요하고 인간의 지적인 내용을 컴퓨팅과 기계적 관점에서 이해해야 한다.

② 컴퓨팅 사고의 개념

컴퓨팅 사고라는 용어는 세이무어 페퍼트(Saymour Papert)가 『Mindstorms』에서 'LOGO'라는 프로그래밍 언어를 사용해 학습과 사고력의 신장에 관한 연구를 하는 과정에서 처음 제시했다. 페퍼트는 컴퓨팅 사고를 '생각의 도구로서의 컴퓨터를 자연스럽게 활용하며 이러한 환경의 구축에 따라 이뤄지는 컴퓨터적인 사고 과정'이라고 정의했다. 2006년 윙(Wing)은 그의 논문에서 컴퓨팅 사고가 읽기, 쓰기, 셈하기와 마찬가지로 21세기를 살아가는 모든 사람이 갖춰야 할 기본 사고 능력이라 주장하면서 컴퓨팅의 기본 개념과 원리에 기반을 두고 문제를 이해하며 컴퓨팅 파워를 활용해 문제를 해결하고 인간의 행동 양식을 이해하고자 하는 사고력'이라 정의했다. 그녀는 컴퓨팅 사고의 핵심 요소로 '추상화'와 '자동화'를 꼽았으며 추상적인 모델을 자동화하는 능력을 문제해결력의 핵심으로 제시했다.

CSTA & ISTE에서는 컴퓨팅 사고를 '컴퓨터를 활용해 구현할 수 있는 방법으로 문제를 해결하는 접근 방법'이라 하면서 컴퓨팅 사고의 조작적 정의를 다음과 같이 설명하고 있다.

- 문제해결을 돕는 컴퓨터나 다른 도구를 사용할 수 있도록 문제 만들기
- 자료를 논리적으로 배치하고 분석하기
- 모형, 모의 실험과 같은 추상화를 통해 자료 표현하기
- 절차적 사고를 통해 해결 과정 자동화하기
- 목표를 가장 효과적이고 효율적으로 달성하기 위해 가능한 해결책을 확인, 분석, 실행하기
- 문제해결 과정을 폭넓은 분야의 문제로 일반화하고 전이하기

❸ 컴퓨팅 사고의 하위 요소

윙은 추상화와 자동화라는 2개의 컴퓨팅 사고 하위 요소를 제시했다. 이후 구글(Google, 2010)은 분해, 패턴, 추상화, 알고리즘, 자동화로 구분하고 컴퓨터 과학자들의 문제해결 방식에서 나타나는 공통적 속성을 컴퓨팅 사고의 하위 요소로 제시했다.

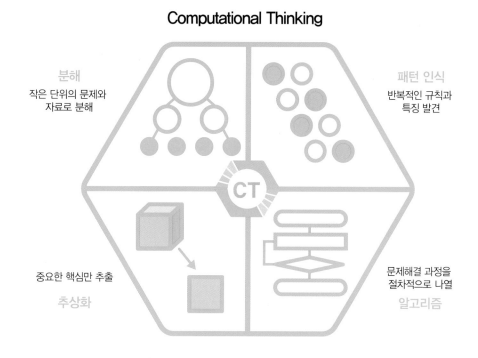

이후 CSTA & ISTE(2011)는 자료 수집, 자료 분석, 자료 제시, 문제 분해, 추상화, 알고리즘, 절차, 자동화, 병렬화, 시뮬레이션의 아홉 가지 하위 요소를 제시했다. 구글(2015)은 아홉 가지 요소 중 자료 분석에 패턴 인식 추상화에 패턴 일반화를 추가해 모두 11가지의 하위 요소로 구성했다.

Wing(2008)	Google(2010)	CSTA & ISTE(2011)	Google for education(2015)
추상화	분해	자료 수집	자료 수집
		자료 분석	자료 분석
	패턴		패턴 인식
		자료 제시	자료 표현
	추상화	문제 분해	분해
		추상화	추상화
			패턴 일반화
	알고리즘	알고리즘 및 절차	알고리즘 디자인
자동화	자동화	자동화	자동화
		병렬화	병렬화
		시뮬레이션	시뮬레이션

CT 하위 요소의 정의를 살펴보자. 먼저 구글이 제시한 하위 요소는 다음과 같다.

하위 요소	정의
분해	자료와 기능, 문제를 가장 작은 단위로 나누기
패턴	유사한 공통점을 발견하거나 반복되는 과정, 요소 생성하기
추상화	문제해결을 위해 필요한 핵심 요소를 파악하고 복잡함을 단순화하기
알고리즘	문제를 해결하거나 어떤 목표를 달성하기 위해 수행되는 일련의 단계로 나열하기
자동화	컴퓨팅 시스템이 수행할 수 있는 형태로 해결책 구현하기

CSTA & ISTE(2011)에서 제시하고 있는 컴퓨팅 사고의 세부 구성 요소와 그에 대한 정의는 다음과 같다.

구성 요소	정의
자료 수집	해결해야 하는 문제와 관련된 알맞은 자료 모으기
자료 분석	자료를 이해하고 패턴을 찾아 결론 도출하기
자료 표현	적절한 그래프, 차트, 글, 그림 등으로 자료 정리하기
문제 분해	문제를 해결 가능한 수준의 작은 문제로 나누기
추상화	문제해결을 위해 반드시 필요한 핵심 요소를 파악하고 복잡함을 단순화하기

알고리즘과 절차	문제를 해결하거나 어떤 목표를 달성하기 위해 수행되는 일련의 단계로 나열하기
자동화	컴퓨팅 시스템이 수행할 수 있는 형태로 해결책 구현하기
시뮬레이션	자동화의 결과이며 문제를 해결하기 위해 만든 모델을 실행해 결과 파악하기
병렬화	목표를 달성하기 위한 작업을 동시에 수행하도록 자원 구성하기

이와는 조금 다른 관점으로 MIT 미디어랩에서 제안한 창의 컴퓨팅(Creative Computing)에서는 프로그래밍에 초점을 두고 컴퓨팅 사고의 구성 요소를 컴퓨팅 사고 개념(CT Concept), 컴퓨팅 사고 실습(CT Practice), 컴퓨팅 사고 관점(CT Perspective)으로 나눠 다음과 같이 제시하고 있다.

구분	컴퓨팅 사고 구성 요소
컴퓨팅 사고 개념	시퀀스, 반복, 이벤트, 병렬 처리, 조건, 연산자, 데이터
컴퓨팅 사고 실습	실험과 반복, 테스팅과 디버깅, 재사용과 재구성, 추상화와 모듈화
컴퓨팅 사고 관점	표현하기, 연결하기, 질문하기

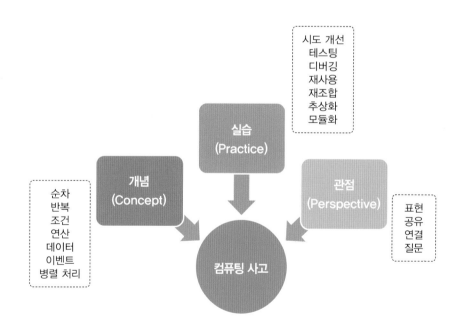

사고력 실습

1 컴퓨팅 사고력 실습

현실의 문제나 인간의 생각을 기계가 처리하도록 하려면 인간적인 생각과는 조금 다른 접근, 즉 '컴퓨팅 사고력'과 '인공지능 사고력'이 필요하다.

기계가 할 수 있는 것은 '저장'과 '계산 능력'이다. 기계가 계산을 하기 위해서는 기계의 하드웨어적인 특징과 사고력의 체계인 알고리즘 및 소프트웨어적인 특징을 고려해야 한다. 계산을 위해 입력되는 자료를 수치화하고 기계에 적절하게 구성해 처리하고 인간이 이해할 수 있는 형태로 출력해야 한다. 사과 3개와 2개를 각각 한 바구니에 담는 것을 컴퓨팅으로 처리한다고 가정해보자. 컴퓨터는 이진수로 처리해 물리적인 처리 장치에서 계산, 기억하고 결과를 출력한다.

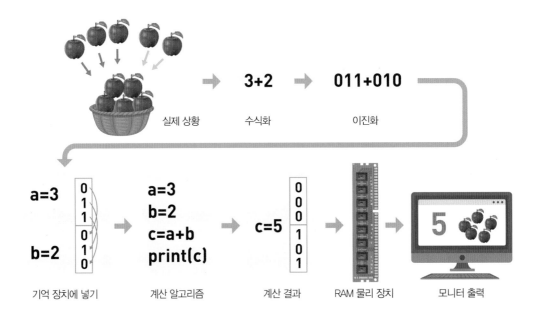

2 인공지능 실습

인간은 무한히 큰 복잡도를 가진 문제를 일상생활에서 쉽게 해결한다. 졸업식장의 많은 학생 중 자신의 자녀 찾기, 수많은 음식점 중 식사를 해결할 식당 찾기, 수많은 단어와 문장 중 원하는 답 말하기, 운전을 해서 목적지까지 이동하기 등 대부분의 일이 복잡도가 매우 큰 과업이지만, 사람들은 무리 없이 해결한다.

일반적인 알고리즘과 프로그래밍을 이용하면 기억과 계산에 관련된 컴퓨팅 처리를 자동화할 수 있다. 알고리즘의 복잡도가 폭발적으로 커질 경우, 컴퓨팅 기기와 일반 알고리즘으로는 해결하기 어렵다. 처리하는 시간(프로세스 연산 횟수)과 처리하는 공간(기억 장치의 용량)의 제한으로 원하는 시간 내에 답을 출력할 수 없기 때문이다.

이러한 문제에 도전한 것이 '인공지능'이다. 인공지능의 문제는 복잡도를 줄이거나 스스로 학습하고 추론하는 알고리즘을 개발하는 것이다.

인공지능 알고리즘은 해결의 복잡도만큼 이해의 난이도가 커서 일반인이 이해하는 데 인지적으로 많은 어려움을 준다. 이때 컴퓨팅 사고와 인공지능 사고는 인공지능의 원리와 알고리즘을 이해하는 데 도움이 된다.

성인의 뇌 무게는 약 1,400~1,600g 정도이며 이는 1,000억 개 정도의 뉴런을 포함하고 있다. 뉴런에는 수십 조 내지 100조 개의 시냅스가 존재한다. 시냅스 간의 연결 강도를 조절해 기억과 학습, 판단, 인식 등의 작용을 하는 것으로 알려져 있다. 딥러닝은 이러한 뇌의 뉴런을 모델로 한 것으로, 다음과 같은 구조로 이뤄져 있다.

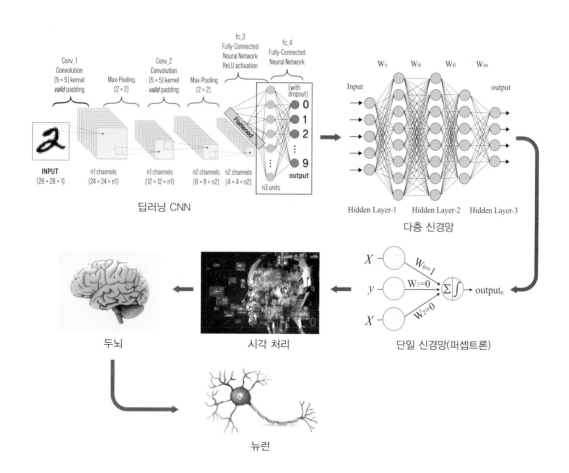

딥러닝 CNN

다층 신경망

두뇌

시각 처리

단일 신경망(퍼셉트론)

뉴런

이미지를 인식하는 CNN, 즉 딥러닝은 구조가 복잡하고 추상화돼 있으므로 단일 작동 기재가 되는 단일 신경망의 구조로 분해하고 그 개별 퍼셉트론의 기능과 구조를 이해하면 인공 신경망의 알고리즘을 이해할 수 있다.

이 과정을 인간의 시각 처리 모듈, 인간의 뇌 구조, 가장 작은 단위인 뉴런의 생물학적 특성, 지능 발현 방식과 연계해 설명하거나 학습하는 것도 인공지능을 이해하는 역량을 신장할 수 있는 좋은 방법이다.

③ 특이점 이후의 인공지능

현재의 인공지능은 인간의 지능을 완벽하게 구현하는 데 무리가 있다. 따라서 지능적인 특징을 지닌 일부분의 시스템을 구현해 처리하는데, 이를 '약인공지능'이라 한다. 자동 로봇팔, CCTV 범인 인식, 자율주행자동차 등이 '약인공지능'의 사례다.

인공지능을 제대로 이해하려면 특이점 이후에 등장하는 '강인공지능'과 '초인공지능'의 특징을 고려해야 한다. 특이점이 되면 강인공지능이 인간의 지능과 맞먹는 능력을 발휘한다. 초인공지능은 모든 인간의 지능을 초월하는 능력으로 본다. 미래학자들은 강인공지능을 2045년으로 예측하고 그 이후는 초인공지능이 도래할 것이라 말한다. 강인공지능 이후의 기계적 지능은 인간이 이해하기 어려운 상황이 될 것이라 예측하기도 한다.

따라서 특이점 이후의 지능, 즉 강인공지능, 초인공지능의 관점에서는 인공지능 사고를 단순히 컴퓨팅 사고의 확장으로만 생각해서는 이해하기 어렵다. 인공지능을 제대로 이해하고 활용하기 위해서는 컴퓨팅 사고력의 하위 요소에 지능화의 특징을 결합한 새로운 사고력인 인공지능 사고력을 제대로 이해하고 문제해결에 적용할 수 있는 기능과 태도를 갖춰야 한다.

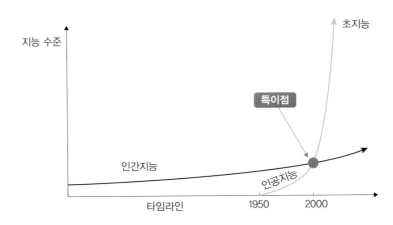

▲ 특이점 곡선과 인공지능의 발전

인공지능 사회의 미래와 그 사회를 살아가는 인재의 핵심은 인간과 기계의 협업 능력이다. 이를 통한 인간 중심의 인공지능 구현과 선한 인공지능 철학을 바탕으로 지적 역량을 가진 주체자로서 미래를 설계할 수 있어야 한다.

1 여러 학자들의 지능에 대한 정의를 바탕으로 지능이란 무엇인지 간단히 설명하시오.

2 인공지능의 두 가지 패러다임을 비교하시오.

3 컴퓨팅 사고의 하위 요소를 제시하고, 핵심 요소가 무엇인지 설명하시오.

4 특이점 이후에 등장할 인공지능을 미래의 삶의 모습과 연관 지어 예측해 보시오.

Chapter 2

인공지능의 역사

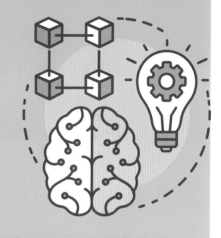

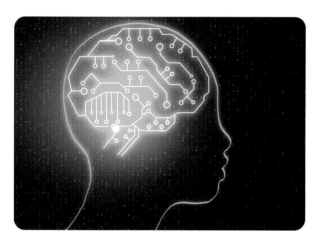

Artificial
Intelligence

인공지능은 대략 반세기 전부터 사용하기 시작한 용어로, 역사가 그리 오래되지 않았다. 하지만 현재 우리의 삶속에 유용하게 사용되는 기술이 인공지능인지조차 인식할 수 없을 정도로 익숙해져 있고 우리 삶에도 많은 영향을 미치고 있다. 단순한 사물의 인식뿐 아니라 인간의 지능을 모방해 미래를 예측하거나 인간의 성향에 맞춰 다양한 물건을 추천해주는 놀라운 기술을 선보이고 있으며 삶의 중요한 의사결정에 큰 영향을 미치기도 한다. 2장에서는 이러한 인공지능의 역사가 어떻게 시작됐는지 알아본다.

1 → 인공지능의 시작

🔲 용어의 기원

1956년 여름, 뉴햄프셔 하노버에 있는 다트머스(Dartmouth) 대학에 10명의 과학자가 두 달 동안 심도 있는 세미나와 집중 연구를 하기 위해 모였다.

▲ 다트머스회의 참가 인물(왼쪽부터 트렌차드 모어, 존 매커시, 마빈 민스키, 올리버 셀프리지, 레이 솔로몬)
(출처: 포보스, Josepph Mehling)

이 회의의 참석자들은 컴퓨터 과학의 아버지라 불리는 앨런 튜링이 고안한 '생각하는 기계'를 구체화해 논리적이고 형식적인 시스템을 만들 수 있는 방안을 논의했다. 1950년에 앨런 튜링이 발표한 논문인 "컴퓨팅 기기와 지능"[1]에서 기계에 어떻게 인간의 생각을 부여할 수 있을지에 대한 이론적인 고찰을 제안했다. 이는 다

▲ 앨런 튜링(좌)과 존 매커시(우)(출처: 위키백과)

트머스회의에서 학습 또는 지능에 대한 특성을 기계로 시뮬레이션하려는 주제에 대한 기반을

---

[1] Alan Turing, "Computing Machinery and Intelligence", 1950

제공했다. 인공지능이라는 용어는 미국의 컴퓨터 과학자이자 인지 과학자인 존 매커시(John McCathy)가 1955년에 '인공지능'이라는 단어를 처음 사용했고 다트머스 회의에서 사용하기 시작했다. 그를 포함한 10명의 다양한 분야의 학자가 함께 '기계가 언어를 사용해 추상화와 개념 형성을 통해 인간과 같은 방식으로 추론하고 문제를 해결하고 스스로 개선할 수 있도록 하기 위한'[2] 논의를 진행했다.

2 초기 발전과 낙관적 전망(1956~1974년)

인공지능의 역사를 알기 위해 가장 먼저 살펴봐야 할 것은 인간 지능에 대한 연구다. 미국의 신경생리학자인 워런 맥컬록(Warren McCulloch)과 전산 신경 과학 분야에서 일하는 논리학자인 월터 피츠 (Walter Pitts)는 뇌세포의 작

▲ 워런 맥컬록(좌)와 월터 피츠(우)(출처: https://goo.gl/yZKsn8)

용을 모델링해 논문을 발표했다.[3] 이들은 뇌의 신경 세포인 뉴런의 작용을 0과 1로 이뤄진 2진 논리를 이용한 모델로 설명했다. 이어서 캐나다의 심리학자 도널드 헵(Donald Hebb)은 학습 이론[4]에서 인간 학습은 뇌세포 연결의 강화를 의미한다고 주장했다.

이후 프랭크 로젠블랫은 맥클럭과 피츠의 뇌 모델과 헵의 학습 이론에 가중값(Weight)이라는 개념을 추가해 신경망을 기계에 모방한 퍼셉트론(Perceptron)[5] 이론을 발표한다. 초기 퍼셉트론은 원 모양과 삼각형 모양을 구분하는 것과 같은 이미지를 인식하기 위한 기계로 만들어졌고 사람들의 사진에서 남자와 여자를 구별할 수 있게 되면서 뉴욕 타임즈에서는 '인공지능 시대가 곧 도래할 것이다.'[6] 라고 예측했다.

마빈 민스키(Marvin Minsky)는 다트머스 회의에서 인간의 지식은 기호화돼 있고 이것의 관계를 연결하는 것이 학습이라는 '기호주의'의 입장에서 인공지능의 개념을 확립했다. 그는 1970년에 "앞으로 3~8년 이내로 우리는 평범한 인간의 지능을 지닌 기계를 가질 것이다."라는 매우 낙관적인 전망을 했다.

[2] John McCathy, Marvin L. Minsky, Nathaniel Rochester and Claude E. Shannon, "A Proposal for the Dartmouth Summer Research Project on Artificial Intelligence(Article)" Aug 31, 1955
[3] Warren McCulloch & Walter Pitts "A Logical calculus of ideas immanent in nervous activity", 1943
[4] Donald Olding Hebb, "The Organization of Behavior", 1949
[5] Frank Rosenblatt, "Perceptron Simulation Experiments", 1960
[6] 'New navy device learns by doing', New York Times, July 8, 1958, 제1면

또한 심리학자이자 인지과학자인 허버트 사이먼(Herberts Simon)과 컴퓨터 과학 및 인지 심리학 연구자인 앨런 뉴웰(Allen Newell)은 "10년 내 컴퓨터가 체스 세계 챔피언을 이길 것이다", "10년 내 컴퓨터는 중요한 새로운 수학적 정리를 발견하고 증명할 것이며 20년 내에는 기계가 사람이 할 수 있는 모든 일을 할 것이다."라고 호언장담했다.

▲ 앨런 뉴웰(좌)과 허버트 사이먼(우)(출처: https://amturing.acm.org/)

낙관적인 전망과 함께한 인공지능은 새로운 연구와 함께 급속도로 발전하기 시작했다. 1970년대까지 많은 대수학 문제를 풀고 증명할 수 있는 기계들이 개발됐고 단어를 인식할 수 있었다.

이 기간에 만들어진 프로그램은 인간의 지식을 기호화하고 추상화해 기계가 인식할 수 있도록 했으며 이로 인해 구조화된 문제해결이 가능했다. 이 당시에 만들어진 기계로는 튜링 기계와 체스 게임이 있다.

논리이론가(Logic Theorist) 프로그램 흐름도

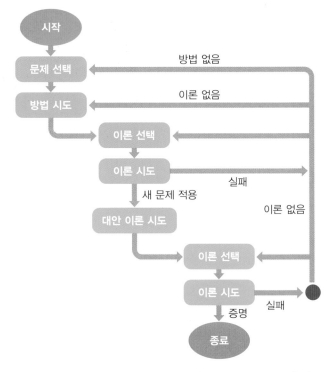

▲ 논리 이론가(Logic Theorist)의 프로그램 흐름도(출처: A, Newell, H, Simon(1956), The logic theory machine—A complex information processing system, IRE Transactions on Information Theory. (Vol 2, Issue3, pp 61 - 79)

뉴웰과 사이먼은 1956년에 논리 이론가(Logic Theorist)[7]라는 프로그램을 만들어 논리 이론을 소개했고 3년 후 이것으로 하노이의 탑 퍼즐을 해결할 수 있었다. 그리고 1975년에 논리 이론가 프로그램은 화이트헤드와 러셀의 난해한 〈수학원리〉[8]의 52문제 중 38개를 해결해냈다.

한편 아서 사뮤엘(Arthur L, Samuel)은 IBM의 메인 프레임을 개발해 1959년 '기계학습'이라는 용어를 처음으로 사용했고, 최초의 자기 학습이 가능한 체커 프로그램을 개발했다.

---

[7] Allen Newell & Herbert Alexander A. Simon, "The Logic Theory Machine a complex information processing system", Jun 15, 1956
[8] Alfred North Whitehead & Bertrand Arthur William Russell, Principia Mathematica, 1910

1950년 후반, 하버드 의대에서는 신경생리학자인 데이비드 허블(David Hubel)과 토르스텐 비셀(Torsten Wiesel)이 고양이를 이용한 두뇌 실험[9]을 진행하고 있었다. 그들은 고양이의 두뇌에 전극을 심은 후 여러 가지 물체를 고양이에게 화면으로 보여줬을 때 각 두뇌의 부분에서 뉴런이 활성화되는 정도를 측정했다. 그 결과 고양이의 시각 피질 내에 있는 뉴런이 이미지를 부분적으로 나눠 받아들인다는 것을 밝혀냈다. 이 실험은 딥러닝 등장 이후 이미지 인식, CNN 알고리즘에 적용됐다.

1965년에는 최초의 실용적인 인공지능으로 '덴드럴(DENDRAL)'이 개발됐다. 덴드럴은 허버트 사이먼의 제자로 논리학을 전공한 에드워드 파이젠바움(Edward Feigenbaum)이 유전학자인 조슈아 레더버그(Joshua Lederberg)의 외계 생명체 연구를 돕기 위해 화학 분야에서 개발한 것이다. 덴드럴은 분자의 구조를 추정하는 시스템이자, 빛과 같은 파장의 입자선을 스펙트럼으로 분석해 세기와 파장을 검사하는 장치 중 하나로, 유기 화학물의 종류를 추론할 수 있었다.

이와 같이 특정 분야의 지식에 대한 문제를 해결하거나 질문에 답해주는 프로그램을 '전문가 시스템(Expert System)'이라 한다. 이러한 시스템은 전문가의 경험에서 얻은 지식과 논리적 법칙을 사용했다. 1972년 스탠퍼드 대학은 전염성 혈액 질환을 진단하는 '마이신(MYCIN)'을 개발했다. 마이신은 600여 개의 병 진단 규칙으로 이뤄져 있어서 시스템이 환자의 증상에 대해 질문하고 환자가 대답하면 이를 추론해 적절한 치료 방법을 제시했다. 전문가 시스템을 만드는 기초 개념으로서 '지식 공학'을 확립했다.

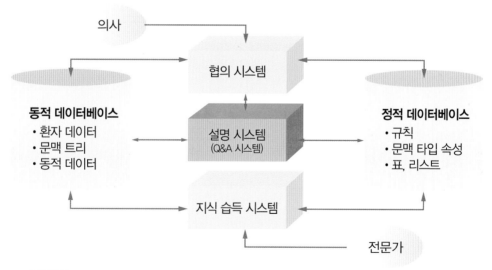

▲ 마이신의 구조

---

[9] David H. Hubel – 전기, 노벨 생리의학상(1981년), NobelPrize.org. 노벨 미디어 AB 2020, Thu. 2020년 3월 12일, https://www.nobelprize.org/prizes/medicine/1981/hubel/biographical/

3 인공지능의 첫 번째 암흑기(1974~1980년)

인공지능 연구자들은 1950년대 중반에서 1980년대까지 인간 수준의 기반 지식을 가진 범용적인 인공지능을 만들고 2000년대에는 인간의 지능을 넘어서도록 하겠다고 약속했다. 그러나 그 당시에 컴퓨터의 성능과 하드웨어가 충분히 뒷받침되지 못해 사람이 간단히 해결할 수 있는 문제를 컴퓨터는 며칠씩 걸리기도 했다. 현재 딥러닝으로 인공지능의 꽃을 피우고 있는 이미지와 영상 처리, 자연어 처리와 같은 인공지능 프로그램에는 광대한 데이터의 양과 컴퓨팅 파워가 필요한데, 그 당시에는 이를 구축하기 어려웠다.

초창기 인공지능 연구의 핵심 주제는 '추론'과 '탐색'이었고 추론은 '기호화', 탐색은 '경우의 수'와 관련이 있었다. 이를 현실에 적용하기에는 세상은 수많은 변수와 복잡성을 지녔기 때문에 인공지능의 현실화는 벽에 부딪혔다. 컴퓨터는 직관적인 방법으로 계산을 하는 인간과 달리 모든 경우의 수를 고려해 계산했기 때문에 실용적인 면에서는 매우 비효율적이었다.

컴퓨터가 수학적인 문제나 증명을 하는 데는 뛰어났지만 인간에게 쉬운 걷기나 이미지를 인식하는 것과 같은 기능은 엄청나게 어려웠는데, 이를 '모라벡의 역설'이라 한다. 당시 스티븐 쿡,[10] 리처드 카프, 레오니드 레빈과 같은 학자들은 P-NP 문제와 같이 주어진 문제를 컴퓨터로 얼마나 빨리 풀 수 있는지를 다루는 논문에서 단순한 문제에 지수적인 시간이 요구되는 많은 문제를 내보이며 인공지능을 사용한 문제해결이 비효율적이고 시스템으로 상용화하기에는 무용지물이라 봤다.

한편 전문가 시스템에도 여러 가지 한계가 있었다. 먼저 적용할 수 있는 영역이 제한돼 있었고 투입된 지식 이외에 문제를 좀 더 자세히 이해하거나 새로운 해결 방법을 찾는 역할을 해낼 수

---

[10] Stephen Arthur Cook, "The Complexity of Theorem Proving Procedures", ACM, 1971

없었다. 그 당시의 전문가 시스템은 자신의 경험을 통해 학습할 수 있는 능력이 없었다.

초기 퍼셉트론의 개발 이후 여러 가지 발전된 퍼셉트론이 계속 만들어졌지만[11] 마빈 민스키는 초기 퍼셉트론은 다층 퍼셉트론에서의 학습이 불가한 것으로 봤다. 그는 시모어 페퍼트와 함께 퍼셉트론의 몇 가지 심각한 문제점과 단점을 주장하는 『퍼셉트론』[12]이라는 책을 출판해 연결주의를 추구하는 인공 신경망 연구자들을 좌절시켰다.

그리하여 인공지능 연구를 지원하던 기관들과 각 학계의 지원이 끊어지면서 1960년대에 인공지능의 첫 번째 겨울이 찾아왔다(1974~1980). 1966년 미국 정부의 지원이 단절되고 인공지능을 이용한 번역 프로젝트가 취소됐으며 1971년 영국 정부도 인공지능 연구에 대한 재정 지원 중단을 선언했다.

4 꾸준한 연구(1980~1987년)

인공지능에 첫 번째 겨울이 왔는데도 몇몇 학자는 꿋꿋이 연구를 진행했고 몇 가지 소소한 성과를 이뤘다. 제어 계측 공학 분야의 유치호와 브라이슨은 신경망의 고질적인 문제였던 학습 문제를 해결할 수 있는 역전파(Back-Propagation) 알고리즘[13]이라는 것을 세상에 내보이면서 다층 퍼

▲ 폴 워보스(좌)와 한스 모라벡(우)(출처: WIKIDOK)

셉트론의 구현 가능성과 인공지능의 봄을 맞이할 수 있는 길을 열었다. 나중에 좀 더 자세히 알아보겠지만, 역전파 알고리즘은 신경망에서 출력 뉴런의 오류를 신경망의 계산 과정이나 입력 레이어로 거꾸로 되돌려 조정된 가중값을 결과를 찾아내는 데 적용하는 알고리즘이다.

미국의 사회 과학자이자 기계학습의 개척자인 폴 워보스는 1974년에 다층 퍼셉트론에서 학습을 가능케 하는 오류 역전파 알고리즘[14]으로 박사 학위 논문을 썼다. 그는 후에 RNN(Recurrent Neural Network, 순환 신경망)을 개척한 선구자로 알려지기도 했지만, 당시에 인공지능에 대한 냉담한 분위기에 논문을 발표하지 못했고 8년이 지나고 나서야 세상에 내보였다.

모라벡은 컴퓨터가 지능을 갖기에는 여전히 매우 약하다고 주장했다. 그는 실시간으로 사람의 망막 움직임을 캡처하려면 범용 컴퓨터가 초당 1,000MIPS를 처리해야 할 것으로 추측했다.

---

[11] ADALINE, MADALINE
[12] Marvin Minsky & Seymour Papert, 『Perceptrons』, 1969
[13] Yu-Chi Ho & Arthur E. Bryson, 『Applied Optimal Control』, 1975
[14] P. Werbos, "Beyond regression: New tools for prediction and analysis in the behavioral sciences", Nov. 1974

그 당시 가장 빨랐던 슈퍼컴퓨터는 80~130MIPS였고 가격은 500~800달러 사이였다. 2011년의 범용 컴퓨터와 비교해보면 컴퓨터의 영상 프로그램은 10,000MIPS 이상을 요구한다. 일반적인 데스크톱 컴퓨터의 처리 속도는 겨우 1MIPS 남짓이었다.

1973년 프랑스 마르세유대학의 알랭 콜메르(Alan Colmerauer)는 1958년 초기에 존 매커시가 논리적 추론을 위해 만든 프로그래밍 언어 LISP(LISt Processing)를 성공적으로 발전시켜 논리 프로그래밍 언어인 '프롤로그(Prolog)'를 개발했다. '전문가 시스템의 아버지'라 불리는 컴퓨터 과학자인 에드워드 파이겐 바움은 인공지능을 눈으로 확인 가능한 의료 진단 시스템을 구성하고 다른 비즈니스에서도 실효성을 가질 수 있도록 발전시켜가면서 정보 처리의 중

▲ 알랭 콜메르
(출처: https://cacm.acm.org/)

심적인 위상을 차지하는 데에 크게 기여했다. 1980년 카네기멜론대학에서 만든 최초의 상용 전문가 시스템 R1(XCON)은 디지털 장비 회사인 DEC에서 운용하기 시작했고 새로운 컴퓨터 시스템에 대한 주문을 조정하는 것을 돕는 작업을 했다. 이는 매년 4,000만 달러를 절약할 수 있었고 전문가 시스템을 활용한 산업 분야는 더욱 확장돼 전문가 시스템을 도입한 많은 기업에서 큰 경제적 효과를 거뒀다.

5 인공지능의 두 번째 겨울(1987~1993년)

전문가 시스템의 등장으로 인공지능에 대한 관심과 연구가 재개됐고 인간은 기계를 지능 있게 가르치기 위해 힘썼다. 인터넷 검색 엔진과 콜센터 음성 인식 등으로 활용이 확대됐지만, 특성화된 인공지능 하드웨어보

▲ IBM(왼쪽)과 애플(오른쪽) 로고(출처: 위키백과)

다 좋은 성능을 가진 애플 컴퓨터, IBM의 데스크톱이 등장하면서 인공지능 시장은 무너졌고 비싼 유지 비용과 학습의 어려움으로 다시 두 번째 암흑기를 맞이했다. 그리고 국가 기관들은 실용적인 결과를 나타낼 수 있는 프로젝트에 투자를 돌렸다. 지능을 구현하기 위해 기계에 몸을 부여해야 한다고 주장하며 로봇 공학을 기반으로 하는 인공지능을 연구에 집중했다.

1980년대에는 기계학습 알고리즘이 성공적으로 동작했는데도 신경망이 학습을 하려면 3일이 걸렸고 다른 분야에 적용하가 어려웠다. 그러나 컴퓨팅 성능의 발달과 1990년대 후반 인터넷으로 인해 데이터가 엄청나게 증가하면서 디지털 공간에 있는 데이터를 컴퓨터가 학습하는 '기계학습'을 할 수 있게 됐다.

컴퓨터 성능의 발전상

인공지능의 역사를 알기 위해 컴퓨터의 성능이 얼마나 발전했
는지 부분적으로 살펴보는 것도 유용하다. 1950년대 사용하던
컴퓨터인 IBM 7090은 방 전체를 차지할 만큼의 부피를 갖고 있
었고 자기테이프에 데이터를 저장했으며 종이 펀치카드를 사용
했다. IBM 9090은 1초에 20만 번 작동했는데, 이를 인간의 노동
으로 대체하면 쉬는 시간이 없이 1초에 1개씩 처리한다고 할 때
55시간 30분이 걸리는 일이다.
이는 당시 미 공군의 탄도 미사일 경고 시스템을 지원하기에 충

▲ IBM 7090(출처: ibm.com)

분한 컴퓨팅 성능이었다. 인공지능은 컴퓨터의 성능과 컴퓨터가 데이터를 처리하는 속도 향상과 함께 발전했다.
컴퓨터의 성능은 트랜지스터와 관련이 있는데, 무어의 법칙에 따라 1956년부터 2년마다 동일 공간에 들어맞는 트랜지
스터가 2배로 늘어났다. 하지만 현재는 무어의 법칙을 능가하는 속도로 발전하고 있다. 2007년 애플이 최초로 출시한
아이폰은 초당 4억 건의 작업을 처리했는데, 10년 후에 내놓은 아이폰 X는 프로세서가 초당 약 6,000억 건의 작업을
처리할 수 있다. 슈퍼컴퓨터는 초당 30조 회의 작업을 처리하는데, 이는 IBM 7090에게는 4753년이 걸리는 일이다.

⑥ 신경망 개발과 인공지능 붐

일본의 NHK 방송기술연구소의
전산학자인 쿠니히코 후쿠시마(Kuni
hiko Fukushima)는 1980년경 허
블과 비셀이 고양이 실험으로 밝힌
시각 피질의 구조를 참고해 '네오코
그니트론(Neocognitron)'이라는 신
경망 모델을 개발했다.

이전에 만든 '코그니트론(Cognitron)'
도 있었지만, 그보다 패턴 인식 능력
이 훨씬 좋고 위치나 크기 변화의 영
향을 덜 받았다. 네오코그니트론이
문자를 인식하는 방법은 이미지의
특징을 추출하고 오차를 허용한 특
징을 만들어낸 후 마지막으로 이를

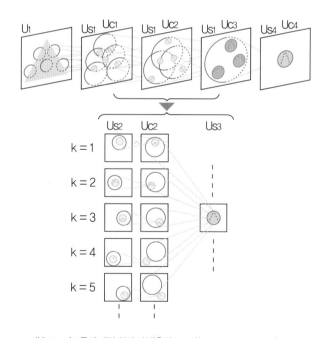

▲ 네오코그니트론의 패턴 인식 과정(출처: http://www.aistudy.co.kr)

조합해 원래 이미지를 유추해내는 방식이었다.

1982년 미국의 과학자 존 홉필드(John Hopfield)가 발견한 '홉필드 넷(Hopfield Netwotk)'은 신
경망을 하나의 에너지 시스템으로 보아 출력을 다시 입력값으로 되먹이는 방식이었는데, 이는 정

보에 접근하고 학습할 수 있는 신경망의 형태를 찾아냈으며 2년 후에 이 홉필드 네트워크에 제프리 힌튼과 테이 세이노프스키가 신경망 알고리즘을 결합해 볼츠만 머신[15]을 발표했다.

1989년 얀 르쿤(Yann Lecun)이라는 컴퓨터 과학자는 미국의 통신회사인 AT & T 연구실에서 손으로 작성된 우편물의 우편 코드를 인식해 자동으로 분류하는 프로그램(일명 'LeNet5')을 만들었다. 약 10년 후인 1998년, 제프리 힌튼의 제자로 박사 후 과정을 밟고 있던 얀 르쿤은 요수아 벤지오(Yoshua Bengio)와 함께 오류 역전파 알고리즘과 볼츠만 머신을 개발했고 네오코그니트론을 적용, 발전시켜 딥러닝의 한 종류인 컨볼루션 신경망, CNN(Convolutional Neural Network)을 개발했다. 이로써 딥러닝은 인공지능 분야에서 획기적인 전환점을 만들었다.

▲ 얀 르쿤(출처: 위키백과)

하지만 CNN의 성공에도 불구하고 초기에는 실용적인 응용에 적합하지 못했다. 신경망의 계산에 은닉층이 많아지고 깊어질수록 학습 속도는 느려졌고 제대로 이뤄지지 않는 경우가 많았다.

오류 역전파 알고리즘을 사용해도 여러 개의 은닉층을 지나고 나면 역방향으로 전파되는 오류가 점점 사라지는 '그레이디언트 소실 문제(Vanishing Gradient Problem)'가 발생하기 때문이었다. 역전파를 이용해 가중값이 조정되지 않으면 학습이 되지 않았고 은닉층을 많이 추가한다고 해서 문제가 해결되는 것은 아니었다.

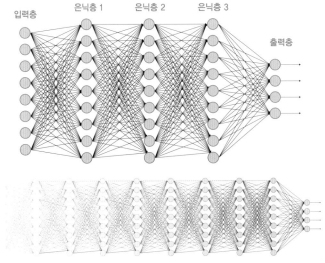

▲ 신경망의 구조와 그레이디언트 소실 문제
(출처: https://www.kaggle.com/getting-started/118228)

---

[15] Hinton, G. E.; Sejnowski, T. J. (1986). D. E. Rumelhart, J. L. McClelland, and the PDP Research Group (eds.). "Learning and Relearning in Boltzmann Machines" (PDF). Parallel Distributed Processing: Explorations in the Microstructure of Cognition. Volume 1: Foundations: 282 – 317) Archived from the original (PDF) on 2010-07-05)

시간이 지나면서 이를 해결할 수 있는 방법으로 가중값을 적당히 초기화하는 방법, 활성화하는 함수로써 ReLU(Rectified Linear Unit)를 사용하는 방법, LSTM(Long Short Term Memory) 구조를 사용하는 방법 등이 등장했다.

7 인공지능은 어디까지 왔고 미래는 어떨까?

인공지능은 여러 경기에서 인간을 뛰어넘는 지능을 발휘하거나 현실에서 작동할 수 있는 여러 가지 산출물을 만들어냄으로써 주목을 받기 시작했다. 먼저 게임 또는 퀴즈 분야를 살펴보면 1997년 '딥블루(Deepblue)'는 세계 체스 챔피언 게리 가스파로프(Garry Kasparov)를 이긴 컴퓨터로 등극했다. 딥블루는 1951년 크리스토퍼의 '마크 1'보다 1,000만 배 정도 빠른 성능이었다. 2011년 2월에는 미국의 텔레비전 퀴즈 쇼인 제퍼디(Jeopardy!)에서 IBM의 인공지능 로봇 왓슨(Watson)이 챔피언 브래드 루터(Brad Rutter)와 켄 제닝스(Ken Jenniings)를 큰 점수 차이로 이겼다.

2015년 바둑 인공지능인 알파고(AlphaGo)는 유럽 바둑 챔피언과의 대결에서 5승 무패를 기록했고 2016 바둑 세계 챔피언 이세돌에게 4승 1패로 이겨 전 세계에 이름을 널리 알리게 된다.

알파고는 딥러닝으로 프로바둑 기사와 아마추어 바둑 기사의 16만 판이 넘는 바둑 기보를 입력받아 상대방이 놓을 자리를 예측하는 방식으로 바둑을 뒀고 알파고끼리의 대결을 통해서도 학습해 실력을 쌓을 수 있게 만들었다. 학습 속도와 범위는 인간을 한참 초월해 이제는 바둑계에서 인공지능을 이길 수 있는 인간이 없을 것이라는 전망도 있다.

▲ 게리 가스파로프와 딥 블루(출처: 위키백과)

딥러닝은 인간의 뇌를 모방한 신경망 구조로 알고리즘을 만들어내기도 하고 컴퓨터가 스스로 '변수(특징)'를 만들어낼 수 있는 능력을 지녔다. 딥러닝 기술의 개발로 이미지 인식 분야도 발전했다. 2010년에는 대용량의 이미지 세트로 이미지를 인식하는 알고리즘의 성능을 평가하는 이미지넷 인식 대회(ILSVRC)가 시작됐는데, 이 대회에서 우승한 알고리즘들이 컴퓨터 비전

▲ 이세돌 vs. 알파고(출처: https://aibusiness.com/)

분야의 발전에 큰 역할을 했다. CNN 알고리즘으로 개발된 알렉스넷(AlexNet)으로 제프리 힌튼과 일리아 서스커버(Ilya Sutskever)가 이끄는 수퍼비전팀이 2012년도에 26%였던 인식 오류율을 16%까지 낮추면서 우승을 했다. 얕은 구조를 기반으로 한 당시의 알고리즘은 오류율을 0.1% 낮추는 것도 쉽지 않았지만, 딥러닝 기반 알고리즘이 사용되면서 인식 오류가 확실하게 낮아졌고 이는 대단하고 놀라운 성과였다.

이후 2012년 스탠퍼드 대학은 구글과 함께 컴퓨터가 프로세서 1만 6,000개와 10억 개 이상의 신경망으로 유튜브에 있는 1,000만 개 이상의 동영상 중에서 고양이 사진을 찾아내도록 하는 딥러닝 프로젝트를 실시했다. 또한 2015년에는 딥러닝 소프트웨어 구글 포토로 스마트폰 속 수천 장의 사진을 자동으로 분류하는 애플리케이션을 갖췄고 수백 억 장의 사진을 학습해 사진 속의 각 사물의 특징을 익혀 수 억 장의 사진을 단 몇 초만에 판독하는 능력을 선보였다.

딥러닝을 사용한 이미지 인식은 2015년 이후 사람의 이미지 인식 오류율인 약 5%를 넘어섰고 2017년에는 2.3%에 이르는 등 정확성이 계속 발전하고 있다.

인공지능이 활용될 유망한 분야 중의 하나는 '자율주행'이다. 스탠퍼드팀의 로봇은 2005년 DARPA가 후원하는 무인 자동차 경주 대회에서 우승했는데, 이 로봇은 처음 주행해보는 사막의 도로 131마일(약 210km)을 자동차로 운전해 우승했다. 그리고 2007년에는 카네기멜론 대학과 제너럴 모터스의 합작인 타르탄 레이싱팀이 DARPA의 도시 챌린지에서 60마일(약 96km)의 도시 구간을 모든 교통 법규를 지키며 교통 혼잡을 뚫고 완주했다. 이후 구글과 테슬라에서 상용 자율주행자동차를 선보이며 발전하고 있다.

2016년 다보스 포럼에서는 '제4차 산업혁명'을 주된 주제로 내세웠고 기술 혁명이 우리의 삶과 미래 세대에게 가져올 변화에 대한 논의를 펼쳤다. 그 중심에 인공지능과 빅데이터, 사물인터넷(IoT), 클라우드 컴퓨팅 등의 융합이 있었다. 이 포럼에서는 현재의 기술 진보는 인류가 경험하지 못했던 속도로 빠르게 진행되고 있으며 이러한 기술 혁신이 산업의 생산, 관리 구조 등의 시스템에 엄청난 변화를 줄 것으로 예상했다.

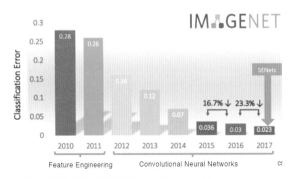

▲ 이미지 인식의 오류율 변화(출처: https://towardsdatascience.com/)

▲ CMU의 타르탄 레이싱(출처: https://www.cmu.edu/)

인공지능은 반세기 동안의 숙원을 해결하며 매우 어려운 문제를 해결해냈고 데이터 마이닝, 산업 로봇 공학, 음성 인식, 검색 엔진, 의학 진단 시스템 등과 같은 분야에서 성공적으로 활용됐다. 인공지능 분야는 컴퓨터 과학의 혁신으로부터 신뢰가 시작됐고 컴퓨터 과학의 하위 분야로 성장했지만, 점차 학문의 범위와 그 영향력을 넓혀 나가면서 무궁무진한 가능성과 함께 독자적인 학문 분야로 자립하고 있다. 전문가들의 70%는 2050년이면 인간 수준의 인공지능이 개발될 것으로 예측한다. 4차 산업혁명은 인공지능의 혁신적인 변화에서 시작돼 점차 우리 삶에 곳곳이 스며들고 있다. 더욱 활용도가 높아지는 인공지능이 현대인에게 어떤 의미를 지니는지 한 번쯤 생각해볼 필요가 있다.

2 인공지능의 발전

① 인공지능의 역사적인 개념의 변천사

기계학습의 본질은 컴퓨터에게 배울 수 있는 능력을 부여하고 그에 대한 예측 및 결정을 내릴 수 있는 것을 포함한다. 컴퓨터는 픽셀 및 음성으로 된 원시(Raw) 데이터를 사용해 현실 세계의 사물과 복잡성을 줄인다. 그리고 분류하고 싶은 것을 유용하게 특징화해 그 특징(Feature)을 학습에 사용한다. 방대한 양의 데이터를 저장하고 처리하고 분석하는 기능을 했던 초기 컴퓨터가 인간의 두뇌에 있는 뉴런에서 영감을 얻은 인공 신경망의 발전을 통해 복잡하고 정교한 문제들에 대한 해결 방법을 제시할 수 있게 됐다. 또 이 결괏값은 또 다른 입력으로 스스로 훈련(Training)할 수 있는 수준에 이르렀다. 인공지능의 개념을 이해하기 위해서는 기계와 인간의 학습 또는 지능에 관한 정의를 아울러 살펴보는 것이 좋다.

연도	학자	학습에 대한 정의
1949년	도널드 헵 (Donald Hebb)	인간 학습은 뇌세포의 연결 강화를 의미한다(학습 이론).
1950년	앨런 튜링	'생각'한다는 것이 무엇인지에 착안해 기계가 생각할 수 있도록 하는 아이디어를 제안했다(튜링 테스트).

이어서 존 매커시는 1956년 "학습의 모든 면 또는 지능의 다른 모든 특성으로 기계를 정밀하게 기술할 수 있고 이를 시뮬레이션할 수 있다."라고 주장하며 인공지능이라는 단어를 처음으로 사용했다. 그는 인공지능을 '지능적인 기계를 만드는 과학과 공학(the science and engineering of making intelligent machines)'이라 정의했지만, 지능적인(intelligent) 것에 대한

개념은 모호했다. 피터 노빅(Peter Norvig), 스튜어트 러셀(Stuart Russell)이 쓴 『인공지능 – 현대적 접근』에서는 네 가지 관점에서 인공지능을 정의하고 있다.

인간처럼 생각하는(Thinking Humanly)	인간처럼 행동하는(Acting Humanly)
컴퓨터가 생각하도록 하려는 새로운 노력(New effort to make computers think)	사람이 작업할 때 지능을 요구하는 기능을 수행할 수 있는 기계를 만들어내는 공학(The art of creating machines that perform functions that require intelligence when performed by people)
이성적으로 생각하는(Thinking Rationally)	이성적으로 행동하는(Acting Rationally)
인지, 추론, 행동을 가능하게 하는 계산에 대한 연구(The study of the computations that make it possible to perceive, reason, and act.)	지능적 에이전트를 디자인하기 위한 계산적 지능에 대한 연구(Computational intelligence is the study of the design of intelligent agents)

② 약인공지능과 강인공지능, 인공 일반 지능

인공지능은 활용 범위와 능력에 따라 '약인공지능(Weak AI)'과 '강인공지능(Strong AI)'으로 나뉜다. 약인공지능은 최근 신경망의 구현된 형태인 얼굴 인식, 자율주행자동차, 인간의 언어 번역, 건강 상태의 진단과 같이 특정 업무에만 지능적인 인공지능을 일컫는다. 바둑에 특화된 구글의 '알파고', 삼성전자의 '빅스비', 애플의 인공지능 비서인 '시리' 등이 이에 해당한다.

반면, 강인공지능은 인간 수준의 또는 인간처럼 다재다능한 인공지능을 말한다. 하지만 기술적인 면에서의 지능뿐 아니라 감정, 판단, 의사소통, 자아 의식을 갖춘 인간을 포괄하는 진정한 의미에서의 강인공지능에는 아직 도달하지 못했다. 어떤 학자는 강인공지능을 인공 의식(artificial consciousness)과 인공 일반 지능(AGI)[16]으로 나누기도 한다. 인공 일반 지능의 한 예인 IBM의 왓슨은 위키백과의 전문을 포함한 2억 페이지에 있는 콘텐츠의 정보를 참고하고 통합했다. 앞서 언급한 퀴즈 프로그램뿐 아니라 의료·건강 관리·유통·금융·법률 등 다양하고 종합적인 분야에서 응용되고 있어 일반적으로 두루 적용할 수 있는 인공지능이 됐다. 반면 인공의식의 목적은 기술로 만들어진 인공물에 의식을 갖도록 하는 것이다. 디지털 컴퓨터가 의식을 가진다는 것은 '자기 인식'을 할 수 있고 환경과 자신에 대한 '자각'이 가능하며 미래에 대해 '기대'를 할 수 있는 것 등을 포함하는데, 이 기술을 개발하기까지는 시간이 걸릴 것이며 실제로 구현됐을 때 개념이 수정될 가능성도 있다.

---

[16] Artificial General Intelligence

1 신경과학 분야에서는 인공지능의 개념과 관련 모델링을 어떻게 하였는가?

2 마빈 민스키와 프랭크 로젠블랫의 인공지능을 바라보는 관점이 어떻게 다른지 설명하시오.

3 인공지능에 겨울이 찾아올 수밖에 없었던 이유를 찾아보시오.

4 '모라벡의 역설'에 관한 예를 들어보시오.

5 '그래디언트 소실 문제'가 무엇인지 설명하시오.

6 약인공지능과 강인공지능을 비교하여 설명하고, 예를 들어보시오.

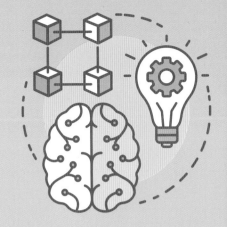

Chapter

3

문제와 탐색

1 → 문제와 문제해결

문제해결 과정에서 기계가 사람을 도와 일부 내용을 처리하도록 하거나 모든 과정을 수행하도록 하려면 '문제'와 '문제해결'을 조금 다른 관점에서 정의해야 할 필요가 있다. 문제해결은 다양한 문제 상태로 구성된 문제 공간(Problem space)에서 목표로 하는 결과를 찾을 때까지 탐색(Search)하는 과정이라 설명할 수 있다.

인간은 직관적으로 문제가 해결된 상태를 확인할 수 있지만, 기계는 초기 상태와 목표 상태의 일치 여부로 문제해결 여부를 판단한다. 문제가 해결됐는지 알기 위해서는 주어진 문제의 초기 상태와 목표 상태가 있어야 한다. 시작 기준과 종료 기준을 정해주고 이 과정을 탐색하며 목표 상태가 됐을 때를 평가해 종료한다.

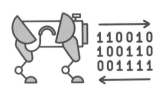

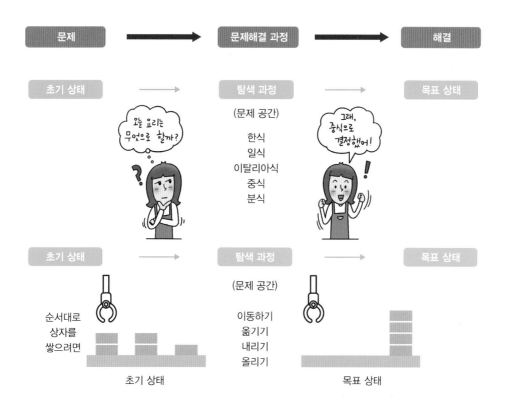

2 인간적인 탐색, 휴리스틱

인간은 당면한 문제를 해결할 때 완벽한 정답보다는 선행 경험에서 발견한 정보와 지식을 바탕으로 적당한 답을 찾는다. 왜냐하면 오랜 시간과 노력을 들여 정답을 찾는 것보다는 주어진 시간과 자원 내에서 해결 가능한 적당한 답을 찾는 것이 효율적이라는 것을 경험적으로 알기 때문이다. 인공지능은 인간의 이러한 문제해결 탐색 방법을 사용해 문제해결의 효율성을 높인다.

파리에서 베를린까지의 길을 찾는 문제를 살펴보자. 도로, 교통, 시간, 비용 등의 어떤 제약도 없이 이동하는 경우의 수는 무한히 많다. 다른 조건은 제외하고 가장 짧은 거리를 찾고자 한다면 좀 더 명확한 해결 방안을 고민하게 된다.

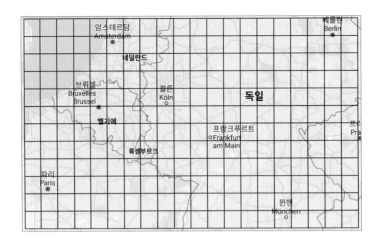

이제 지도의 내용은 빼고 사각형 격자와 출발점, 도착점의 핵심 정보만 남겨 계산하기 쉽게 추상화해보자.

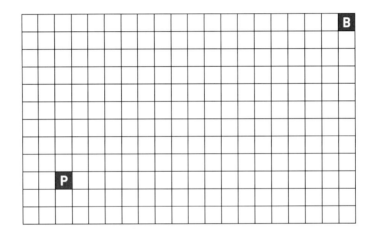

한 번에 한 칸씩 이동할 수 있다면 찾아가는 길의 경우의 수에는 다음처럼 무수히 많은 경로가 존재한다.

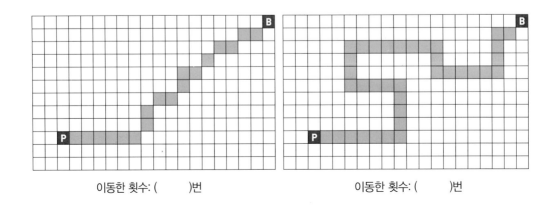

이동한 횟수: (   )번   이동한 횟수: (   )번

인간은 일반적으로 가장 짧은 거리를 찾기 위해 목적지를 향해 직진한다. 특별한 이유 없이 되돌아가는 헛수고도 피하려 하고 장애물이나 길이 막히면 적당히 짧은 거리로 우회해 이동하기도 한다.

이처럼 기계가 목표를 찾아 탐색하는 과정은 인간이 하는 사고의 과정을 모방해 계산으로 처리할 수 있는 방법을 사용한다. 적당한 탐색 경로를 찾아 문제를 해결하는 방법을 '경험적(Heuristic) 탐색 방법'이라 하고 이러한 알고리즘을 '휴리스틱 알고리즘'이라 한다.

③ 탐색의 구조적 표현, 컴퓨팅 사고

컴퓨터가 탐색의 문제를 컴퓨팅으로 해결하려면 일련의 절차대로 수행할 수 있도록 구조화해야 한다. 자료를 구조화하는 데에는 '선형 구조'와 '비선형 구조'로 표현하는 방법이 있다.

미로 통과 문제는 초기 상태(입구)와 목표 상태(출구)가 있고 문제해결 과정이 명확하게 드러나는 문제다. 미로를 문제해결에 필요한 요소만 남기고 추상화해 표현하면 다음과 같다. 그리고 이를 구조화하면 트리 구조로 나타낼 수 있다.

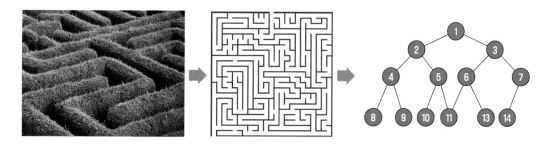

이제 미로를 통과하는 문제는 출발 지점인 입구 상태부터 분기가 되는 지점을 트리의 형태로 구조화한 후 그 경로를 따라 탐색하며 출구라는 노드의 상태에 이르는 문제라 생각할 수 있다.

4 → 휴리스틱 알고리즘

다음의 공간에서 로봇이 A에서 D로 이동하는 기능을 구현하고자 한다. 공간 안에서 로봇이 이동할 수 있는 경로는 무한하다. 가, 나, 다 어떠한 경로든 A에서 D로 이동할 수 있다.

이제 가장 빠르게, 가장 적은 이동 횟수로 가장 에너지를 적게 사용해 이동해야 한다면 로봇을 어떻게 이동하게 할 것인가? 로봇은 상하좌우로만 이동할 수 있다. 이제 A에서 D로 이동하라.

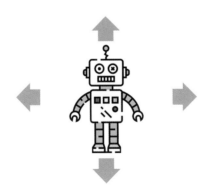

로봇의 이동 경로를 계산하기 위해 이동 공간을 격자로 나눠 표현한다. 격자에서 이동하는 방법에서 지나온 곳을 되돌아갈 수 있다면 이 역시 무한한 경로가 존재한다.

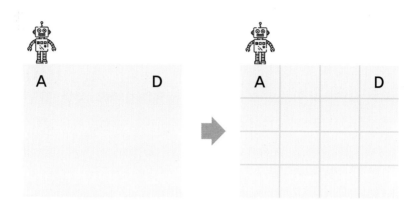

이제 이동하는 과정에서 옳게 가는지 확인(평가)하는 방법을 살펴보자. 한 칸을 이동할 때마다 1점을 준다면 다음과 같은 평가 점수를 줄 수 있다. 가장 적은 점수를 가진 경로가 결국 이동 경로가 될 것이다. 이렇게 중간에 로봇의 이동 경로를 확인하고 최적의 값을 찾는 함수를 '평가 함수(적합도 함수)'라 한다. 평가 값이 0이 되면 도착한 것으로 간주할 수 있다.

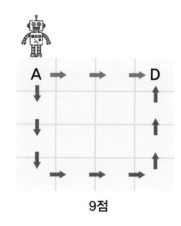

9점

이제 A에서 한 칸 이동해보자. 상하좌우만 움직일 수 있으므로 로봇은 B와 E로 이동할 수 있다. 이를 두 가지 경로의 트리 구조로 추상화해보면 오른쪽과 같다.

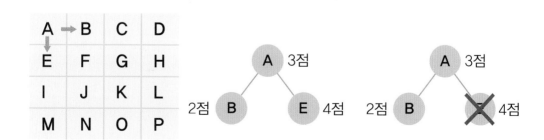

A에서 D까지의 최단 거리 평가 값은 3칸이므로 3점이다. B로 이동하면 B와 D 사이의 최소 거리는 2점이 되고 E로 이동하면 E와 D의 사이의 최소 거리는 4점이 된다. 이를 평가 점수로 비교해보면 A에서 3점이므로 4점이 되는 E보다는 2점이 되는 B쪽으로 이동하는 결정을 하게 된다. 이후 E에서 이동할 수 있는 A, F, I로의 경로 검색은 제외해도 된다. 이렇게 탐색이 필요 없는 공간을 줄이면서 탐색하는 방법을 '휴리스틱(Heuristic, 경험적) 탐색 방법'이라 한다.

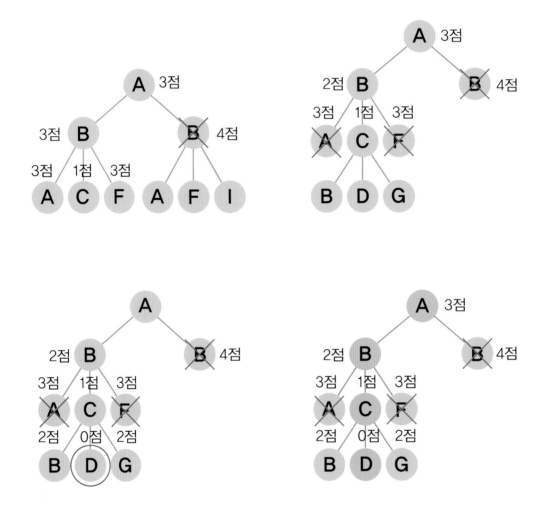

B에서 이동할 수 있는 곳은 A, C, F다. 각각의 격자에서 D까지의 최소 거리를 보면 3점, 1점, 3점이므로 B의 2점보다 큰 A, F 격자는 더이상 탐색이 필요 없으므로 휴리스틱적으로 탐색을 제외하고 C로 이동을 선택한다. 이제 C에서 이동할 수 있는 B, D, G로 최소 거리를 평가하면 2점, 0점, 2점을 갖게 된다. D가 0점이 되므로 결국 목표 지점에 도달한 것을 확인하며 이동을 멈추게 된다. 최소 이동 경로는 결국 A-B-C-D가 되는 것을 확인할 수 있다.

언뜻 보기에 '이렇게 쉬운 문제를 굳이 어려운 평가 함수와 격자를 구조화해 복잡하게 이동하면서 정답을 찾아야 하는가?'라는 의문이 들 수 있다.

인간은 눈을 통해 시각 정보를 받아들이고 바로 이동을 하기 위한 최적의 경로를 확인할 수 있다. 하지만 기계의 이동 문제를 고려해야 한다. 기계는 눈과 같은 시각 정보가 없다. 단지 한 칸씩 이동하는 규칙과 이동 시 거리를 측정하는 계산 능력만 있다.

여러분도 눈을 가리고 이동한다고 생각해보면 곧바로 짧은 경로를 선택해 이동하기는 어려울 것이다. 이렇게 인공지능 알고리즘을 이해하려면 우리 인간의 감각을 차단하고 생각해보면 기계가 왜 위와 같은 방법으로 이동해야 하는지 이해될 것이다.

인간의 경험을 기계에 적용하기 위해 사용하는 함수가 '평가 함수'다. 평가 함수는 컴퓨터가 문제를 처리 과정이 유용한지를 계속 판단한다. 여기서 판단은 연산과의 비교를 의미한다. 휴리스틱 탐색은 경험이나 직관을 통해 효율적으로 해를 얻고자 하는데, 로봇 이동 문제처럼 모든 경로를 무조건 찾는 것이 아니라 평가 함수를 이용해 필요한 탐색 경로만 결정해 탐색 공간을 줄일 수 있어 문제의 답을 효과적으로 찾을 수 있다.

시뮬레이션 다양한 휴리스틱 알고리즘

다음 사이트에 접속하거나 검색 엔진에서 찾아 다양한 탐색 알고리즘을 이용한 최단 경로 찾기 시뮬레이션을 실습해보자(출처: http://qiao.github.io/PathFinding.js/visual/).

구글 검색어	pathfinding.js

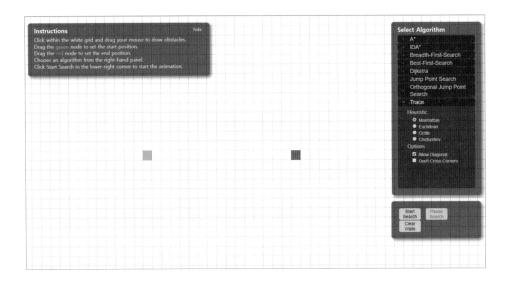

사용 방법은 왼쪽 위에 있다.

- 초록색이 '시작 지점', 빨간색이 '목표 지점'이다. 이 조각의 위치는 마우스로 이동시킬 수 있다.
- 빈칸에 마우스를 드래그하면 회색 칸이 생기면서 장애물이 생긴다.
- 오른쪽 아래의 [Start Search] 버튼을 클릭하면 최단 경로를 찾는다.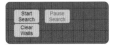
- [Clear Walls]를 클릭하면 회색 장애물이 지워진다.

알고리즘의 유형은 오른쪽의 메뉴에 있으며 왼쪽 아래에 탐색 거리, 시간과 횟수 등이 제시된다.

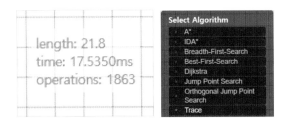

메뉴에 제시된 다양한 알고리즘의 특징을 인터넷 검색으로 알아보자.

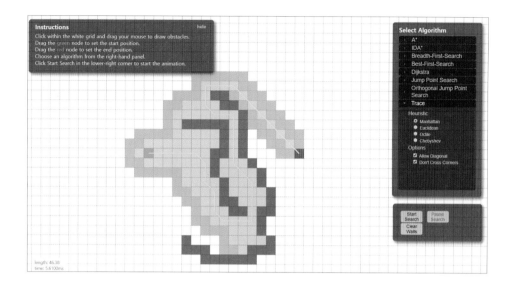

초록색 사각형과 빨간색 사각형을 적절하게 옮기고 중간에 회색 장애물을 배치한 후 오른쪽 메뉴의 알고리즘 중에서 하나를 선택해 탐색해보자. 어떤 특징이 있는가?

알고리즘	특징(찾는 경로)
A*	
ZDA*	
BFS	
BestFS	
Dijkstra	
JPS	
OJPS	
Trace	

코딩으로 체험하기 길 찾기

소스 파일: 부록_1_길찾기.sb3

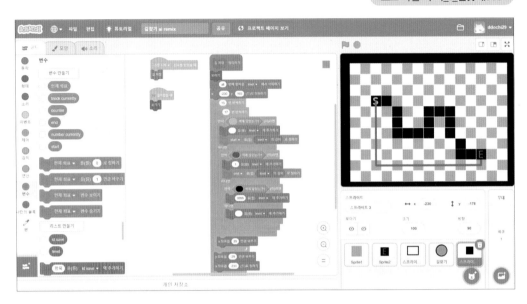

① 실행하기

- 스크래치를 실행한다.
- '길찾기.sb3'를 불러온다.
- 초록색 깃발을 클릭한다.
- 마우스로 장애물을 설치하고 싶은 자리에 클릭하면 검은색 벽돌이 생긴다.
- Spacebar를 누르고 마우스를 클릭하면 첫 번째는 Start 지점, 두 번째 클릭하면 End 도착점이 설정된다.
- 컴퓨터가 길을 찾는 과정을 살펴본다.

② 프로그램 설명

앞서 살펴본 시뮬레이션과 달리, 이 소스에서는 대각선을 탐색하지 않고 상하좌우를 비교해 최단 거리를 찾는 알고리즘을 사용했다. 이처럼 탐색의 문제에 있어 정답은 없고 합리적으로 이동해 해결하는 것이 인간적인 탐색의 방법이 아닐까?

인간이 문제를 해결하고자 할 때 완벽한 답을 찾기보다는 적당한 시간과 노력으로 해결하는 방법은 기존의 지식과 경험을 통해 해결하는 휴리스틱적인 방법이다.

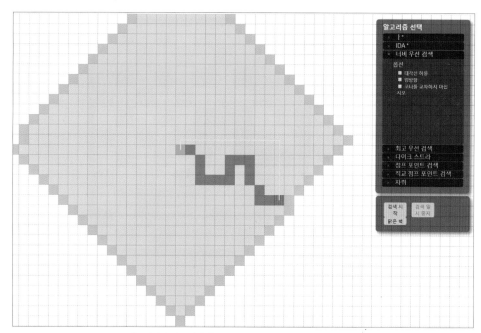

패스파인더 시뮬레이션(너비 우선 탐색, 대각선을 허용하지 않음)

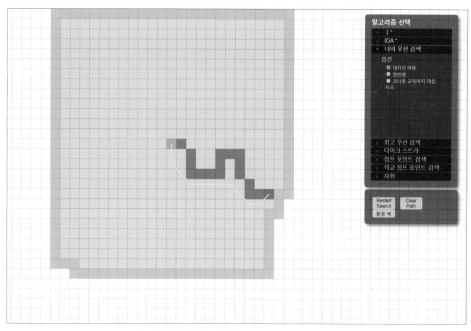

패스파인더 시뮬레이션(너비 우선 탐색, 대각선을 허용함)

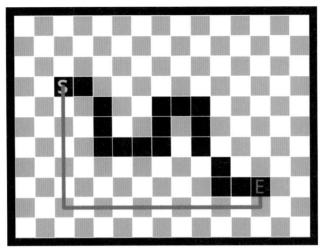

스크래치 실행 결과: 너비 우선 탐색의 대각선을 허용하지 않은 것과 똑같은 결과

• 스크래치에서 실행한 것과 패스파인더 시뮬레이션을 비교하면서 길 찾기 알고리즘을 탐색해보자.

◆ 생각해볼 문제

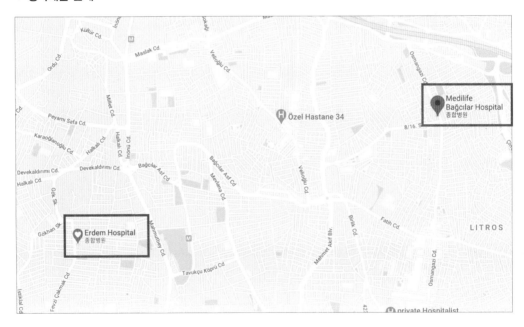

환자를 싣고 에르뎀 병원에서 메디라이프 병원까지 차량으로 이동하려고 한다. 어떤 길로 가야 가장 빨리 도착할 수 있을까?

❶ 나라면 어떤 길을 선택할지 경로를 손으로 그어보자.
❷ 기계라면 어떤 방법으로 길을 찾을지 고민해보자.

❸ 모든 길의 분기점과 거리를 제공하고 나의 시야를 가린다면 어떤 방법으로 병원까지 가는 가장 짧은 길을 찾을지 생각해보자.

❹ 내비게이션과 같은 기계는 시각 등의 감각이 없는 상태에서 어떻게 빠른 길을 찾는 것일까?

❺ 사람이라면 짧은 길을 찾기 위해 모든 길의 거리를 계산하기보다 큰길을 선택하거나 도착점과 가까운 길로 가면서 막힐 경우 우회로를 찾으며 간다. 이처럼 인간의 휴리스틱적 탐색 방법을 적용한 것이 우리가 사용하는 내비게이션이다. 지금의 내비게이션은 도로의 정체, 신호등, 속도 제한 등과 같은 정보를 실시간으로 입력받아 휴리스틱 탐색 방법으로 운전자에게 적당한 경로를 제공한다. 모든 길의 상황을 무한정 계산해 가장 빠른 길(정답)을 찾는다면 내비게이션 시스템은 10년 후에 경로를 찾아주거나 멈춰버릴 것이다.

▲ 루트 파인더(출처: https://www.engadget.
com/2018-08-03-backlog-pre-gps-
navigation.html)

▲ 일렉트로 자이로게이터
(출처: https://global.honda/heritage/timeline.
html?year=1980)

　세계 최초의 내비게이션은 1920년대 영국에서 만든 '루트 파인더(Route Finder)'다. 손목시계처럼 목적지에 맞는 지도를 본체에 끼우고 옆에 달린 손잡이를 돌리며 경로를 탐색하는 방법을 사용했다.

　이후 1981년도에 일본 자동차 회사에서 '일렉트로 자이로게이터(Electro Gyrogator)'를 개발했다. 자기 방식의 장치와 필름 지도로 구성된 형태였지만, 제한된 화면 안에서 지도를 보여주기 위해 대축척 지도를 사용해 세밀함이 떨어지고 실제와 오차가 크다는 단점으로 대중화되지 못했다.

　1985년 미국 자동차 용품 업체인 이택(Etak)에서 '이택 내비게이터(Etak Navigator)'를 발표했다. 이는 전자 나침반과 바퀴에 부착된 센서를 통해 도착 지점을 추측하는 방법을 사용한 것으로 이전 일렉트로 자이로게이터보다 발전된 형태였지만, 저장 용량의 한계로 대중화에 성공하지 못했다.

▲ 이택 내비게이터
(출처: https://www.engadget.com/2018-08-03-backlog-pre-gps-navigation.html)

우리나라에서는 H사에서 1997년 가장 먼저 내비게이션을 개발했지만, 비용 문제로 호응을 얻지 못하다가 2000년 이후 미국이 GPS를 공개하면서 내비게이션 단말기가 출시되기 시작했다. 최근에는 후방 카메라, 증강 현실, 차선 이탈 감지 시스템, 신호등 변경 알림, 3D 실사 지도 제공 등과 같은 첨단 운전 전자 지원 시스템 기능이 적용된 내비게이션으로 발전하고 있다.

▲ 홀로그램 기술이 탑재된 내비게이션
　(출처: 게티이미지 뱅크(www.gettyimagebank.com))

1 맹목적 탐색과 경험적 탐색의 차이점을 설명하시오.

2 트리 구조에서 상태 공간을 축소한다는 것은 무엇을 의미하는가?

3 일상생활의 탐색 문제에서 평가 함수가 사용되는 것을 찾아보시오.

4 휴리스틱 탐색에서 A* 알고리즘이 적용될 수 있는 조건을 찾아보시오.

5 패스파인딩(pathfinding) 시뮬레이션에서 휴리스틱 탐색 알고리즘과 일반 탐색(맹목적 탐색) 알고리즘으로 구분해보시오.

6 인공지능이 적용된 내비게이션과 택시 운전사의 경로 찾기 중 각각의 장단점을 상황에 따라 설명하시오.

7 인간을 뛰어넘는 자율주행차가 등장했을 때 인간에게 영향을 미치는 문제점과 그 해결 방안을 논하시오.

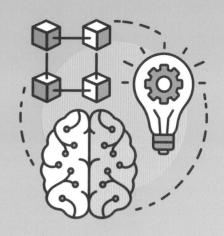

지식과 추론

1. 지식

지식(knowledge)은 '어떤 대상에 대해 배우거나 실천을 통해 알게 된 명확한 인식이나 이해', '알고 있는 내용이나 사물' 등을 말한다. 피라미드처럼 지식의 형성은 위계성을 갖게 되는데, 정보(Information)를 취합하고 분석해 얻은 대상에 대해 사람이 이해한 것을 '지식'이라 한다. 인간은 문제를 효과적으로 해결하기 위해 지식을 활용하고 타인의 지식을 구하기도 하며 지식을 뇌에서 오래도록 기억하기 위해 학습을 한다.

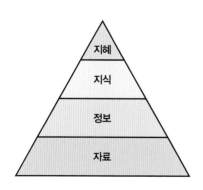

자료 (Data)	• 단순한 사실의 나열 • 특정 분야에서 관측된 아직 가공되지 않은 것 • 사실인 것처럼 관측되지만 오류나 잡음 포함 가능
정보 (Information)	• 의미 있는 데이터 • 자료를 가공해 어떤 의미나 목적을 갖는 것 • 데이터+의미
지식 (Knowledge)	• 가치 있는 정보 • 정보를 집적하고 체계화해 장래의 일반적 사용에 대비한 보편성 확보 • 정보+가치
지혜 (Wisdom)	• 패턴화된 지식 • 경험과 학습을 통해 얻은 지식보다 높은 수준의 통찰 • 지식+추론

컴퓨터의 경우 현실 세계의 문제를 지능적으로 해결하기 위해 많은 양의 지식을 활용하므로 지식은 인공지능에서 가장 핵심 재료가 된다. 초창기 인공지능 개발자들은 이러한 인간의 지식을 직접 컴퓨터에 입력해 활용할 수 있는 지능적인 시스템을 구현하는 데 주력했다. 이러한 지식을 기반으로 하는 지능 시스템은 기존에 입력된 지식을 사용해 새로운 지식을 추론한다. 지식 기반 시스템은 초창기 전문적인 영역의 업무에서 우수한 성능을 발휘하며 인공지능의 구현 가능성에 많은 낙관적 전망을 제시했다.

하지만 끊임없이 생성되고 변형되는 수많은 지식을 사람이 직접 기계에 입력해 지능적인 기계를 만들고 유지보수하는 방식에 한계가 발생하기 시작했다. 이를 '지식의 병목 현상'이라 하며 인공지능에 대한 투자가 끊기고 연구가 주춤하는 '인공지능의 겨울'을 도래하게 했다. 이후 인공지능 연구자들은 환경(세상)으로부터 자료를 기계가 직접 입력받아 학습하거나 추론, 인식하는 기계학습 방법에 집중하기 시작했고, 이때부터 신경망을 중심으로 하는 딥러닝 연구가 주를 이뤘다. 향후 인공지능의 연구는 기계 스스로 자료를 바탕으로 학습을 하는 방법과 함께 인간이 생성한 지식을 통합해 지능적인 기계를 개발하는 방향으로 발전하고 있다.

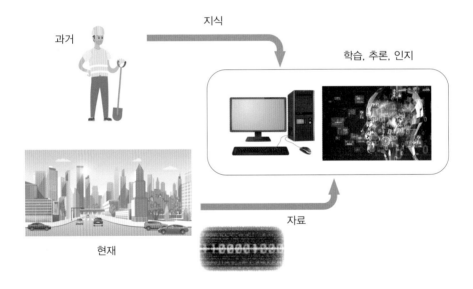

2 지식 표현과 추론

지식을 어떻게 효율적으로 표현하고 활용할 것인지는 인공지능에서 다루는 중요한 연구 분야 중 하나다. 지식을 기호화해 처리하면 기존에 없던 새로운 지식을 생성하거나 추론할 수 있기 때문이다. 이때의 지식은 컴퓨터와 사람이 동시에 이해할 수 있는 형태여야 하며 이때 사용되는 방법을 '지식 표현(Knowledge Representation)'이라 한다. 지식 표현은 추론의 효율성, 지식 획득의 용이성, 저장의 간결성 및 표현의 정확성, 다양성 등을 갖춰야 한다. 따라서 지식 표현 방법은 서술적인 형태가 아닌 구조화와 체계화를 갖춘 형태를 띠고 있다. 대표적인 지식 표현의 유형에는 규칙(Rule), 논리(Logic), 의미망(Semantic Net), 프레임(Frame) 등이 있다.

다양한 지식 표현 언어

사람 ↑ / 기계 ↓		
	자연 언어(Natural Language)	사람이 사용하는 언어: 음성, 문자
	시각 언어(Visual Language)	구조도, 그림, 설계도 등 이미지로 지식 표현
	주석, 태깅(Tagging)	키워드, 기호, 이미지 등을 객체에 포함해 지식 표현
	상징 언어(Symbolic Language)	수학 등을 포함해 기호와 공식 등을 포함한 지식 표현
	의사결정 트리(Decision Tree)	의사결정을 위해 트리 모양의 그래프로 지식 표현
	규칙(Rules)	규칙들의 조건부와 결론부로 IF~THEN의 형태로 지식 표현
	데이터베이스(Database System)	객체와 관계로 구성된 표 형태의 지식
	논리 언어(Logical Language)	논리 기호, 명제 연산을 통한 지식 표현
	프레임(Frame)	값 또는 타 프레임의 포인터를 저장한 슬롯들로 지식 표현
	시맨틱 네트워크(Semantic Network)	개념 간의 의미망으로 구성한 지식 표현
	통계적 지식(Statistical Knowledge)	확률과 통계를 바탕으로 하는 지식 표현

규칙(Rule)은 가장 잘 알려진 지식 표현 방법 중 하나다. 조건과 행동을 IF-THEN 형태로 구성하며 IF문의 조건이 발생하거나 만족하면 지식을 THEN문이 실행되거나 논리적으로 참이 되는 형태로 표현한다.

IF		THEN	
신호등이 초록색이면	상황	건넌다.	행동
피아노를 잘 치면	전제	음대에 진학할 것이다.	결론
어금니가 발달한 포유류라면	증거	그것은 초식동물이다.	가설
노래를 많이 부르면	원인	다음날 목이 아프다.	결과

이러한 조건이 둘 이상일 때는 AND 또는 OR로 결합해 구성할 수 있다.

'IF 어금니가 발달했다. AND 포유류이다'
THEN 그것은 초식동물이다.

동물의 지식을 표현하면 다음과 같은데, 이처럼 규칙으로 표현된 것이 지식의 한 종류이다.

동물의 지식		지식 표현(규칙)	추론
증거	가설		
물속에 산다. 털이 있다. 젖을 먹는다. 날개가 있다. 알을 낳는다. 알을 낳는다. 알을 낳는다.	어류이다. 포유류이다. 포유류이다. 조류이다. 조류이다. 파충류이다. 어류이다.	if 물에 산다 then 어류 if 털이 있다 then 포유류 if 젖을 먹는다 then 포유류 if 날개 있다 then 조류 if 알 낳는다 then 조류 if 알 낳는다 then 파충류 if 알 낳는다 then 어류	만약 알을 낳고 물속에 사는 것은? 만약 알을 낳고 날개가 있는 것은?

논리(Logic)는 참이나 거짓 중의 하나를 값으로 가질 수 있는 명제 문장을 기반으로 추론을 하는 지식 표현 방법이다. 즉, 이미 참이라 알려진 사실로부터 새로운 사실을 유도함으로써 새로운 사실 또한 참이라는 것을 증명하는 방법을 통해 문제를 해결한다. 이러한 명제 논리를 통한 추론 방법에는 '귀납적 추론'과 '연역적 추론'이 있다.

명제	지식 표현(논리)	추론
치타는 다리가 4개이다. 다리가 4개인 것은 포유류이다.	A = 치타 B = 다리가 4개 C = 포유류	A = B B = C	치타는 포유류인가? Yes / No

의미망(Semantic Net)은 노드와 노드 간의 관계를 잘 표현할 수 있고 지식이 어떻게 조직돼 있는지를 그래프 형태로 보여줘 사람이 쉽게 알아볼 수 있게 한다. 의미 있는 망 구조는 노드와 방향성 간선으로 구성되는 그래프를 사용한다. 노드는 객체, 개념, 사건 등을 나타내고 링크는 노드 간의 관계를 표현한다. 다음 의미망은 비행체의 지식을 구성한 것이다.

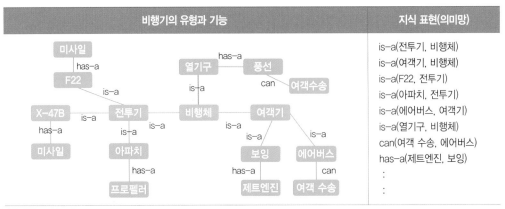

비행기의 유형과 기능	지식 표현(의미망)
	is-a(전투기, 비행체) is-a(여객기, 비행체) is-a(F22, 전투기) is-a(아파치, 전투기) is-a(에어버스, 여객기) is-a(열기구, 비행체) can(여객 수송, 에어버스) has-a(제트엔진, 보잉) : :

추론: 비행체 중 프로펠러를 가진 것은 무엇인가?
추론: 미사일을 가진 비행체는 여객을 수송할 수 있는가?

의미망으로 구축된 지식을 바탕으로 비행체 중 프로펠러를 가진 지식을 간선을 따라 추적해 정답이 아파치 헬기이라는 것을 추론할 수 있다. 또 미사일을 가진 비행체는 전투기이고 여객기에 속하는 에어버스는 여객 수송이 가능하므로 거짓이라는 것을 판단할 수 있게 된다.

3 전문가 시스템

앞서 논의한 지식 표현을 바탕으로 구축된 시스템들을 '지식 기반 시스템(Knowledge-based System)'이라 하고 이는 주로 전문가들이 사용하는 지식을 획득해 구축했기 때문에 '전문가 시스템(Expert System)'이라고도 한다.

인공지능 초창기에는 범용적으로 사용할 수 있는 지능적인 기계 구현을 목적으로 했지만, 컴퓨터 계산 성능의 한계에 부딪히자, 1970년대 중반부터 특정한 문제 영역에 적용해 시스템 성능을 급격하게 개선했다. 전문적이지만 아주 좁은 범위의 문제 영역에 양질의 특별한 지식을 적용한 것이 바로 '전문가 시스템'이다. 전문가 시스템은 1980년대 상업적으로도 성공한 시스템으로 주목받았다. 이는 특정 전문가가 가진 지식을 획득한 후 가공해 활용해서 시스템의 성능을 높여주고 특정 문제 영역에서 필요로 하는 결정과 판단력(decision-making process)을 전문가처럼 시뮬레이션하는 기능을 갖췄다.

전문가 시스템은 특정 응용 분야 전문가의 지식 및 능력을 체계적으로 잘 조직해 컴퓨터 시스템에 입력시키고 해당 분야의 비전문가라도 전문가에 상응하는 능력을 발휘할 수 있도록 쉽고도 빠르게 도움을 준다. 전문가의 전문 지식과 그 지식을 활용하는 과정 모두를 활용하는 것이며 전문적인 지식을 체계적으로 적용하는 인간의 사고 과정을 흉내낸 것이다.

지식 표현 중 규칙(Rule)을 사용해 지식을 구축한 전문가 시스템을 '생성 시스템(Production System)'이라고도 한다. 예를 들면, 의사의 지식을 규칙으로 표현해 구현한 대표적 시스템으로 '마이신(Mycin)'이 있다. 광물을 탐사하는 시스템에는 '프로스펙터(Prospector)'가 있는데 이는 의미망을 지식 표현 방법으로 사용했다.

과거에는 주로 지식공학자들에 의해 지식을 표현해 탑재한 전문가 시스템을 구현했지만, 통계적 방법과 신경망 기술의 발달이 보편화되면서 현재의 전문가 시스템은 지식과 자료를 바탕으로 하는 기계학습을 함께 적용해 개발하는 경우가 일반적이다.

전문가 시스템은 사용자 인터페이스, 추론 엔진, 지식베이스로 구성돼 있다.

- **추론 엔진**: 지식 표현에 맞는 추론 규칙에 기반을 두고 있다. 문제를 해결하기 위해 지식베이스에 저장된 지식을 제어하고 패턴 매칭하는 알고리즘이 포함되며 추론 엔진이 지식을 어떻게 다루느냐에 따라 전문가 시스템의 지식 저장, 활용에 대한 성능이 결정된다.
- **지식베이스**: 전문가, 즉 인간이 가진 지식을 기계가 처리할 수 있도록 지식을 표현해 저장한 저장 공간으로 지식 공학자들에 의해 구축된다.
- **사용자 인터페이스**: 일반 사용자가 질의를 입력하면 전문가 시스템에서 답을 찾아 그 결과를 출력하는 장치이다.

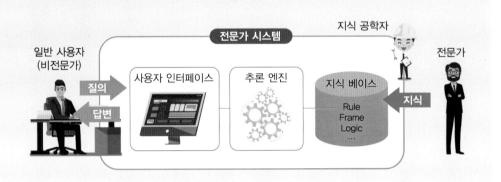

전문가 시스템의 구축을 위해 가장 먼저 필요한 것은 전문가의 지식을 어떻게 컴퓨터에 저장할 것이며 이를 사용자에게 어떻게 효율적으로 전달할 수 있을까 하는 것이다. 따라서 앞에서 살펴본 것처럼 기호에 따라 사실과 지식을 표현해 사용한다. 전문가 시스템은 지식 구조에 따라 다음 표와 같이 다양하게 나눌 수 있다.

전문가 시스템의 종류	설명
규칙 기반 전문가 시스템	인간 전문가에게 얻은 전문 지식을 IF-THEN 형태의 규칙으로 표현하며 의학 시스템 등에 많이 활용
논리 기반 전문가 시스템	명제 논리와 서술 논리를 바탕으로 법칙의 진리 값을 규명하거나 수학에서의 새로운 이론을 도출하기 위해 구현된 시스템
퍼지 전문가 시스템	불확실성을 다루는 퍼지 논리를 사용해 컴퓨터보다 정확성과 논리성이 부족한 인간의 애매한 용어를 바탕으로 추론할 수 있도록 하는 시스템
신경망 전문가 시스템	신경망 이론을 이용해 기계학습을 하거나 원하는 결과를 예측해 제시하는 시스템
데이터베이스 기반 전문가 시스템	대규모이며 다중 계층의 다양한 데이터 포맷의 데이터베이스로부터 전문가의 지식을 발굴하는 시스템
온톨로지 기반 전문가 시스템	온톨로지(Ontology)는 특정 작업이나 영역의 지식을 서술할 수 있는 기본 개념으로, 대화 형식의 어휘 시스템을 기반으로 전문가 시스템을 구성

전문가 시스템은 인간의 지적인 활동을 요구하는 거의 모든 분야에 응용될 수 있으므로 경영, 과학, 광업, 교육, 교통, 군사, 기상학, 농업, 발전, 법률, 수학, 엔지니어링, 영상처리, 우주과학, 의학, 전자, 정보 관리, 제조, 지질학, 컴퓨터 시스템, 통신, 화학, 환경 등의 다양한 분야에 활용되고 있다.

유형	다루는 문제
감시	용광로나 압력계 등의 관찰 결과와 예상 결과를 비교해 모니터링
계획	로봇이나 기계의 행동을 설계하고 예측
교육	학생들의 학습 내용을 진단하고 평가 결과로 학습 제공
모의	시스템의 수행 과정과 구성 요소 간의 상호 작용을 모형화
선택	다양한 가능성 중에서 최적의 결정안을 선택
설계	제한된 자원과 요인 내에서 설계
예견	과거와 현재에 주어진 상황과 결과를 바탕으로 미래를 예측
제어	시스템의 데이터와 행위를 진단하고 수정 및 통제 관리
진단	관찰된 자료와 결과로부터 시스템과 사용자의 문제점을 추론
처방	진단으로부터 추론한 고장과 문제점에 대한 대안 제시
해석	인식한 자료로부터 상황을 파악하고 분석

4 지식 기반 시스템의 한계

전문가 시스템은 구축된 지식의 범위에서 한정된 전문 영역밖에 사용할 수 없어 범용적으로 활용하기에 어려움이 있었다. 또 결론으로 도출한 추론 결과에 대해 그 확신도나 신뢰도가 어느 정도인지 알 수 없고 상식적인 분야에 적용하기 어려웠다. 그리고 해당 영역의 인간 전문가들이 제공하는 지식의 불확실성과 비협조는 지식 획득에서 병목 현상이 발생하며 전문가 시스템을 새롭게 개발하거나 시스템을 최신 상태로 유지 보수하는 데 많은 장애가 됐다.

이러한 많은 문제점이 제기되면서 전문가 시스템은 한계에 부딪히게 된다. 이러한 한계에도 불구하고 전문가 시스템은 그 고유한 이름을 감춘 채 1980년대 1990년대를 거쳐 산업의 모든 분야에 지능형 시스템으로 활용되는 수준으로 발전했다. 2000년대 인터넷과 웹의 활성화로 점차 웹 기반 전문가 시스템으로 변화하게 된다. 그러나 웹 기반 데이터들은 일정한 지식의 표현 형식이 없이 분산돼 구축되면서 1970년대 전문가 시스템이 가진 지식 병목의 문제점을 다시 한번 겪게 됐다. 하지만 2001년 시맨틱 웹이 등장하면서 표준적인 지식 표현 방법으로 웹 자원을 분류하고 처리할 수 있는 프레임워크가 제안되고 전문가 시스템의 연구가 활발히 진행되고 있다.

현재, CYC 프로젝트(https://www.cyc.com)의 경우처럼 인간과 같은 지식을 바탕으로 추론을 수행할 수 있게 하려는 목적으로 포괄적인 용어(comprehensive ontology)와 일상의 상식(commonsense)을 지식 베이스로 만들기 위한 인공지능 프로젝트가 꾸준히 진행 중이다.

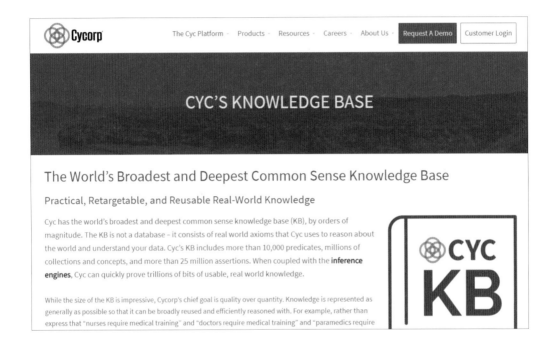

코딩으로 체험하기 ① 직업 상담 전문가 시스템

소스 파일: 부록_2_직업상담 전문가 시스템.sb3

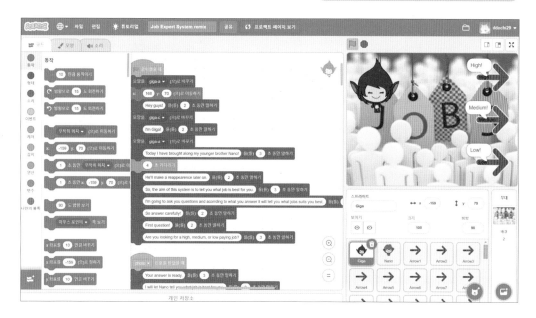

① 실행하기

- 초록색 깃발을 클릭한다.
- 빨간색 캐릭터가 질문을 시작하면 그에 맞는 대답을 클릭한다.
- 질문에 대한 대답을 완료하면 자신에게 맞는 직업을 추론해 보여준다.

② 프로그램 설명

이 프로그램은 자신에게 맞는 직업을 추론해주는 전문가 시스템이다. 직업을 선택할 때 고려해야 하는 사항을 규칙에 기반을 두고 질문을 던지면서 직업을 판단해 보여주는 것이다. '예' 또는 '아니요'로 대답을 하는 트리 구조로 구성돼 있다. 스크래치 소스에 있는 질문들과 직업 자료를 바탕으로 직접 트리 구조로 만들어보는 것도 이해하는 데 도움이 될 것이다.

코딩으로 체험하기 ❷ AI 낱말 학습 시스템

소스 파일: 부록_3_AI낱말학습 시스템.sb3

❶ 실행하기

- 초록 깃발을 클릭한다.
- Ⓐ(또는 ⓐ) 키는 고양이에게 알려줄 낱말 입력, Ⓑ(또는 ⓑ) 키는 물어볼 낱말, Ⓒ(또는 ⓒ) 키는 기억 지우기다.
- 먼저 Ⓐ 키를 누르고 낱말을 입력한다.
- 고양이가 물어보는 질문에 해당하는 답을 한다(생물/무생물, 동물/식물 등).
- 입력이 완료되면 Ⓑ 키를 누르고 기억시킨 낱말 중 하나를 입력한다.
- 고양이가 알려주는 추론 결과를 확인한다.

❷ 프로그램 설명

이 프로그램은 전문가 시스템이 지식을 획득하는 과정을 체험할 수 있다. 외부 환경으로부터 자료를 직접 입력받아 처리하는 기계학습, 특히 신경망 시스템과는 달리 지식 공학자라 불리는 사람들이 전문가들의 지식을 인터뷰, 관찰, 기록들을 규칙, 의미망, 프레임 등의 지식으로 표현해 시스템에 입력한다.

여기서는 스무고개에서 사용하는 결정 트리 구조로 지식을 구축하는 코드를 구현했다. 실습해보면 의사, 공학자, 법률가 등의 전문적인 지식을 획득해 표현하고 구축하는 과정이 얼마나 어려운지 실감하게 될 것이다.

AI Topic 인간과 컴퓨터의 대결

1997년 세기의 대결이라 불리는 체스 경기가 열렸다. 세기의 대결인 만큼 세계 체스 챔피언인 카스파로프가 참가했으며 그의 경기 상대는 바로 컴퓨터였다. 이 컴퓨터는 IBM의 체스 전문 슈퍼컴퓨터인 딥블루로, 초당 2억 가지의 수를 읽는 능력을 지녔다.

인간과 인공지능의 경기는 이미 1년 전인 1996년에 이뤄졌고 경기 결과는 1승 3패 2무로 컴퓨터가 인간에게 패했다. 그 후 IBM은 딥블루의 단점을 개선해 다시 도전하게 된 것이다. 이 경기의 결과는 어땠을까? 이번에는 1승 3무 2패로 딥블루가 승리했다. 사람과 기계 간의 머리싸움에 딥블루가 승리함에 따라 온 세계가 경악을 금치 못했다.

2004년 IBM은 대화형 인공지능 프로그램 '왓슨' 개발에 착수했다. 왓슨은 2011년 IBM 창립 100주년을 기념해 미국 유명 TV 퀴즈쇼 '제퍼디'에 출전해 역사상 처음으로 인간과 퀴즈 대결을 펼쳤다. 왓슨의 대결 상대는 제퍼디에서 상금을 가장 많이 받은 1명과 74회 연속 우승을 기록한 사람 2명이었다. 왓슨은 초반부터 승기를 잡으며 마지막까지 선두 자리를 놓치지 않았다. 3회 진행된 퀴즈쇼에서 왓슨은 퀴즈왕을 물리치고 완승했으며 100만 달러의 상금을 거머쥐었다. 수백만 명의 시청자는 인간이 기계에 패배하는 모습을 지켜봤다.

딥블루에 탑재된 왓슨은 인터넷상의 지식을 모아 구축한 전문가 시스템이었으며 왓슨의 승리는 전문가 시스템이 내장된 인공지능의 위력을 보여준 사건이 됐다.

▲ 1996년 체스 경기에서 딥블루 우승
　(출처: theconversation.com)

▲ 2004년 제퍼디 쇼에서 왓슨 우승
　(출처: 엔가젯(Engadget))

1 자료, 정보, 지식, 지혜를 구분해 설명하시오.

2 인공지능 분야에서 지식 표현을 위해 필요한 조건을 찾아보시오.

3 규칙을 표현할 때 조건을 결합하는 방법을 설명하시오.

4 전문가 시스템의 요소를 간단히 설명하시오.

5 전문가 시스템의 종류 중 하나를 골라 설명하시오.

6 지식 기반 시스템의 한계와 이를 극복하기 위한 방안을 생각해보시오.

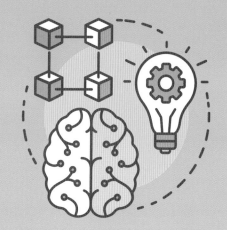

Chapter

5

불확실성

불확실한 세상

우리의 행동과 삶은 언제나 불확실성에 기반을 두고 있다. 미래는 언제나 불확실하며 지능 있는 생명체는 생존을 위해서는 불확실성을 제거하는 데 모든 것을 집중한다. 불확실성은 앞으로 나타날 현상이나 일의 예측으로부터 나타난다. 예측이 곧 지능의 핵심 기능이다. 이것이 바로 제프 호킨스(Jeff Hawkins)나 레이 커즈와일(Ray Kuzweil)이 말한 것처럼 뇌가 예측 기계라 불리는 이유이기도 하다.

불확실성은 '확실하지 않은 성질'을 의미하며 정보의 부족, 애매한 정보, 잘못된 정보 등으로 인해 발생한다. 우리가 알고 있는 사실이나 정보가 100%로 확실하다고 할 수 있는 경우는 매우 드물다. 그만큼 대부분 지식은 어느 정도의 불확실성을 포함하고 있다. 따라서 앞으로 발생할 일에 대한 가능성을 정확하게 측정할 수 없는 상태를 뜻하기도 한다. 인간의 지능을 흉내 내는 컴퓨터의 경우 이러한 불확실성을 수학적으로 표현해 처리하고 이를 바탕으로 추론을 끌어내야 하는 과제를 안고 있다.

2 > 불확실성의 유형

불확실성의 요인은 인간이 예측하거나 판단하는 데 필요한 자료, 정보, 지식, 경험에 따라 발생한다.

첫째, 자료(Data)의 불확실성이다. 이는 자료를 획득할 수 있는 기계 또는 센서 장치의 부정확성에서 기인한다. 따라서 이렇게 얻어진 자료는 오차를 포함하고 있다. 게다가 자료 수집 단계에서 관측되지 않는 미확인 자료들도 있으니 수집한 자료가 완벽하다고 할 수 없다.

둘째, 정보(Information)의 불완전성이다. 무인 자동차의 경우 주행 시 발생하는 모든 상황에 대한 방대한 정보를 모두 다 입력받아 처리할 수가 없다. 따라서 일부의 정보만 받아들여 판단해야 하므로 정보가 불완전하다고 할 수 있다.

셋째, 지식(Knowledge)의 불확실성이다. 지식의 표현이 자연어로 처리될 때 인간이 사용하는 모호한 표현을 사용하게 되며 이 모호한 내용으로 인해 여러 가지 해석을 불러일으키게 된다. 또 시스템에 획득한 지식의 표현 및 저장 시 문제점으로 발생하기도 한다.

넷째, 확률적 불규칙성이다. 이는 예측 불가능한 요인에 따라 발생하는 불규칙성이다. 고속도로의 운전에서 갑작스럽게 튀어오는 돌멩이나 축구의 수비수가 자살골을 넣는 행동 등이 대표적인 확률적 불규칙성이다.

3 > 불확실성의 표현: 확률

불확실한 지식을 표현하는 방법은 이미 수학에서 배웠다. 통계를 바탕으로 하는 확률이다. 내일 눈이 올 확률이 70%라거나 10명 중 1명은 영화를 봤다는 표현은 불확실한 지식을 표현한 예라 할 수 있다.

전통적인 확률의 표현은 사건이 일어나는 가능성의 정도를 말한다. 어떠한 사건 A가 일어날 확률을 수식으로 표현하면 다음과 같다.

$$P(A) = \frac{\text{사건 A가 일어날 수 있는 경우의 수}}{\text{일어날 수 있는 모든 경우의 수}}$$

주사위를 던져 주사위의 눈이 5가 나올 확률은 1/6이라는 것으로 쉽게 나타낼 수 있다. 이러한 경우는 반복적으로 실행할 수 있으므로 경험적 확률이라 할 수 있다.

그렇다면 'K라는 섬에서 아기가 태어났는데, 이 아이가 자라 올림픽에서 금메달을 딸 확률은 얼마나 될까?'라는 문제는 주사위를 던질 때와는 달리 반복적으로 실행해볼 수 없다. 이 경우에는 일어나지 않은 일에 대한 확률을 '불확실성(Uncertainty)'의 개념으로 접근해야 한다. 주어진 사건과 관련 있는 여러 가지 사전 확률을 이용해 새롭게 일어날 수 있는 사후 사건 확률에 대해 추론하는 방법을 사용한다. 이를 '베이지안 확률(Bayesian Probability)'이라 한다.

4 불확실성의 처리: 베이지안 정리

일어나지 않은 일에 대해 앞선 일이 영향을 미칠 확률은 베이지안 확률로 이야기를 할 수 있다. 베이지안 확률은 주어진 사건과 관련 있는 사전 확률과 사후 확률 사이의 관계를 조건부 확률로 이용해 새롭게 일어날 수 있는 사건을 추론할 수 있다. 실생활에서는 사전 확률보다는 사후 확률만 알고 있는 경우가 많아 바로 이를 활용해 계산하는 이론이다.

- **사전 설계:** 코호트(Cohort) 연구, 전향 연구
  - $P(B \mid A)$: 원인(A)가 발생한 후 결과(B)가 나타날 확률
  - **사전(Prior) 확률** $P(B \mid A)$: A(원인) → B(결과)
- **사후 설계:** 대조 연구, 후향적 연구
  - $P(A \mid B)$: 결과(B)가 나온 이후에 원인(A)일 확률
  - **사후(Posterior) 확률** $P(A \mid B)$: B(결과) → A(원인)

사전 확률과 조건부 확률을 이용해 사후 확률을 구하는 방법이 베이즈 정리다.

사전 확률 $P(A)$	A일 확률이 있고
조건부 확률 $P(B \mid A) = \dfrac{P(A \cap B)}{P(A)}$	A일 때 B가 일어날 확률을 알고 있으면
사후 확률 $P(B \mid A) = \dfrac{P(A \cap B)}{P(B)}$, $P(B) > 0$	B일 때 A의 확률을 알 수 있다.

이제 사후 확률값을 구하기 위해 수학식으로 풀어보자.

$$P(B|A) = \frac{P(A \cap B)}{P(A)} \longrightarrow P(A \cap B) = P(A)P(B|A)$$

$$P(B) = P(A)P(B|A) + P(A')P(B|A')$$

$$P(A|B) = \frac{P(A \cap B)}{P(B)} = \frac{P(A)P(B|A)}{P(A)P(B|A) + P(A')P(B|A')}$$

해럴트 제프리스경은 "기하학에 피타고라스 정리가 있다면 확률론에는 베이즈 정리가 있다." 라고 말했다. 이처럼 베이즈 정리는 실제 실생활 문제해결에 많이 활용되고 있다.

2010년 4월 뉴욕타임즈에 실렸던 기사의 사례를 통해 베이즈 정리의 개념과 활용 방안을 살펴보자.

한 여성이 유방 조영술을 통해 유방암 검사를 받았는데, 검사 결과 '양성'이라는 소식을 듣게 됐다. 이 여성은 자신이 유방암에 걸렸을 확률이 궁금해졌다. 여기에서 주어진 문제와 관련된 확률은 다음과 같다.

■ 전국 병원의 자료를 조사한 결과

- 유방암에 걸렸을 때 유방 조영술을 통해 양성으로 나올 확률: 90%
- 유방암이 아니더라도 유방 조영술에서 양성일 확률: 7%
- 40~50대 여성이 유방암에 걸릴 확률: 0.8%

- 유방암에 걸릴 확률(사전 확률): $P(A)$
- 유방암이 아닐 확률: (A')
- 검사 결과 양성일 확률: $P(B)$
- 유방암일 때 검사 결과 양성일 확률(조건부 확률): $P(B \mid A)$
- 유방암이 아닐 때 검사 결과 양성일 확률: $P(B \mid A')$
- 검사 결과 양성일 때 유방암에 걸릴 확률(사후 확률): $P(A \mid B) = ?$

- $P(A) = 0.008$
- $P(A') = 1 - 0.008 = 0.992$
- $P(B \mid A) = 90\% = 0.9$
- $P(B \mid A') = 7\% = 0.07$

- $P(B) = P(A)P(B \mid A) + P(A')P(B \mid A')$

    $= 0.008 \times 0.9 + 0.992 \times 0.07$

    $= 0.0072 + 0.06944$

    $= 0.0766$

- 검사 결과일 때 P(B) 유방암에 걸릴 확률(사후 확률) P(A)

$$P(A \mid B) = \frac{P(A \cap B)}{P(B)} = \frac{P(A)P(B \mid A)}{P(A)P(B \mid A) + P(A')P(B \mid A')}$$

$$= \frac{(0.008)(0.9)}{(0.008)(0.9) + (0.992)(0.07)} = \frac{0.0072}{0.0072 + 0.0694}$$

$$= \frac{0.0072}{0.0766}$$

$$= 0.0939(9.39\%)$$

검사 결과가 양성일 때 유방암에 걸릴 확률은 약 9.39%에 해당한다. 이 과정을 컴퓨터가 처리할 수 있도록 트리 구조로 추상화하면 다음과 같다.

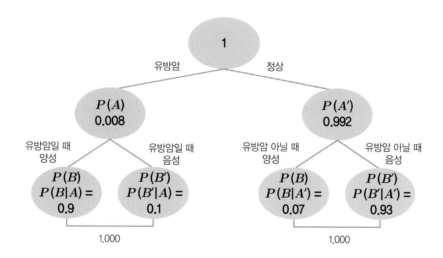

베이지안 확률은 이메일 시스템에서 스팸메일을 거르는 스팸 필터 서비스에 많이 활용된다. 스팸 필터를 구현하는 방법을 살펴보자.

내가 받은 100개의 이메일 중 80%는 스팸이었다. 메일에 포함된 단어들을 분석해보니 95%의 스팸메일에서 '공짜'라는 단어를 볼 수 있고 정상적인 메일의 2%에서도 '공짜'라는 단어를 볼 수 있었다. 새로 받은 메일에 '공짜'라는 단어가 들어 있을 경우 이 메일이 스팸일 확률은?

먼저 문제를 수식화하자.

$$P(스팸|공짜) = P(공짜|스팸)P(스팸)/P(공짜)$$

이제 각각의 값을 구하고

$$P(공짜|스팸) = 0.95$$
$$P(스팸) = 0.80$$
$$P(공짜) = P(공짜|스팸)P(스팸)+P(공짜|정상)P(정상) = 0.95 * 0.80 + 0.02 * 0.20 = 0.764$$

원래의 식에 대입하면 답은 99.5%가 된다.

$$P(스팸|공짜) = 0.95 * 0.80 / 0.764 = 99.5\%$$

'공짜'가 포함된 메일을 스팸이라 분류한다면 정상적인 메일의 2%는 스팸메일이 되므로 이에 대한 방안이 필요하다.

5 → 불확실한 논리의 해결 방법

지식의 불확실성을 표현하는 가장 고전적인 방법은 확률적 접근법이다. 확률적 접근법은 사건의 발생이 아주 빈번해 사전 확률이나 조건부 확률 등의 값이 충분히 추정될 경우 유용하게 사용할 수 있다. 그러나 데이터의 부족 때문에 주관적으로 확률값을 추정할 수밖에 없다면 확률적 접근법의 제반 공리와 가정이 지켜지지 않을 수 있다.

논리 값의 추론은 완벽한 자료와 이성적인 판단에서 결정돼야 옳은 결정이 가능하다. 하지만 환경 변수나 조건의 값이 없는 경우 인간은 불확실한 상황에서 결정하거나 추론해야 한다. 이때 사용하는 추론 방법이 부재 추론(Default Reasoning), 추정법 등이 있다.

부재 추론은 기본값을 사용해 추론하는 방법인데, 우리가 기존에 믿고 있는 것 중 대부분 참일 것으로 추정되는 사항을 바탕으로 결론을 이끌어 내는 방법이다.

$\dfrac{a : Mb}{b}$	'a라는 전제조건이 증명 가능하고 이로부터 b라고 일관성 있게 가정할 수 있다면 b라고 결론 내릴 수 있다.'

$\dfrac{\text{미국인}(a) : M \text{ 실용주의}(a)}{\text{실용주의}(a)}$	스미스는 미국인이다. 그렇다면 스미스는 실용주의자이다.

미국인을 실용주의자로 규칙을 정의했기 때문에 스미스가 실용주의자인지 지식으로 입력돼 있지 않아도 부재 추론을 통해 스미스를 실용주의자로 판단하게 된다. 부재 추론은 아주 간단하고 강력한 방법이지만, 다음과 같이 규칙이 상충하는 경우에는 해결 방안이 필요하다.

$\dfrac{\text{미국인}(a) : M \text{ 실용주의}(a)}{\text{실용주의}(a)}$ 와 $\dfrac{\text{영국인}(a) : M \text{ 이론주의}(a)}{\text{이론주의}(a)}$
제임스는 미국에서 태어나고 영국 국적도 취득했다면 실용주의자인가? 이론주의자인가?

두 가지 성향을 동시에 갖기 어렵다면 두 결과는 서로 상충하게 된다. 이런 경우 두 규칙 중 하나만 적용하는 방법으로 해결한다. 규칙 중에서 최근에 사용된 규칙을 사용하거나 가장 많이 사용된 규칙을 사용하거나 아니면 가장 처음 적용된 규칙을 사용해 모순을 해결할 수 있다.

추정법(Abduction)은 인과적 형태로 주어진 지식에 근거해 결과로부터 원인을 추정하는 것이 일관성이 있다면 그 원인을 단정 지을 수 있다고 본다. 추정법은 부재 추론의 한 방법이다.

$\dfrac{\begin{array}{c} a \rightarrow b \\ b : Ma \end{array}}{a}$	$(a \rightarrow b)$와 b로부터 a를 추정하는 것이 일관성이 있으면 a라 결론 짓는다.

감기와 관련된 증상을 통해 해당 증상이 나면 감기로 추정하는 예를 살펴보자.

$\dfrac{\begin{array}{c} \text{감기(병)} \rightarrow \text{콧물(병)} \\ \text{콧물(병) : M감기(병)} \end{array}}{\text{감기(병)}}$	지식/결론: 감기에 걸리면 콧물이 난다. 사실: 콧물이 난다. 추정: 감기에 걸렸다.

추정법은 전제를 통해 결론을 도출하는 효과적인 방법이나 콧물 외에 식욕이 좋거나 하면 감기로 추정한 결론의 일관성을 잃게 된다.

추정법은 주어진 사실로부터 원인을 찾는 데 매우 유용하며 추정한 결론이 어느 정도 확실성을 갖는지에 대한 사항이 함께 고려되면 유용성이 증가한다. 즉, 여러 가지 가능한 결론 중 어느 것이 더 가능성이 큰지를 고려하는 데 유용하다. 이를 위해 관련된 여러 가지 사실에 얼마

만큼 가중값을 고려하느냐와 각 사실을 뒷받침하는 여러 가지 증거를 어떻게 연결 짓느냐가 추정법의 효과를 높일 수 있다.

6 → 모호성(퍼지)

명제 논리는 오직 참과 거짓이라는 2개의 값만을 다룬다. 그러나 실생활에서는 참과 거짓으로 명확히 확정 지을 수 없는 경우가 많거나 참이면서 거짓이 동시에 존재할 수도 있다.

지식의 불완전성으로 인한 불확실성과 지식에 사용되는 용어(예를 들면, 예쁘다, 덥다, 노랗다 등)의 언어적 애매함으로 인한 불확실성은 구별된다. 이러한 모호성을 해결하기 위해 퍼지 이론을 사용한다. 자데(Zadeh)에 의해 1965년 퍼지 집합에 관한 이론이 처음 제시돼 퍼지 명제나 규칙을 다루기 위한 퍼지 논리로 발전해왔다. 따라서 기존의 디지털적인 이분법이 아닌 상황 변화에 따라 좀 더 자세한 제어를 할 수 있다. 즉, 모든 제어를 수행할 때 정확한 수치로 그 해법을 수행하는 것이 아니라 인공지능을 이용한 근삿값으로서 대충 결과를 보면서 일을 처리해 가는 것으로 매우 현실적으로 일을 수행한다고 볼 수 있다.

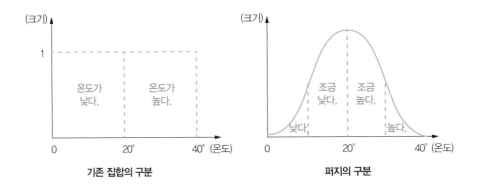

퍼지 제어는 일상에서 사용하는 대충의 어림수를 낮은 온도, 중간 온도, 높은 온도 식으로 사용할 수 있다. 인간이 사물을 판정하는 어림수는 7개를 넘지 않는다는 심리학자들의 실험 결과가 있는데, 이를 '매직 세븐'이라 부른다. 어림수를 표현하는 기호는 다음과 같다. 이러한 어림수는 7개를 모두 사용하지 않고 5개나 3개를 사용해도 된다.

NL – Negative Large, NM – Negative Medium, NS – Negative Small   부정

Z – Zero   중립

PS – Positive Small, PM – Positive Medium, PL – Positive Large   긍정

예를 들어, 빨래의 양에 따라 세탁기를 퍼지로 제어해보자.

첫째, 입력값 X는 빨래의 양이고 출력값 Y는 세탁기 회전 속도의 변화로 설정한다.

둘째, 퍼지 집합을 X와 Y의 부분집합으로 정의한다. X는 '매우 적은, 적은, 보통, 많은, 매우 많은' 다섯 개로 구분한다. Y는 '매우 느리게, 느리게, 보통으로, 빠르게, 매우 빠르게' 5개로 구분해 삼각형으로 표현했다.

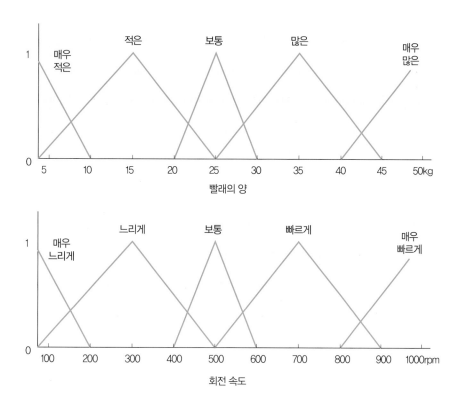

셋째, 퍼지 규칙을 정한다. 여기에서는 회전 속도의 집합을 빨래의 양 집합과 연관시킨다.

- **규칙 1:** 만약 빨래의 양이 매우 적다면 회전 속도는 매우 느리게 돈다.
- **규칙 2:** 만약 빨래의 양이 적으면 회전 속도는 느리게 돈다.
- **규칙 3:** 만약 빨래의 양이 보통이면 회전 속도는 중간 정도로 돈다.
- **규칙 4:** 만약 빨래의 양이 많으면 회전 속도는 빠르게 돈다.
- **규칙 5:** 만약 빨래의 양이 매우 많으면 회전 속도는 매우 빠르게 돈다.

다음 그림처럼 기하학적인 측면에서 2개의 삼각형이 겹치는 부분을 '패치'라 부르며 규칙 4를 얻을 수 있다. 그러므로 이러한 규칙은 하나의 패치다.

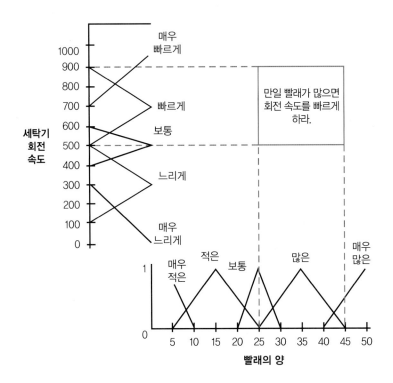

이에는 5개의 규칙이 있으므로 5개의 패치를 얻을 수 있다. 패치는 수학적 곱으로부터 계산할 수 있다.

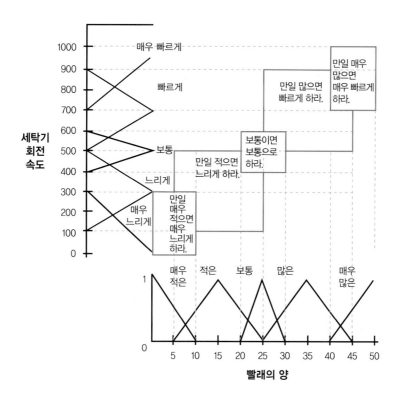

　퍼지 시스템은 언어적 애매모호함을 수학에 적용함으로써 우리가 알고 있는 추상적 언어를 표현하고 자동화할 수 있도록 했다. 1970년대 에브라힘 맘다니(Ebrahim Mamdani)는 증기 기관을 제어하기 위해 첫 번째 퍼지 시스템을 만들었고 이후 최초의 퍼지 교통신호등을 만들었다. 그는 퍼지의 접근 방식의 밑바탕에는 '주먹구구식', '경험', '직관', '휴리스틱'적인 인간 운영자의 경험이 깔려 있다고 말했다.

　퍼지이론은 에어컨, 세탁기, 밥솥, 냉장고, 가로등, 터널 안에서의 자동차 헤드라이트 밝기 등 다양한 전자 제품에 사용되고 있다. 물의 양을 정하지 않아도 세탁기가 빨래의 양에 따라 물의 양을 스스로 결정하는 등의 인간적 행동을 모방한 시스템은 매우 혁신적이고 실용적이었기 때문에 인공지능 기술 분야에 큰 유행으로 번졌다.

제품	퍼지 논리의 역할
전철	갑작스럽게 전철의 속도를 줄이거나 늘리지 않고 무리하게 멈추는 현상을 줄임.
전기밥솥	증기, 온도, 쌀의 양에 따른 조리 시간과 조리 방법을 설정함.
에어컨	최대·최소의 온도의 급격한 변화를 방지하고 켜거나 끌 때 낮은 전력을 소비함.
식기 세척기	식기의 수와 식기에 붙은 음식 찌꺼기와 양의 종류에 따라 세척 주기와 헹굼 및 세척 방법을 선택함.

건조기	빨래의 양, 옷감의 종류, 더운 공기의 흐름에 따라 건조 시간과 건조 방법을 결정함.
가습기	실내의 상황에 따라 습기의 양을 적절하게 조절함.
온수 샤워 시스템	갑작스러운 물의 온도 변화를 제어함.
진공청소기	먼지의 양과 바닥의 종류에 따라 모터의 흡입 방법을 설정함.
세탁기	더러움의 정도, 옷감의 종류, 빨래의 양, 물의 양에 따라 세탁 방법을 조정함.
가로등	해가 지고 뜨는 조건을 고려해 불의 밝기를 조절함.

코딩으로 체험하기 몬티홀 문제

소스 파일: 부록_4_몬티홀 문제.sb3

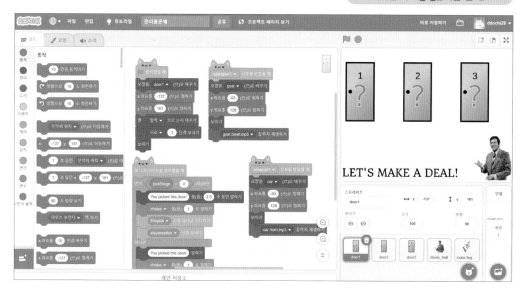

1 실행하기

- 초록 깃발을 클릭한다.
- 3개의 문 중 하나의 문 뒤에는 자동차, 2개의 문 뒤에는 염소가 숨어 있다. 숨어 있는 문을 찾으면 자동차를 선물로 받을 수 있다.
- 먼저 하나의 문을 클릭한다. 그럼 사회자가 남은 2개의 문 중 염소가 있는 문을 열어 보여준다. 그리고 묻는다. 남은 2개의 문을 바꿀 것인가, 처음 선택한 문을 계속 선택할 것인가?
- 원하는 문을 클릭한다.
- 사회자의 지시에 맞춰 위의 과정을 실행해본다.
- 문을 바꾸는 것과 바꾸지 않는 것 중 어느 것이 더 성공 확률이 높을지 생각해보자.

2 프로그램 설명

이 프로그램은 베이즈 정리를 이용한 유명한 쇼 프로그램을 시뮬레이션한 것이다. 3개 중 하나를 선택하고 남은 2개의 자료 중 선택을 바꿔야 할지, 말아야 할지를 앞서 살펴봤던 베이즈 정리와 연계해 생각해보자.

AI Topic 베이즈와 몬티홀 문제

베이즈 정리, 조건부 확률을 이용한 재미있는 문제로 몬티홀 문제(Monty Hall problem)가 있다. 몬티홀 문제는 '몬티홀 딜레마'라고도 한다. 몬티홀 문제는 미국의 TV 오락 프로그램 'Let's Make a Deal'에서 유래했고 진행자 몬티홀의 이름을 따서 몬티홀 문제로 불리게 됐다.

게임 문제

3개의 문이 있다. 문 하나의 뒤에는 자동차가, 나머지 2개 뒤에는 염소가 있다. 만약 당신이 자동차가 숨어 있는 문을 고르면 그 자동차를 상품으로 갖게 된다.

게임 과정

게임자는 3개의 문 중 하나를 선택한다.
사회자는 게임자가 선택한 문을 제외하고 나머지 2개의 문 중 염소가 들어 있는 문을 오픈해 보여준다.
사회자가 묻는다. "남은 2개의 문 중 하나에 자동차가 들어 있습니다. 당신이 선택한 문을 바꾸겠습니까?"

나라면 문을 바꾸는 것이 나을지, 안 바꾸는 것이 나을지 확률적으로 생각해보자.

1번 문	2번 문	3번 문	1번 문 유지	문 바꾸기
자동차	염소	염소	자동차 획득	염소
염소	자동차	염소	염소	자동차 획득
염소	염소	자동차	염소	자동차 획득

만약 사회자의 제안이 없다면 어떤 선택을 하든 1/3의 확률을 갖는다. 하지만 사회자가 되물을 때 선택을 바꾸면 2번 문과 3번 문에 있을 자동차의 경우를 모두 획득할 수 있게 된다. 즉, 2/3의 확률을 얻게 돼 마지막에 한 번 더 바꾸는 행동은 2번과 3번의 문을 동시에 여는 것과 같은 효과와 같다.

실제 몬티홀 문제를 마릴린 보스 사반트가 칼럼을 통해 바꾸는 것이 유리하다는 기사를 내놓게 되자 몬티홀 쇼의 방송은 멈췄다고 한다.

1 불확실성의 표현에서 사건 A가 일어날 확률을 구하는 방법을 설명하시오.

2 가능도란 무엇인지 설명하시오.

3 내가 받은 100개의 이메일 중 70%는 스팸이었다. 메일에 포함된 단어들을 분석해보니 90%의 스팸메일에서 '이벤트'라는 단어를 볼 수 있고, 정상적인 메일의 5%에서도 '이벤트'라는 단어를 볼 수 있었다. 새로 받은 메일에 '이벤트'라는 단어가 들어 있을 경우, 이 메일이 스팸일 확률은?

4 세탁기의 예와 같이 실생활에서 퍼지 이론을 적용할 수 있는 시스템의 예를 들어보시오.

5 몬티홀 게임에서 문제를 풀 때 다음 선택 시 문을 바꾸는 것이 유리한 이유를 설명하시오.

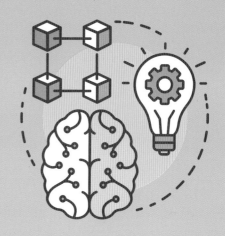

기계학습

자료와 학습

    아기는 세상의 개념을 익히기 위해 감각을 통해 받은 모든 것에 대해 끊임없이 반응하고 질문한다. "엄마, 이게 뭐야?", "그건 꽃이야."라고 알려주면 아기는 바로 배운다. 아기는 학습을 통해 꽃의 핵심이 되는 특징을 찾아내며 머릿속에서 실체와 추상적인 개념을 잡아나간다. 인간은 이렇게 수많은 학습을 하면서 세상의 기본적인 개념을 익히며 성장한다.

    기계학습은 이러한 인간의 학습 과정을 모방한 것이다. 어렸을 때 수많은 예시를 통해 학습한 것처럼 기계를 학습시키기 위해서도 많은 예시가 필요하다. 기계학습에서는 이러한 수많은 예시의 집합을 '데이터(Data, 자료)'라고 한다. 대상의 이미지를 주고 기계가 그것이 꽃인지 아닌지를 구별하도록 하기 위해서는 충분한 꽃 이미지뿐 아니라 꽃이 아닌 이미지도 충분히 제시해주는 것이 중요하다. 기계를 학습시키기 위해서는 자료가 충분해야 한다.

자료가 갖춰지면 기계가 학습을 하기 위한 학습 모델(Learning Model)이 필요한데, 인간의 뇌에서 작동되는 것과 유사한 원리 기재라고 볼 수 있다. 학습 모델은 간단히 말하면 하나의 커다란 함수(Function)라고 생각하면 되는데, 주어진 입력 변수에 대해 특정한 연산(학습 행위)을 수행한 후 그 결과를 출력한다. 기계학습은 이러한 기능을 통해 인간이 처리하는 문제와 같은 유형의 문제를 처리한다.

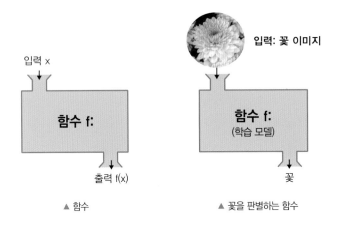

▲ 함수　　　　　　　　　　▲ 꽃을 판별하는 함수

2 기계학습

　기계학습(Machine Learning, 머신러닝)은 인공지능의 한 분야로 컴퓨터가 학습할 수 있는 능력을 지닌 알고리즘과 응용 기술을 개발하는 분야를 말한다. 기계학습이라는 용어는 1959년 아서 사무엘의 정의를 시작으로 1998년 톰 미첼의 정의를 통해 확립됐다. 아서 사무엘(Arthur Lee Samuel)은 기계학습을 '컴퓨터가 명시적으로 프로그램되지 않고도 학습할 수 있도록 하는 연구 분야'라고 정의하며 프로그래머가 일일이 코딩을 하지 않고도 기계가 스스로 특징을 찾아 현실의 사물이나 이미지를 구별할 수 있는 기능을 제공한다고 했다.

기계학습은 데이터를 이용한 모델링의 형태이다. 데이터는 실세계의 객체와 사실들을 감각 기관(센서, Sensors)으로 받아들인 것이다. 즉, 숫자, 문자, 그림, 소리, 음악, 영상, 촉각, 맛, 기온, 느낌, 현상 등 입력받는 모든 것이 자료이다. 이러한 입력 데이터가 무엇이고 문제해결과 생존에 어떻게 유리하게 적용할 것인지를 설정하는 것이 모델링이다. 인간은 뇌를 통해 모델링 작업을 한다. 기계도 센서로부터 입력받은 데이터를 갖고 모델링하는 작업을 하는데, 이것이 바로 기계학습의 과정이다. 기계학습의 모델링은 입력 데이터와 출력 조건을 주면 컴퓨터가 특징을 찾아 스스로 규칙을 학습하게 된다. 기존의 컴퓨터를 활용한 문제해결 방법, 기계학습의 방법과 차이점을 그림으로 살펴보자.

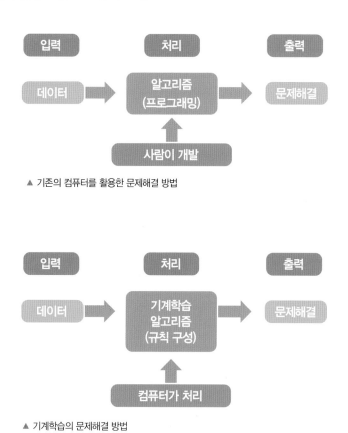

▲ 기존의 컴퓨터를 활용한 문제해결 방법

▲ 기계학습의 문제해결 방법

컴퓨터는 데이터를 입력하면 연산과 제어 알고리즘을 거쳐 출력을 내놓는다. 기계학습은 반대로 데이터와 원하는 결과를 넣으면 데이터를 결과로 바꿔주는 알고리즘을 만들어 출력을 내놓는다. 이렇게 학습한 알고리즘으로 새로운 데이터를 입력하면 그에 맞는 추론을 통해 예측값을 출력하게 된다.

예를 들어, 기존 컴퓨터를 활용해 나누기를 계산하는 프로그램의 경우, 사람이 입력 숫자와 나누기 연산자를 활용해 결괏값을 계산할 수 있도록 알고리즘을 작성하지만, 기계학습의 경우 문제와 정답을 활용해 컴퓨터가 스스로 학습해 함수를 찾는다. 따라서 새로운 데이터가 입력되면 학습한 함수를 이용해 계산 결과를 출력하게 된다.

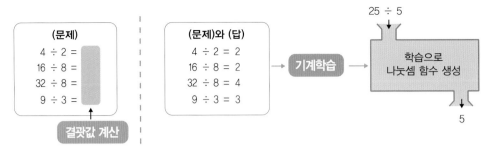

▲ 기존 계산 프로그램과 기계학습 프로그램

카네기 멜론 대학의 기계학습 연구자인 톰 미첼(Tom Mitchell)은 "만약 어떤 작업 T에서 경험 E를 통해 성능 측정 방법인 P로 측정했을 때 성능이 향상된다면 이런 컴퓨터 프로그램은 학습한다고 말한다."라고 했다.

위 수식의 경우로 살펴보면 작업 T는 나눗셈의 몫 구하기, 경험 E는 입력값이고 성능 P는 수식이 정확한 확률이 된다. 정답인 나눗셈의 몫 값을 찾으면 이 프로그램은 '학습한다.'라고 정의할 수 있다는 것이다.

여기에서 컴퓨터가 학습한다는 말이 컴퓨터가 스스로 공부하는 것처럼 느껴질 수 있지만, 컴퓨터라는 기계가 인간의 문제해결 과정을 흉내내어 '학습하는 것처럼 보인다.'라는 뜻으로 이해하면 된다. 즉, 은유적 표현으로 접근하는 것이 좋다.

학습은 인간이 실세계의 사실을 자료로 지식을 구축하는 과정이기도 하다. 지식 공학자들이 본 학습은 새로운 지식이 생성(증가)됐을 때 학습이 됐다고 한다. 또한 생성된 지식 일부를 수정(정교화)하거나 축적된 지식에 오류가 있어서 삭제(감소)했을 때도 학습의 과정으로 본다.

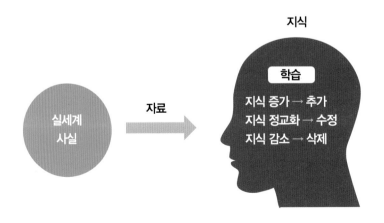

기존의 전문가 시스템에서는 사람이 직접 문제해결의 자료와 규칙을 지식으로 표현해 데이터베이스처럼 다량의 지식으로 구축한 지식베이스로 제공했다. 앞서 이야기한 것처럼 사람이 직접 지식을 제공하는 방식은 곧 한계를 가져왔고 이를 극복하기 위해 현재 기계학습에서는 사람의 개입 없이 기계 스스로 지식을 처리할 수 있도록 했다. 최근의 컴퓨터의 성능 향상과 빅데이터의 확보 그리고 뛰어난 인공지능 알고리즘이 밑바탕이 돼 기계학습이 가능하게 된 것이다.

지식공학과 기계학습의 비교

구분	지식공학(합리주의자/이성주의자)	기계학습(경험주의자)
설명	특정 분야 전문가들의 연구 내용이나 오랜 경험으로부터 터득한 지식을 사람이 직접 컴퓨터에 제공	컴퓨터가 세상의 데이터를 센서를 통해 입력받은 후 그 데이터의 패턴을 찾아 지식을 학습
방식	하향식(Top-down)	상향식(Bottom-up)
알고리즘	1980년대 전문가 시스템	현재의 딥러닝
대표자	마빈 민스키, 노엄 촘스키, 데카르트 등	앤드류 응, 페드로 도밍고스, 데이빗 흄 등

3 기계학습과 분류·회귀·군집

인간의 학습을 인공지능의 기계학습으로 설명하기에는 여러 가지 오해와 이해에서 한계가 발생한다. 기계에서의 학습을 명쾌하게 설명하기 위해 계산적인(Computational) 방법, 즉 수학에서 사용하는 용어 중 계산 관련된 용어를 사용하며 그 의미가 명확해질 것이다. 기계학습을 수학적으로 정의하면 회귀(Regression), 분류(Classification), 군집(Cluster)이라고 말할 수 있다.

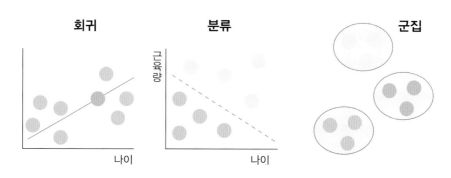

분류와 군집은 2개 이상의 그룹으로 나누는 것으로, 이 둘의 차이는 이미 분류된 기준이 레이블링으로 정의가 돼서 알고 있는 것을 나누는 것인지(분류), 레이블링 없이 모르는 것을 개연적인 특징에 의해 나누는 것인지(군집)의 차이다.

이미 정의됐다는 것은 이름이 붙어 있다는 의미이고 레이블링(Labeling)이라 한다. 우리는 사과 vs. 배, 남자 vs. 여자, 사자 vs. 호랑이 등으로 이름을 정의하고 과일과 성별, 동물을 구분할 수 있다. 이때 사용하는 학습 방법이 바로 '분류(Classification)'이다.

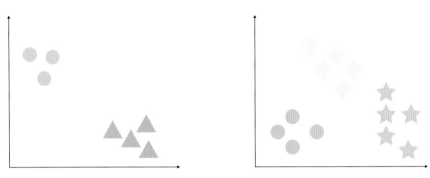

▲ 이진 분류와 다중 클래스 분류

이를 위해 우리는 사전에 부모나 교사의 지도를 통한 학습해야 한다. 이름이 붙은(레이블링이된) 데이터셋이 있어야 하고 훈련을 통해 그것이 무엇인지 알고 있어야 새롭게 입력된 자료를 분류된 하나로 인식할 수 있게 된다.

하지만 우리가 아마존 정글에서 생전 보지도 못한 동물이 등장해 위험한 동물 vs. 안전한 동물로 구분한다거나 생소한 과일 중에서 식용 과일 vs. 독성 과일로 구분해야 하는 경우가 있다. 이때 우리는 생존을 위해 모르는 동물이나 생소한 과일의 특징을 면밀하게 살펴보고 결정해야한다. 이때 바로 먹어도 되는 과일류, 안전한 동물류 등을 구분하는 것과 같은 방법이 '군집화(Clustering)'라고 할 수 있다.

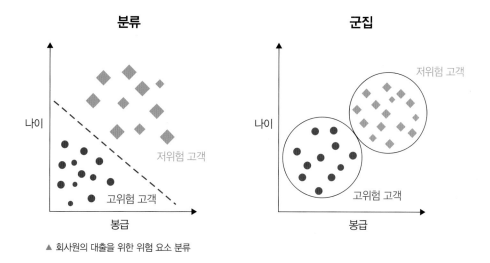

▲ 회사원의 대출을 위한 위험 요소 분류

회귀(Regression) 문제는 기존에 알고 있는 데이터를 바탕으로 앞으로 일어날 사건이나 기존의 사건을 추론하는 학습 방법이다. 이것은 통계적으로 분석하는 방법으로 남성보다는 여성이 치마를 선호한다거나 여름이 되면 자연스레 비가 많이 오고 태풍이 온다는 것을 예측하는 회귀의 사례가 되겠다.

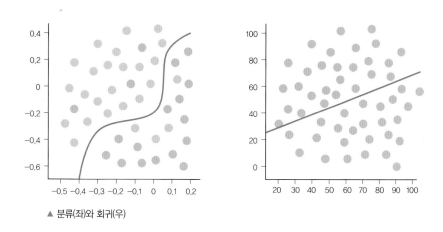

▲ 분류(좌)와 회귀(우)

기계학습을 이해하거나 구현할 때 해결해야 할 분야와 작업이 회귀 문제인지, 분류인지, 군집 문제인지 이해하는 것이 올바른 알고리즘을 선택하는 데 중요하다.

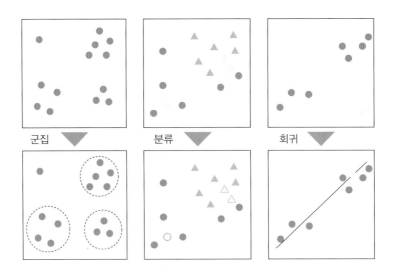

4. 기계학습의 유형

앞에서 살펴본 것처럼 사람이 학습하는 방법은 크게 세 가지로 구분된다. 교사나 엄마를 통해 지도를 받는 방법, 세상의 관찰과 경험을 통해 스스로 학습하는 방법, 자신의 행동에 대해 환경으로부터 유리한 결과를 얻는 방법이다. 이와 마찬가지로 기계학습도 크게 지도학습, 비지도학습, 강화학습으로 나눌 수 있다. 입력하는 데이터에 레이블(명시적인 정답)을 주느냐, 주지 않느냐에 따라 지도, 비지도학습으로 구분한다. 지도학습과 비지도학습의 중간에 위치하는 강화학습은 행동(상태)의 변화 후에 환경으로부터 보상을 받아 학습한다. 최근 딥러닝의 발전으로 인해 강화학습이 결합된 형태로 발전해 인공지능의 강력한 기계학습 방법이 됐다.

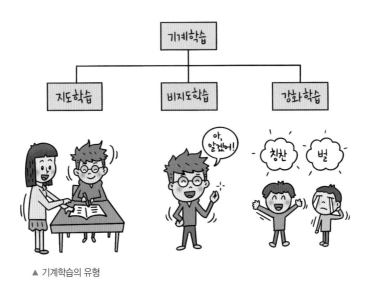

▲ 기계학습의 유형

지도학습 알고리즘은 주어진 훈련 데이터를 통해 이전에는 보이지 않던 데이터 패턴을 찾는다. 지도학습의 목표는 우리가 인식하는 형태로 기계에 맵핑 기능을 제공하는 것이다. 충분한 데이터(예제)가 제공되면 지도학습 알고리즘은 명확한 프로그래밍이나 지시 없이도 데이터의 패턴을 인식하고 응답하는 방법을 학습하게 된다. 지도학습은 일반적으로 분류 작업에 사용되며 여기에서 입력된 데이터를 2개 이상의 영역(예 합격/불합격, 동의/중립/반대 등)으로 나눠 분류하거나 새롭게 입력받은 데이터의 추세가 어디에 포함되는지 예측하는 회귀 작업을 한다.

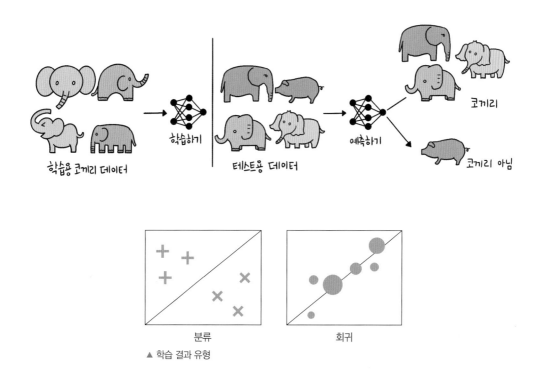

▲ 학습 결과 유형

비지도학습은 알고리즘에 입력 데이터만 제공하고 데이터의 패턴을 스스로 식별한다. 비지도학습의 목표는 알고리즘이 데이터에서 기본 패턴 또는 특징을 식별해 이를 더 잘 이해하는 것이다. 비지도학습은 관찰, 경험 및 유추를 통해 인간이 실생활에서 배우는 방법에 더 가깝다. 비지도학습은 군집 문제에 적합하다.

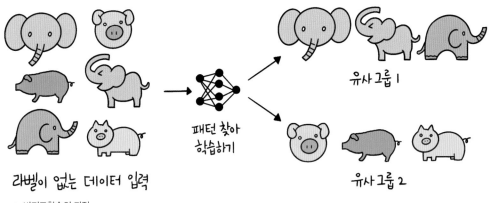

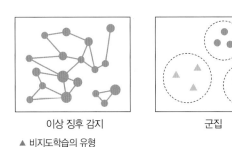

▲ 비지도학습의 과정

이상 징후 감지　　　　　군집

▲ 비지도학습의 유형

⑤ 기계학습과 통계

　현재의 인공지능 방법론은 통계, 예측 분석, 기계학습, 딥러닝, 자연어 처리 등의 여러 방법을 복합적으로 사용한다. 분류, 예측, 군집 등의 모델과 알고리즘을 이용해 문제를 해결하는 것을 컴퓨터 과학에서는 '기계학습(머신러닝)', 통계학의 관점에서는 '데이터 마이닝'이라 한다.

통계학은 독립변수 x, 종속변수 y를 바탕으로 회귀식을 추정하고 그에 따른 데이터를 입력받아 선형 회귀 분석을 한다. 기계학습은 특징 x, 레이블 y를 이용해 학습 모델링을 하고 예측 모델을 가진 지도학습을 한다. 또 기계학습은 정확한 예측에 집중하지만, 통계학은 사람들이 왜 그러한 선택을 하는지 분석하는 학문이다.

구분	기계학습	통계학(통계적 분석)
특징	정확한 예측에 집중	사람들의 선택 이유 분석
넷플릭스	영화 평가 예측의 정확성	사람들이 영화를 좋아하는 이유 분석

의료	내년에 병원에 갈 사람들 숫자 예측	사람들이 병원에 가는 이유 분석
독감 예측	독감 발생 가능성 예측	독감 발생의 요인 분석

▲ 출처: coursera Data Science 강의

6 기계학습 알고리즘

인간의 학습 결과는 학습 과정을 거친 후 두뇌에 기억하고 이해하거나(개념 지식) 몸에 익힌다(체험 지식). 하지만 기계의 학습은 그 학습의 결과가 매개변수(Parameter) 또는 가중값의 형태로 나타난다. 즉, 기계학습이란 입력값에 대응하는 결괏값이 제대로 나오게 하는 최적의 가중값(매개변수)을 찾는 과정이며 기계학습의 결과물은 바로 '가중값(매개변수)'이다.

영어의 알파벳을 인식하는 프로그램을 만든다고 할 때, 전통적인 영문자 인식 방법에서는 각 문자에 있는 사선, 수직선, 수평선, 곡선의 개수를 파악해 문자를 인식했다.

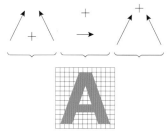

▲ 비지도학습의 유형

문자	특징			
	수직선	수평선	사선	곡선
L	1	1	0	0
P	1	0	0	1
T	1	1	0	0
E	1	3	0	0
A	0	1	2	0

손으로 쓴 숫자의 경우에는 숫자가 쓰인 영역을 나눠 각 나눠진 영역 내 화소의 방향별 획의 길이를 비교하는 방법을 사용했다. 오른쪽 숫자 2의 경우 상하좌우 획을 확인해 다른 숫자와 구분할 수 있다.

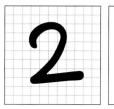

하지만 숫자를 이상하게 쓰는 사람들도 있으므로 모든 경우를 인식하기란 쉬운 일이 아니었다. 이렇게 사람이 처리하기 힘든 부분의 특징까지 기계가 스스로 찾아 처리할 수 있도록 기계학습 방법을 활용한다. 기계학습 과정은 다음처럼 다섯 가지 단계를 거친다.

이제, 손으로 쓴 숫자를 기계가 인식하는 학습의 과정을 순서대로 살펴보자.

❶ 먼저 입력 자료를 정한다. 입력 자료는 다양한 사람이
손으로 쓴 숫자 그림을 모은 것이다.

여기서 각 숫자의 이미지는 각각 20×20픽셀로 이뤄
진 이미지이다. 기계학습에서는 기존의 선의 특징을
추출하지 않고 각 픽셀의 입력값을 그대로 입력한다.
그러므로 입력 자료는 400개의 픽셀값으로 이뤄진다.

필기체 숫자 '0'의 픽셀값을 0과 1의 비트값으로 나타
내면 다음과 같다. 2개 모두 '0'을 나타내는 픽셀값이 된다.

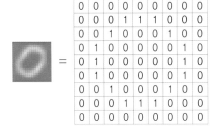

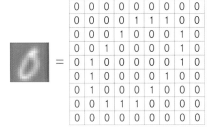

❷ 정답을 결정한다. 정답(출력값) y는 각 이미지에 쓰인 숫자 값이다. 정답 y 값은 다음 그림처
럼 벡터값으로 표현한다. 숫자 1인 경우 첫 번째 벡터값만 1이고 나머지는 0, 숫자 2인 경
우 두 번째 벡터값만 1이고 나머지는 0으로 해당 숫자 위치만 1(True, 참), 다른 위치는 모두
0(False, 거짓)으로 표현한다.

$$y_1 = \begin{bmatrix} 1 \\ 0 \\ 0 \\ 0 \\ 0 \\ 0 \\ 0 \\ 0 \\ 0 \\ 0 \end{bmatrix} \quad y_2 = \begin{bmatrix} 0 \\ 1 \\ 0 \\ 0 \\ 0 \\ 0 \\ 0 \\ 0 \\ 0 \\ 0 \end{bmatrix} \quad y_3 = \begin{bmatrix} 0 \\ 0 \\ 1 \\ 0 \\ 0 \\ 0 \\ 0 \\ 0 \\ 0 \\ 0 \end{bmatrix} \quad \cdots \quad y_9 = \begin{bmatrix} 0 \\ 0 \\ 0 \\ 0 \\ 0 \\ 0 \\ 0 \\ 0 \\ 1 \\ 0 \end{bmatrix} \quad y_0 = \begin{bmatrix} 0 \\ 0 \\ 0 \\ 0 \\ 0 \\ 0 \\ 0 \\ 0 \\ 0 \\ 1 \end{bmatrix}$$
$$\quad\quad 1 \quad\quad\quad 2 \quad\quad\quad 3 \quad\quad\quad 9 \quad\quad\quad 0$$

❸ 학습 모델을 만든다. 컴퓨터가 0부터 9의 숫자를 분류하기 위한 최적의 값(가중값)을 찾도록 적당한 모델, 즉 수식을 정의해줘야 한다. 이 수식에서 매개변수 θ 값을 찾는 것이 기계학습의 과제이다.

$$h_i(X) = \theta_1^i x_1 + \theta_2^i x_2 + \cdots + \theta_{399}^i x_{398} + \theta_{400}^i x_{400}$$

❹ 기계학습을 시작한다. 처음에는 임의의 값으로 θ값을 정해 시작하고 점점 계산 결과의 출력 값이 정답에 가까워지도록 θ 값을 조절해주는 과정을 수없이 거치게 된다. 인간이라면 어렵겠지만 컴퓨터가 잘하는 것이 반복적인 계산이다.

❺ 학습 결과를 출력한다. 학습이 끝나면 4,000개의 θ값이 결정되고 이를 이용한 10개의 함수가 준비된다. 학습 결과로 얻은 필기체 숫자의 예측 함수는 해당 숫자에 해당하는 위치만 1이고 나머지는 0인 벡터를 출력한다.

이제 10개의 함수를 이용해 숫자를 인식시킨다. 숫자 0의 이미지를 입력했을 때 h_0의 함수의 값이 1에 가깝게 계산되며, 나머지는 0이라는 결론을 출력한다. 즉, 0일 확률이 가장 높으므로 이 모델에서는 입력 이미지를 0이라고 인식하게 된다.

숫자 0의 이미지(0)를 x값에 입력했을 때

$$h(x) = \begin{bmatrix} h_1 \\ h_2 \\ h_3 \\ h_4 \\ h_5 \\ h_6 \\ h_7 \\ h_8 \\ h_9 \\ h_0 \end{bmatrix} \quad h(x) = \begin{bmatrix} 0.000000 \\ 0.000005 \\ 0.000023 \\ 0.000000 \\ 0.000560 \\ 0.000000 \\ 0.000000 \\ 0.000028 \\ 0.000000 \\ 0.999528 \\ 0.999531 \end{bmatrix} \approx \begin{bmatrix} 0 \\ 0 \\ 0 \\ 0 \\ 0 \\ 0 \\ 0 \\ 0 \\ 0 \\ 1 \end{bmatrix} \Leftarrow \begin{bmatrix} 1 \\ 2 \\ 3 \\ 4 \\ 5 \\ 6 \\ 7 \\ 8 \\ 9 \\ 0 \end{bmatrix}$$

실제 프로그램에서는 숫자의 모양에 따라 확률이 달라진다.

같은 숫자 6이라도 다음 그림의 첫 번째 이미지는 거의 1에 가까울 정도로 6이라 인식했지만, 두 번째 이미지에서는 숫자 6일 가능성도 높지만, 숫자 4일 가능성도 다른 값들에 비해 높게 나왔다.

 6	$h0=0.000003$, $h1=0.000000$, $h2=0.002263$, $h3=0.000110$, $h4=0.024688$ $h5=0.000423$, $\boldsymbol{h6=0.984752}$, $h7=0.000001$, $h8=0.001144$, $h9=0.002832$
 6	$h0=0.000000$, $h1=0.000000$, $h2=0.001421$, $h3=0.000210$, $h4=0.236924$ $h5=0.001327$, $\boldsymbol{h6=0.897365}$, $h7=0.000001$, $h8=0.000487$, $h9=0.001499$

기계학습 알고리즘이 우수해도 결과의 인식이 틀리는 경우도 있다. 위의 '6'이라는 숫자를 보고 4인지 헷갈리는 것은 사람들도 마찬가지이다.

시뮬레이션 손글씨 인식하기

다음 사이트에 접속하거나 구글에서 검색해 숫자를 인식하는 시뮬레이션을 실습해보자.

http://myselph.de/neuralNet.html

구글 검색어	myselph

Neural Net for Handwritten Digit Recognition in JavaScript

Draw a digit in the box below and click the "recognize" button.

☐ Display Preprocessing
☑ Scale Stroke Width

[clear] [recognize]

❶ 보이는 화면의 상자에 마우스를 누르고 숫자를 쓴다.

❷ 숫자를 쓰고 [recognize]를 누르면 오른쪽에 컴퓨터가 인식한 숫자를 알려준다(Display Preprocessing을 누르면 이미지가 픽셀화돼 나타난다).

❸ 다양한 글자체로 숫자를 써보면서 컴퓨터가 인식하는 방법을 생각해보자.

❹ 손글씨 인식을 위해 컴퓨터에 학습할 숫자 데이터를 모은 것이 MNIST다.

다음 그림은 'MNIST'라고 불리는 학습용 데이트셋으로, 손글씨로 작성된 우편번호를 기계가 자동으로 인식할 수 있도록 만든 것이다. 손글씨 숫자가 7만 개로 구성돼 있으며 1만 개는 테스트용, 5,000개는 검증용, 5만 5,000개가 실제 학습에 쓰인다.

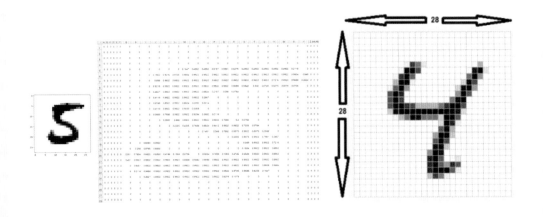

이 숫자 이미지 파일 중 하나를 열어보면 가장자리는 모두 0이고 가운데 글씨가 쓰인 픽셀만 진하기 정도에 따라 숫자 정보가 들어 있다는 것을 알 수 있다.

이러한 손글씨 숫자 이미지를 컴퓨터에 학습시키기 위해서는 가로세로 28×28, 즉 784개의 픽셀을 변수로 모두 사용해야 한다. 여기에 0부터 9까지의 숫자를 학습하기 위해서는 10개의 식을 만들어 사용하게 되므로 총 7,840개의 변수를 사용하게 되는 것이다. 이것은 이미지 인식을 위한 가장 간단한 기법임에도 불구하고 최적의 값을 찾기 위해서는 사람의 힘으로는 도저히 불가능하므로 컴퓨터의 힘을 빌릴 수밖에 없다.

AI Topic 뷰티 휴먼 로봇 심사위원

과연 로봇이 인간의 아름다움을 판단할 수 있을까?

인간의 아름다움에 대한 평가는 인간 고유의 영역이라고 여겼다. 인간이 로봇의 디자인이나 인터페이스의 아름다움을 평가할 수는 있어도 로봇이 인간의 아름다움을 평가할 수 있다고 생각하는 것은 또한 인간의 아름다움을 평가하는 자체가 불가능하다고 생각했다. 하지만 이제 인간 심사위원의 감정과 지각 그리고 아름다움의 의식을 기계가 학습해 인간을 미모의 순으로 정렬하려는 도전이 시작됐다.

2015년 홍콩에서 오픈된 http://beauty.ai 인공지능에서는 처음으로 'The First International Beauty Contest Judged by Artificial Intelligence'가 열렸다. 여성 또는 남성의 사진을 바탕으로 인간 심사위원들이 미모(아름다움, 잘생김)를 평가한 결과를 로봇이 기계학습으로 미모를 평가한 결과와 비교해 가장 유사하게 결정한 시스템이 우승하는 경기이다.

기계학습 기술을 가진 단체나 연구소, 개인들을 대상으로 인간 심사위원과 유사한 평가를 할 수 있는 인공지능 기술을 선보이도록 대회를 개최한 것이다.

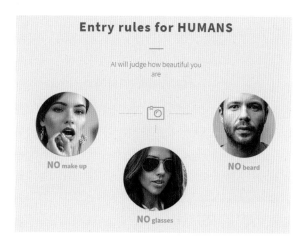

인간 심사위원들을 위한 심사의 규칙은 화장을 안하고 안경을 쓰고 있지 않으며 수염이 없는 모델의 얼굴 이미지를 기준으로 했다. 로봇을 위한 심사규칙은 이미지지상에서 주름, 얼굴 대칭성, 피부색, 성별, 연령대, 인종 등의 기준을 바탕으로 심사하도록 했다.

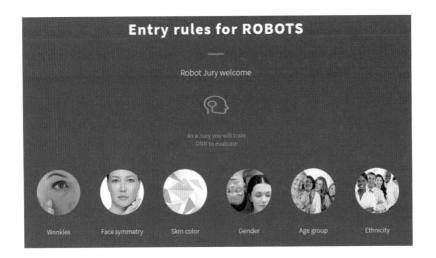

2016 대회는 폴리나 레픽(Polina Repik) 외 9명으로 구성된 팀이 우승했다. 우승한 심사위원 로봇팀은 다음과 같이 다섯 가지 알고리즘을 포함시켜 인간 심사위원과 가장 유사한 결과를 보였다.

우승팀이 제시한 로봇 심사위원

로봇 심사위원은 5개의 주요 로봇으로 구성됐다.
- RYNKL: 주름 분석
- PIMPL: 여드름 및 색소의 양을 분석
- MADIS: 인종 그룹 내 모델과의 유사성으로 사람들의 점수를 측정
- Symmetry Master: 얼굴의 대칭을 평가
- AntiAgeist: 같은 인종의 모델과 비교해 유사성을 평가

Robot Jury

RYNKL
Wrinkle Detector

MADIS
Model Alliance Digital
Intelligence Scout

Symmetry
Master

AntiAgeist

PIMPL

로봇 심사위원 미모 대회의 취지를 "인간의 외모를 공정하게 평가하기 위한 알고리즘을 개발하는 것은 화장품 회사뿐 아니라 의료 서비스 제공 업체 및 노화 방지 연구 커뮤니티에 긍정적 효과를 줄 것이다."라고 밝히며 beauty.ai 2.0 대회를 다시 개최했다.

하지만 과연 인간의 미모를 로봇이 평가하는 것이 바람직스러운 것인지, 그 결과를 인간들이 받아들일 수 있는지는 생각해볼 문제다. 과연 아름다움이란 무엇일까?

1 기존의 컴퓨터의 문제해결 방법과 기계학습을 통한 문제해결의 차이점을 설명하시오.

2 지식공학과 기계학습을 비교하시오.

3 아래 그림에 따른 기계학습의 종류와 방법을 설명하시오.

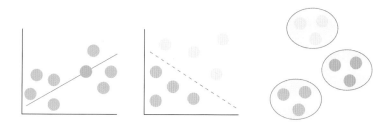

4 기계학습의 유형 중 강화학습을 설명하고, 예를 들어보시오.

5 인간의 외모를 평가하는 뷰티 휴먼 로봇 심사위원에 대한 의견을 말해보시오.

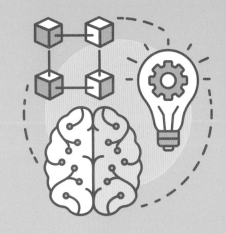

지도학습

1 지도학습

지도학습은 문제(Feature)와 정답(Label)이 있는 데이터(Training Set)를 컴퓨터에 학습시킨 후 새로 입력된 데이터(Test Set)를 분류하거나 예측하는 학습 방법이다. 즉, 교사가 학생들에게 연필을 손에 들고 '이것은 연필이다.'라고 가르쳐 주는 것이라 생각을 하면 쉽다. 지도학습의 목적은 입력 데이터와 결괏값을 이용해 특정한 타깃을 예측하는 것이다. 오늘날 활용되고 있는 다수의 기계학습 알고리즘이 대부분 지도학습으로 기계학습에서 가장 기본이 되며 구현하기 쉽지만, 목적에 맞는 양질의 데이터가 많이 있어야 적용할 수 있다.

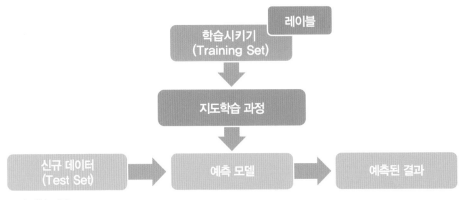

▲ 지도학습 과정

지도학습 알고리즘으로 해결할 수 있는 문제는 분류(Classification)와 회귀(Regression) 문제가 있다. 학습된 알고리즘이 예측하는 결괏값이 이산값이면 분류 문제, 연속 값이면 회귀 문제에 해당이 된다.

분류 알고리즘을 사용하면 데이터를 서로 다른 그룹으로 분류할 수 있다. 분류 문제는 새로운 데이터가 들어왔을 때 기존 데이터의 그룹 중 어느 그룹에 속하는지를 나누는 것을 말한다. 손으로 쓴 숫자를 인식하는 데 사용된 것과 같은 분류 알고리즘을 코드 변경 없이 사용해 이메일을 스팸과 스팸 아닌 것으로 분류할 수도 있다. 결국, 같은 알고리즘이지만 다른 학습 데이터를 제공하면 다른 분류 기능이 자동으로 만들어지게 된다. 주차 게이트에서의 번호판을 인식, 페이스북이나 구글 포토의 얼굴 인식, 음성 인식 등의 문제해결에도 활용된다.

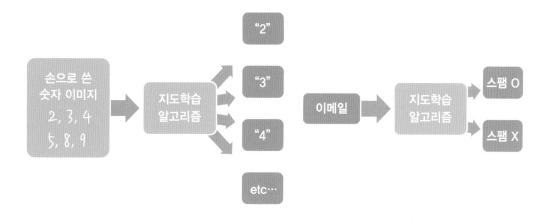

회귀는 독립변수와 종속변수의 관계를 설명할 때 가장 많이 쓰이는 모델이다. 그래프상에서 서로 다른 집단을 가장 간단하게 나누는 방법은 직선을 그어 분류하는 것이다. 이를 '선형 회귀 모델'이라 하는데, 이때 중요한 것은 각 점이 직선으로 제대로 분류하기 위해 직선의 기울기를 조정해야 한다는 것이다. 회귀는 분류 문제보다 모델의 복잡도가 높다.

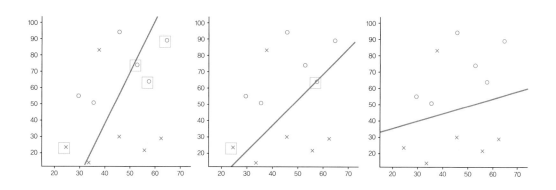

이러한 선형 회귀 모델은 가장 단순하고 학습 속도가 빠르며 인간이 이해하기 쉬워 분류하는 요인의 수가 적을 때는 활용하기가 용이하지만 이미지와 같이 수많은 픽셀로 이뤄져 있어 데이터나 분류 특징이 매우 복잡한 경우에는 선형 모델로 해결하기 힘들다. 실제 이미지 인식 분야에서는 선형 모델 대신 인공 신경망과 같은 복잡성이 높은 학습 모델을 사용한다.

회귀와 분류는 지도학습에서 같은 결과를 보인다. 둘 다 알려진 데이터를 활용해 예측하는 일을 한다. 그 둘의 주요 차이점은 회귀의 출력 변수가 숫자(또는 연속)이고 분류를 위한 출력 변수는 범주(또는 이산)라는 것이다.

기계학습에서 회귀 알고리즘은 입력 변수(x)를 받아 숫자 또는 연속적인 값을 출력 변수(y)로 찾아내는 함수(f)이다. 이 경우 y는 실수이거나 정수 또는 부동 소수점 값일 수 있다. 따라서 회귀 예측 문제는 일반적으로 수량 또는 크기가 된다.

예를 들어 주택에 대한 데이터셋이 제공되고 가격을 예측하라는 요청을 받으면 가격이 연속적인 숫자(정수, 실수)의 산출물이므로 회귀 작업이 된다. 일반적인 회귀 알고리즘의 예로는 선형 회귀, SVR(Support Vector Regression) 및 회귀 트리가 있다.

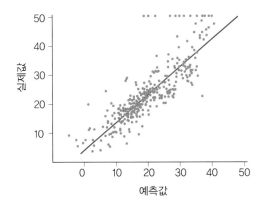

한편, 분류 알고리즘은 입력 변수(x)를 받아 범주형 또는 이산적인 값을 출력 변수(y)로 찾아내는 함수(f)이다. 이 경우 y는 함수가 예측하는 범주이다. 단일 또는 여러 입력 변수가 제공되는 경우, 분류 모델은 단일 또는 여러 결론의 값을 예측하려고 시도한다.

예를 들어, 주택 가격과 매매율에 대한 데이터셋이 제공될 때 분류 알고리즘은 주택 가격이 공시 가격보다 더 많이 또는 덜 팔리는지를 예측할 수 있다. 여기에서 주택 가격은 해당 가격보다 높거나 낮은 두 가지 범주로 분류된다.

구분	분류	회귀
설명	맵핑 기능은 값을 사전에 정의된 클래스로 맵핑하는 데 사용함.	맵핑 기능은 값을 연속 출력으로 맵핑하는 데 사용함.
데이터의 형태	이산 값	연속 값
예측된 데이터의 특성	비정렬 값	정렬된 값
계산 방법	정확도를 측정함.	근 평균 제곱 오차를 측정함.
구체적 방법	데이터 집합을 다른 클래스로 나눌 수 있는 결정의 경계를 찾기	결과를 보다 정확하게 예측할 수 있는 가장 적합한 선을 찾기
알고리즘 예	의사결정 트리, 로지스틱 회귀 등	회귀 트리(랜덤 포레스트), 선형 회귀 등
적용 사례	스팸 이메일 식별, 음성 인식, 암세포 식별 등	날씨 예측, 주택 가격 예측 등

2 지도학습 알고리즘의 유형

지도학습에서 일반적인 분류 알고리즘의 예는 로지스틱 회귀, 나이브 베이즈, 의사결정 트리 및 k-최근접 이웃 등의 알고리즘이 있다.

분류	**k-최근접 이웃(k-Nearest Neighbors)** 새로운 데이터가 무엇인지 구분하기 위해 훈련에 사용됐던 데이터에서 가장 가까운 데이터의 유형, 즉 최근접 이웃을 찾는다.	
	로지스틱 회귀(Logistic Regression) 선형 함수 결과를 시그모이드 함수를 이용해 0~1 사이로 압축한다. 로지스틱 회귀는 다중 분류도 지원한다. 출력 결과는 이산적이다. – Binary Classification(이진 분류), Multiclass Classification(다중 분류) – 예 스팸 분류, 암 진단, 꽃의 품종 판별, 손글씨 숫자 분류	
	서포트 벡터 머신(Support Vector Machine) 두 카테고리 중 어느 하나에 속한 데이터의 집합이 주어졌을 때, 새로운 데이터가 어느 카테고리에 속할지 판단하기 위해 데이터들의 경계 중 가장 큰 폭을 가진 경계를 찾는 알고리즘이다.	
	나이브 베이즈(Naive-Bayes) 복잡한 베이즈 정리를 간단한 조건부 확률 방법을 이용해 분류하는 알고리즘이다. 나이브 베이즈 분류는 텍스트 분류에 유용하게 사용되며 스팸메일 필터, 텍스트 분류, 감정 분석, 추천 시스템에서 효과적이다.	
회귀	**의사결정 트리(Decision Trees)** 스무고개 하듯이 예/아니요 질문을 이어가며 특정 기준(질문)에 따라 데이터를 구분하는 학습 모델이다. 신용 등급 분류, 식물 분류, 환자 판별 등에 사용된다.	
	랜덤 포레스트(Random Forest) 분류, 회귀분석 등에 사용되는 앙상블 학습 방법의 일종으로, 훈련 과정에서 구성한 다수의 결정 트리로부터 분류 또는 평균 예측값(회귀분석)를 출력함으로써 과적합을 막는 학습이 가능하다.	
	신경망/딥러닝(Neural Networks/Deep Learning) 인간의 신경 모델을 모방한 학습 방법으로, 여러 개의 층으로 이뤄진 뉴런들의 가중값을 구한다. 딥러닝의 등장으로 이미지 인식, 언어 처리 등 인공지능의 전성기를 이루고 있는 알고리즘이다.	

 의사결정 트리는 지도학습의 분류와 회귀에 모두 사용할 수 있으며 시각적으로 읽기 쉬운 형태로 나타나는 것이 장점이다. 의사결정 트리는 그 모양이 거꾸로 선 나무와 닮았다고 해서 붙여진 이름이며 흔히 '스무고개로 맞추기 게임'과 유사한 개념이라 할 수 있다.

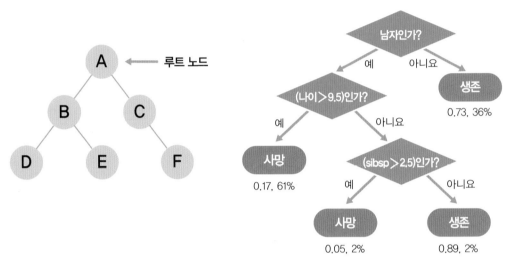

▲ 타이타닉호 탑승객의 생존 여부를 나타내는 결정 트리. sibsp는 탑승한 배우자와 자녀의 수를 의미한다(출처: 위키피디아).

기계학습에서의 의사결정 트리 문제의 핵심은 어떤 노드(질문)를 가장 최상위인 루트 노드에 놓아야 하는지이다. 즉, 질문의 중요도를 정해 어떤 질문을 해야 정답에 가까운지 확인해야 한다. 왜냐하면 가장 많이 잘라낼 수 있는 노드가 최상위에 있어야 예, 아니요와 같은 이분법적 상황에서 가장 큰 확률로 가지 치기를 해서 정답을 찾을 확률을 높여 문제해결을 쉽게 하기 때문이다.

예를 들어, 스무고개 게임에서 다음 중 어떤 질문을 먼저 하는 것이 효과적일까?

　지금 검은색 박스에 들어 있는 것은 무엇인지 맞추시오.
　・ 이것은 사과인가요? (y/n)
　・ 이것은 생물인가요? (y/n)
　・ 이것은 빨간색인가요? (y/n) ...

답을 찾기 위해 답에서 제외할 것을 최대한 많이 가지를 쳐야 하므로 단도직입적으로 사과를 묻거나 색을 묻는 것보다는 두 번째 질문처럼 생물인지, 무생물인지를 물어보는 질문이 가장 상위 노드에 있어야 한다.

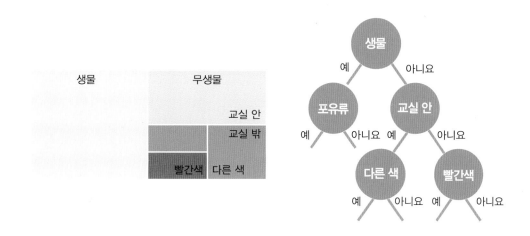

트리의 노드들을 가장 효율적으로 선정하고 배치하기 위해선 정보 획득량과 엔트로피가 필요하다. 정보 획득량은 어떤 사건이 얼마만큼의 정보를 줄 수 있는지를 수치화한 값이다. 여기에는 정보 함수와 엔트로피가 필요하다.

정보 함수는 정보의 가치를 반환하는데, 발생할 확률이 작은 사건일수록 정보의 가치가 크고 발생할 확률이 높은 사건일수록 정보의 가치가 작다. 예를 들어, 저녁에 해가 지는 상황의 경우, 이는 매일 규칙적으로 일어나는 일이기 때문에 얻을 수 있는 정보는 거의 없지만, 만약 저녁에 해가 지지 않는다면 이는 발생할 경우가 거의 없으므로 여기에서 얻을 수 있는 정보의 가치는 매우 크다고 할 수 있다.

엔트로피란, 무질서도를 정량화해 나타낸 값이다. 어떤 집합의 엔트로피가 높을수록 무질서도가 높아 그 집단의 특징을 찾아내는 것은 어렵다. 그러므로 엔트로피가 최소가 되는 방향으로 분류해야 의사결정 트리가 최적의 방법으로 분류한 것이라고 할 수 있다.

의사결정 트리는 이렇게 정보 함수와 엔트로피를 사용해 나타낸 정보 획득량을 최대화하는 순서로 배치하는 것이며 이 과정에 맞는 중요도 값을 계산해 찾기 위해 기계학습을 이용한다.

k-최근접 이웃 알고리즘

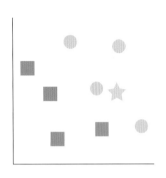

k-최근접 이웃(*k*-Nearest Neighbor, *k*-NN)알고리즘은 지도 학습 알고리즘 중 쉽게 구현할 수 있는 알고리즘이다. *k*-NN은 새로운 데이터가 주어질 때 기존 데이터 가운데 가장 가까운 *k*개 이웃의 정보로 새로운 데이터를 예측한다. 실제 *k*-NN은 학습이라고 할 만한 절차가 없이 새로운 데이터가 들어왔을 때 그제서야 기존 데이터 사이의 거리를 측정해 이웃을 뽑기 때문에 '게으른 모델(Lazy model)'이라고 부르기도 한다. *k*-NN의 원리를 살펴보자.

왼쪽 그림에서 별 모양은 네모와 동그라미 중에 어느 쪽에 속한다고 할 수 있을까? *k*-NN은 별 주변에 바로 동그라미가 있으므로 동그라미에 속한다고 판단하는 알고리즘이다.

하지만 단순히 가까이 있다고 해서 그 데이터와 같은 유형이라고 분류하는 것은 아니다. 다음 그림에서 별과 가장 가까운 것은 네모이지만 좀 더 범위를 넓혀보면 네모가 아닌 동그라미가 더 많다는 것을 알 수 있다.

그러므로 *k*-NN은 가장 가까이에 있는 단일 자료만 보는 것이 아니라 주변에 분포돼 있는 데이터들의 거리를 측정해 가장 많이 이웃한 것으로 분류하는 방법을 사용한다. 이때 k는 주변의 데이터의 수를 의미한다.

왼쪽 그림에서 가장 작은 원은 *k*=1일 경우, 두 번째 원은 *k*=5일 경우를 의미한다.

일반적으로 *k*의 값이 커질수록 분류 자체를 하지 못하는 상황이 발생하기도 하므로 가능한 한 작은 수를 사용하는 것이 좋다. 그리고 *k* 값은 기본적으로 홀수를 사용하는데, 그 이유는 짝수를 사용했을 경우 2:2와 같은 동률 상황이 만들어져 답을 하지 못하는 경우가 생기기 때문이다.

k-NN은 거리 측정 방법에 따라 그 결과가 달라지므로 표준화된 거리 측정 방법이 중요하다. *k*-NN에서는 주로 유클리드 거리로 계산한다. 유클리드 거리(Euclidean Distance)는 점과 점 사이의 거리를 구하는 방법으로, 가장 짧은 일직선의 경로값을 의미한다. 유클리드 거리의 공식은 다음과 같다.

$$\sqrt{(Ax - Bx)^2 + (Ay - By)^2}$$

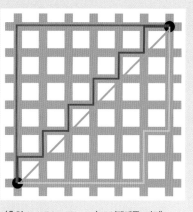
예를 들어, 상품 판매에서 무게와 가격으로 배치됐을 때 다음 그림의 y 좌표 단위가 달러일 경우 새로운 상품의 유사도를 구하기 위해 유클리드 거리를 구해보자.

가와 N의 유클리드 거리는 $\sqrt{(5-2)^2 + (5-6)^2}$ $= \sqrt{9+1} = \sqrt{10} = 3.162$
나와 N의 유클리드 거리는 $\sqrt{(5-3)^2 + (5-7)^2}$ $= \sqrt{4+4} = \sqrt{8} = 2.828$
그러므로 나와 N이 가깝다.

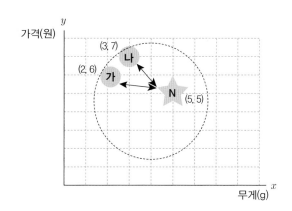

이번에는 y 좌표의 단위가 원(₩)일 경우를 살펴보자.

가와 N의 유클리드 거리는 $\sqrt{(5-2)^2 + (5000-6000)^2}$ $= \sqrt{9 + 1000000} = \sqrt{1000009}$
$= 1000.004$

나와 N의 유클리드 거리는 $\sqrt{(5-3)^2 + (5000-7000)^2}$ $= \sqrt{4 + 4000000} = \sqrt{4000004}$
$= 2000.001$

그러므로 가와 N이 가깝다.

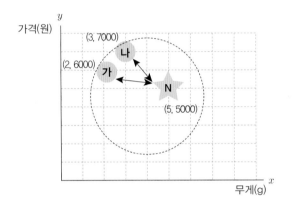

이렇게 변수별 단위에 따라 거리가 달라지고 거리의 가까운 순서가 달라지면 k-NN에서의 분류 결과도 달라진다. 따라서 반드시 k-NN 알고리즘을 적용할 때는 데이터의 표준화가 꼭 필요하다.

k-NN의 장점은 알고리즘과 그 원리가 간단해 구현하기가 쉽고 수치 기반 데이터 분류 작업에서 성능이 좋다. 단점으로는 분석할 때 적합한 최적 이웃의 수와 거리 척도의 방법을 연구자 임의로 정해야 하고 새로운 관측값과 학습 데이터 사이의 거리를 전부 측정해야 하므로 계산 시간이 오래 걸린다. 또 차원(벡터)의 크기가 커지면 계산양이 많아지고 변수 간 거리가 멀어지 기때문에 정확도가 떨어진다.

이러한 특징으로 k-NN은 매우 단순하지만 실용적이므로 얼굴 인식, 개인 영화 추천, 단백질 및 질병 추출을 위한 유전자 데이터 패턴 식별 등에 활용되기도 한다.

시뮬레이션 *k*-NN 알고리즘

k-NN 알고리즘 사이트 주소 또는 검색어를 입력해 시뮬레이션을 실습해보자.

http://vision.stanford.edu/teaching/cs231n-demos/knn/

구글 검색어	stanford k-near

하단 4개의 버튼 메뉴 중 원하는 방법을 선택하고 매개변수의 변화에 따라 분류되는 모습을 살펴보자. (분류되는 각 데이터, 즉 점들은 마우스로 드래그해 이동할 수 있다. 이때 이미 분류된 선이 점의 이동에 따라 변화되는 것을 관찰할 수 있다)

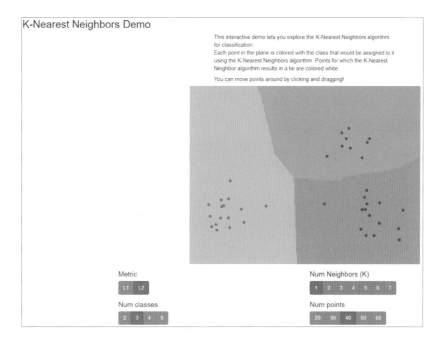

• 메뉴 설명

Metric(거리 척도 방법): L1 - 맨해튼 거리, L2 - 유클리드 거리
Num Neighbors(K): 최근접 이웃의 개수
Num classes: 분류의 수
Num points: 데이터의 수

❶ L1과 L2의 방법을 비교해보자. L1의 경우 각 색깔 사이의 경계인 분류 경계(decision boundary)가 들쭉날쭉하다. 이는 맨해튼 척도 방법을 사용해 분류 경계가 좌표축을 따라가는 성질을 보인다. 즉, L1은 좌표계에 종속적이라고 할 수 있다.

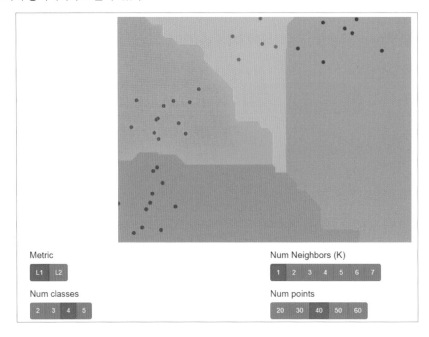

L2의 경우는 L1과 다르게 매끈한 모습을 보여주고 있는데, 이는 시그모이드 척도 방법을 사용했기 때문에 좌표축과 상관없다는 것을 보여주고 있다.

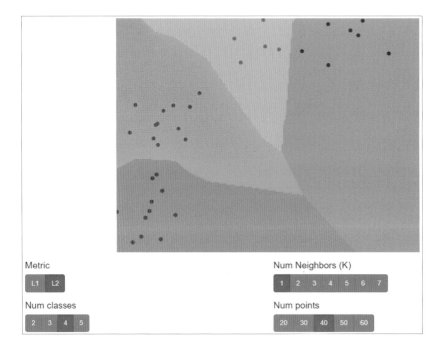

따라서 입력 데이터의 상세한 특징이 중요하다면 L1 척도가 더 적합하고 그냥 평균적인 결과를 얻기 원한다면 L2가 적합할 것이다.

❷ k 값의 설정은 기본적으로 홀수가 적당하므로 홀수를 선택하도록 한다. 짝수를 선택할 경우 점이 어디에 속하는지 구분하지 못한 영역이 발생하는데, 다음 그림에서 흰색 부분이 이에 해당한다.

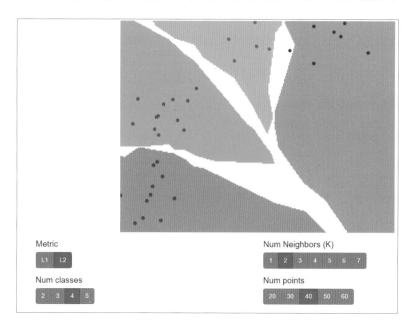

❸ 빨간색 점을 초록색 영역의 점 옆으로 이동시켜보자. 다음 그림처럼 초록색 영역 안에 빨간색 섬이 생겼다. 이럴 경우, 빨간색 점은 초록색이라고 해야 할 것 같은데, 빨간색으로 분류된다.

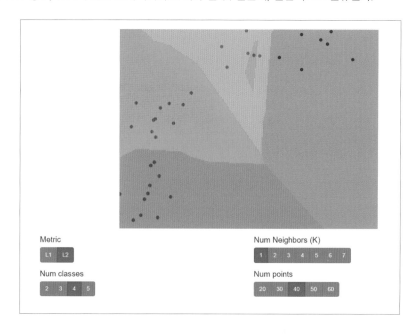

이제 k 값을 3으로 바꿔보자. 빨간색 점이 초록색으로 분류됐다.

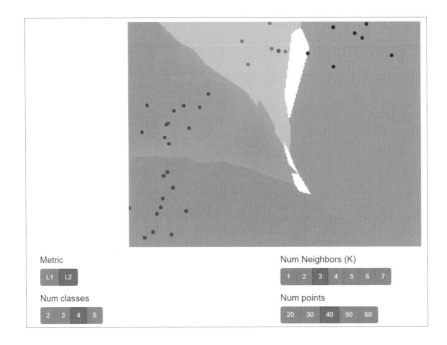

Metric

L1 L2

Num classes

2 3 4 5

Num Neighbors (K)

1 2 3 4 5 6 7

Num points

20 30 40 50 60

다음 사례들을 보며 왜 이러한 문제가 생겼을지 생각해보자.

사례 1　구글 포토의 고릴라 태그

2015년 흑인 남성 재키 앨신은 친구의 사진을 구글 포토에 올렸는데 구글 포토가 친구를 사람이 아닌 'Gorillas'로 인식했다.

▲ 출처: http://www.hani.co.kr/arti/science/future/877637.html

사례 2　흑인 검색어에 범죄조회 광고

흑인을 연상하는 이름을 치면 이름 뒤에 '체포'라고 쓰인 범죄 기록 확인 사이트 광고가 나오고 백인을 연상하는 이름을 치면 일반적인 인물 정보 제공 광고가 나온다.

▲ 출처: https://www.instiz.net/pt/3670112

사례 3　여성이 검색하면 급여 적은 일자리 광고

구글 검색에서 여성 사용자에겐 급여가 적은 일자리 광고가 많이 떴다.
여성 사용자들이 무의식적으로 인공지능의 검색 기능에 편견을 주고 있다고 하버포드 대학(Haverford College) 연구진이 설명했다.

여성이 급여가 높은 일자리 광고를 클릭하지 않았기 때문일 수 있다.

여성들에게 어차피 급여가 높은 일자리에 지원해도 떨어질 거라는 인식이 뿌리 깊은데, 여성들의 이런 인식을 검색 엔진이 학습한 셈이다.

위 사례는 인간의 편견을 인공지능이 학습해 문제가 된 대표적인 자료들이다. 이를 '알고리즘 편향성'이라고도 하는데, 기계학습에서는 이러한 문제들 때문에 어떠한 데이터셋을 구성하느냐가 매우 중요하다. 사례 1의 재키는 '어떤 사람들은 단지 컴퓨터일 뿐이라고 생각하겠지만, 컴퓨터를 만들고 프로그램을 훈련시키는 게 누구인가?'라는 질문을 던졌다고 한다. 인공지능의 활용이 점점 확대되고 있다. 알고리즘에 오류가 없고 데이터셋에 편견이 들어가지 않도록 이에 대한 책임과 윤리성이 요구된다.

1 지도학습으로 해결할 수 있는 두 가지 문제를 찾아보시오.

2 로지스틱 회귀의 예를 세 가지 이상 들어보시오.

3 의사결정 트리에서 고려해야 할 가장 중요한 점은 무엇인가?

4 의사결정 트리에서 엔트로피 값이 높다는 것은 무엇을 의미하는가?

5 다음 그림에서 ☆은 어디에 속하는지 결정할 때 k-NN 알고리즘은 어떤 결정을 하는지 근거를 들어 설명하시오.

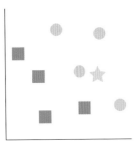

6 인공지능이 편견을 갖게 되는 이유와 편견을 막을 방법에 대해 논하시오.

Chapter 8 비지도학습

비지도학습

    비지도학습은 지도학습과 달리 훈련 데이터에 레이블(명명, 정의, 개념화)이 없다. 즉, 입력된 데이터를 받아 컴퓨터가 스스로 데이터들의 특징을 찾아내 학습을 한다. 레이블이 없이 확보된 데이터의 특성을 분석해서 유사한 속성을 가진 값끼리 그룹화(군집, Clustering)하는 것이 비지도학습의 목표다.

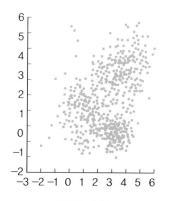
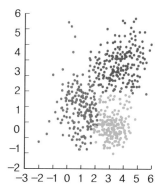

▲ 가공되지 않은 데이터와 클러스터화된 데이터

비지도학습은 사람이 발견하기 어려운 부분에 많이 쓰이기 때문에 카드사에서 카드 분실에 따른 이상 사용 탐지 시스템에서도 많이 쓰이고 서버에 악의적인 해킹이나 공격이 있을 때 이상 패턴을 AI 시스템이 스스로 분석해 해커들의 침입을 발견해 예방 또는 자가 방어할 수도 있다. 즉, 지도학습을 사용하기 어려운 데이터나 업무에 컴퓨팅 파워를 빌려 스스로 학습하고 문제를 해결해나가는 것이 비지도학습이라고 생각하면 된다.

비지도 학습	군집	k-평균(k-means): 주어진 데이터를 지정된 클러스터 갯수(k)로 그룹핑한다. 한 클러스터 내의 데이터들은 동일한 성질을 가지며 다른 그룹에 대해 구별된다.
		계층 군집 분석(Hierarchical Cluster Analysis, HCA) 계층 군집은 유사한 군집끼리 묶어가면서 최종적으로는 하나의 케이스가 될 때까지 군집을 묶는 클러스터링이다. 군집 간의 거리를 기반으로 클러스터링을 하는 알고리즘이며 K-평균과는 다르게 군집의 수를 미리 정해주지 않아도 된다.
	시각화와 차원 축소	주성분 분석(Principal Component Analysis, PCA)
		커널(Kernel)
		지역적 선형 임베딩(Locally-Linear Embedding, LLE)
		t-SNE(t-distributed Stochastic Neigbor Embedding)

비지도학습 알고리즘이 자료를 어떻게 군집화해 분류하는지 살펴보자.

A의 점들은 몇 개로 군집화하는 것이 적당할까? 군집화할 때 어떤 특징을 갖고 나눴는가?	A.
B의 점들은 몇 개로 군집화하는 것이 적당할까? 아마도 적당한 답이 떠오르지 않을 것이다.	B.
C의 점들은 몇 개로 군집화하면 적당할까? 어떤 특징으로 나눴는가?	C.

D의 점들을 강제로 4개로 군집화해야 한다면 어떤 특징을 먼저 찾아야 하는가?

D.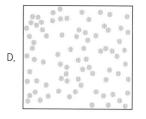

A의 점을 3개로 군집화하기 쉬운 이유는 점들이 어떤 지역을 중심으로 모여 있는 공간적 특징이 있기 때문이다. 그에 비해 B는 분리된 공간적 특징을 찾기 어려우므로 직관적으로 군집화하기 어렵다. C는 점의 색에 특징이 있으므로 군집화를 할 수 있다.

D의 점들을 군집화하기 위한 특징을 시각적으로 찾기는 어렵다. 하지만 강제로 4개의 군집으로 나눠야 한다면 특별한 방법이 필요하다.

위 자료들처럼 각각의 동그라미가 어떤 색인지 레이블되지 않은 대신, 각각의 점의 공간적 특징을 이용해 각각의 무리가 모인 위치를 통해 나눌 수 있게 된다.

그럼 이제 동그라미들이 어떻게 3개의 영역으로 무리 짓기(범주화)가 가능한지 살펴보자. 왼쪽 그림은 '보는 순간 바로 세 가지 영역으로 나뉜다.'라고 이야기하지만 그것이 어떻게 인지되는지에 대한 설명이 모호한 상태로 답을 한다.

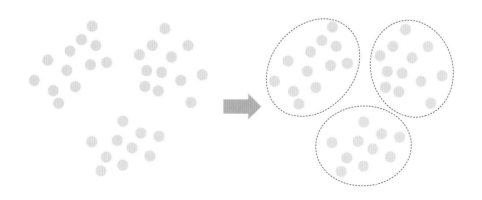

동그라미들은 돌출돼 있고 바닥에 고정된 상태라고 가정하고 이제 눈을 가려보자. 그리고 손으로 각각의 동그라미를 만져보면 어떨까? 어떤 동그라미들의 간격이 벌어져 있는 것을 손가락으로 느낄 것이다. 어떤 동그라미를 기준으로 옆에 있는 동그라미를 찾아내면서 간격(거리)의 특징이 달라지는 부분을 경계로 자연스레 무리를 3개로 범주화하게 된다.

2 k-평균 알고리즘

앞서 살펴본 비지도학습 방법을 k-평균(k-means) 알고리즘이라 한다. k-평균 알고리즘의 과정은 다음과 같다.

- **클러스터:** 유사한 특성(중심을 기준으로 가까운 것)을 가진 데이터끼리의 묶음
- **클러스터링:** 어떤 데이터들이 주어질 때, 그 데이터들을 클러스터로 무리 지어 주는 것
- **센트로이드(Centroid):** 무리, 즉 클러스터의 중심
- **k:** 몇 개의 무리로 클러스터링할 것인지의 값. 데이터를 3개로 클러스터링한다면 $k = 3$

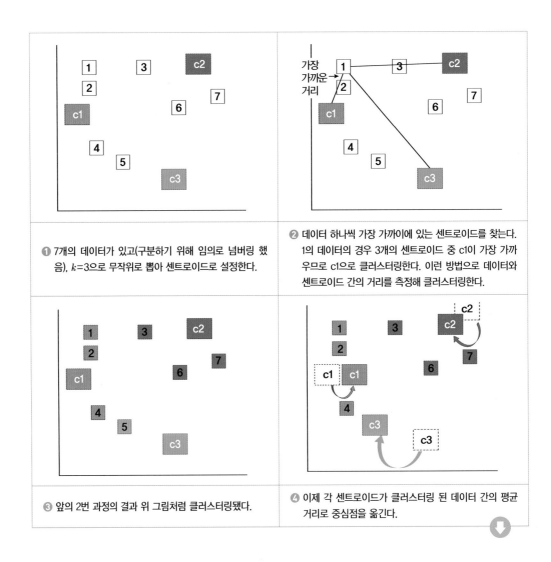

❶ 7개의 데이터가 있고(구분하기 위해 임의로 넘버링 했음), k=3으로 무작위로 뽑아 센트로이드로 설정한다.

❷ 데이터 하나씩 가장 가까이에 있는 센트로이드를 찾는다. 1의 데이터의 경우 3개의 센트로이드 중 c1이 가장 가까우므로 c1으로 클러스터링한다. 이런 방법으로 데이터와 센트로이드 간의 거리를 측정해 클러스터링한다.

❸ 앞의 2번 과정의 결과 위 그림처럼 클러스터링됐다.

❹ 이제 각 센트로이드가 클러스터링 된 데이터 간의 평균 거리로 중심점을 옮긴다.

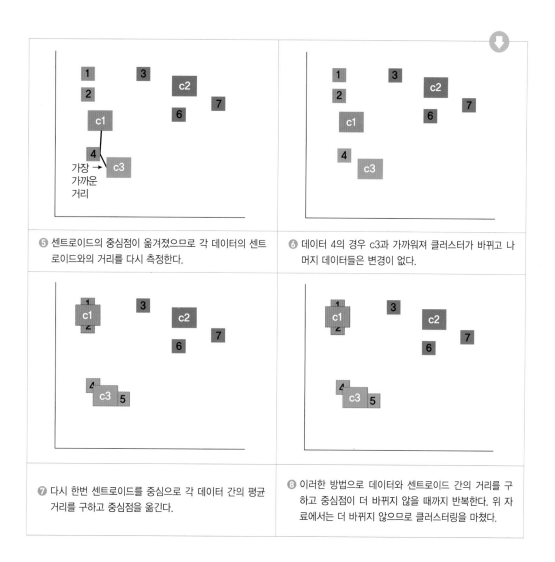

⑤ 센트로이드의 중심점이 옮겨졌으므로 각 데이터의 센트로이드와의 거리를 다시 측정한다.

⑥ 데이터 4의 경우 c3과 가까워져 클러스터가 바뀌고 나머지 데이터들은 변경이 없다.

⑦ 다시 한번 센트로이드를 중심으로 각 데이터 간의 평균 거리를 구하고 중심점을 옮긴다.

⑧ 이러한 방법으로 데이터와 센트로이드 간의 거리를 구하고 중심점이 더 바뀌지 않을 때까지 반복한다. 위 자료에서는 더 바뀌지 않으므로 클러스터링을 마쳤다.

시각화 알고리즘도 비지도학습 알고리즘의 좋은 예이다. 레이블이 없는 대규모의 고차원 데이터를 넣으면 도식화가 가능한 2D나 3D 표현을 만들어준다. 이런 알고리즘은 가능한 한 구조를 그대로 유지하려 하므로(예를 들어, 입력 공간에서 떨어져 있던 클러스터는 시각화된 그래프에서 겹쳐지지 않게 유지됨) 데이터가 어떻게 조직돼 있는지 이해할 수 있고 예상하지 못한 패턴을 발견할 수도 있다.

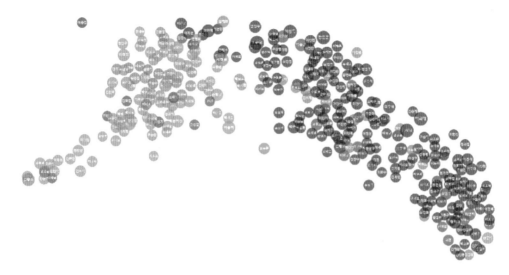

▲ 시각화의 예
(출처: https://ko.wikipedia.org/wiki/%EB%8D%B0%EC%9D%B4%ED%84%B0_%EC%8B%9C%EA%B0%81%ED%99%94)

비지도학습 알고리즘에는 너무 많은 정보를 잃지 않으면서 데이터를 간소화하는 차원 축소 (Dimensionality Reduction) 방법이 있다. 상관관계가 있는 여러 특징을 하나로 합치는 것이다. 예를 들어 비만의 원인은 식사량과 탄수화물 비율 그리고 음식 칼로리와 매우 연관돼 있으므로 차원 축소 알고리즘을 이용해 위의 두 가지 특성을 비만의 원인을 나타내는 하나의 특성으로 합칠 수 있다. 이를 '특징 추출(Feature Extraction)'이라 한다.

참고　기계학습 알고리즘(지도학습 알고리즘)에 데이터를 주입하기 전에 차원 축소 알고리즘을 사용해 훈련 데이터의 차원을 줄이는 것이 유용할 때가 많다. 실행 속도가 훨씬 빨라지고 디스크와 메모리를 차지하는 공간도 줄어 들며 경우에 따라 학습 성능이 좋아지기도 한다.

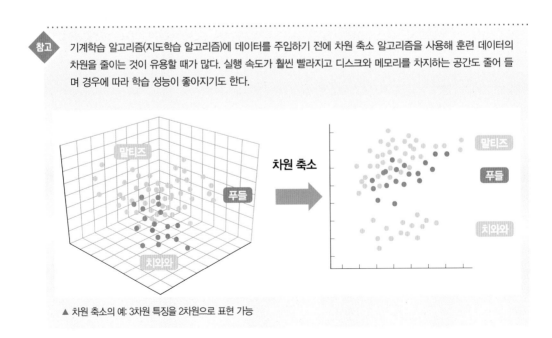

▲ 차원 축소의 예: 3차원 특징을 2차원으로 표현 가능

3 협업 필터링

협업 필터링(Collaborative Filtering)은 나와 유사한 성향을 갖고 있는 사람들이 좋아하는 것은 나도 좋아할 가능성이 높을 것이라는 가정에 기반한 알고리즘이다. 1992년 미국 제록스에서 구축한 정보 검색 시스템이 시초이며 이후 아마존이 도서 추천 시스템에 적용하면서 유명해졌다.

▲ 아마존 도서 사이트와 넷플릭스 앱

협업 필터링은 누적된 대규모의 데이터를 활용해 분류된 데이터의 기준에 새로운 데이터를 입력해 분류하는 방법을 사용하는데, 그 방법에는 사용자 기반과 아이템 기반 알고리즘의 두 가지 유형이 있다.

항목	사용자 기반	아이템 기반
개념	좋아하는 성향이 유사한 사용자들을 같은 그룹으로 묶고 그 그룹에서 선호하는 상품을 추천해줌.	사용자가 이전에 구매한 아이템을 기반으로 해 그 아이템을 선호하는 연관성이 높은 다른 아이템을 추천해줌.
설명	사용자 1: A, B, C, D 구매 사용자 2: A 구매 사용자 3: B, D를 구매 사용자 1과 3의 구매 패턴이 유사 → 사용자 3에게 A, C를 추천	사용자 1: A, B, C, D 구매 사용자 2: A, D 구매 사용자 3: D 구매 아이템 A와 D 연관성이 높음 → A를 구매한 고객에게 D를 추천
사례	SNS에서 친구 추천하기	도서 또는 쇼핑 사이트에서 상품 추천

협업 필터링의 장점은 직관적이고 사용자들의 데이터에 기반하기 때문에 신뢰도가 높다. 하지만 그만큼 데이터에 대한 의존도가 높아 기존에 없었던 새로운 패턴에 대한 추천이 어려워지는 문제점이 있다. 이러한 문제를 '콜드 스타트 문제(Cold-Start Problem)'라고 한다. 또 기존에 구매가 이뤄지지 않았던 상품에 대해서는 추천이 일어나지 않는 문제(First-Rater Problem)이 발생하기도 한다.

이러한 문제점을 보완하기 위해 콘텐츠 기반 필터링(내용 기반, Content-based Filtering)이 함께 쓰이고 있다. 콘텐츠 기반 필터링은 콘텐츠를 분석한 아이템 프로파일(item profile)과 사용자의 선호도(User Profile)를 추출하고 유사성 분석을 통해 추천한다. 이 방법은 새로운 상품에 대한 추천을 자연스럽게 할 수 있지만, 유사한 상품을 계속해서 추천하기 때문에 추천되는 아이템의 다양성이 떨어지는 단점이 있다.

최근에는 콘텐츠를 추천하기 위한 알고리즘의 방법이 다양하게 변형되고 있다. 딥러닝 기반의 기술을 적극적으로 활용하면서 추천 필터링 기법도 발전하고 있다.

구분	알고리즘	설명
전통적 알고리즘	협업 필터링	• 사용자의 행동을 분석해 추천 • 사용자 기반, 아이템 기반 분석
	콘텐츠 기반 필터링	• 콘텐츠 내용을 분석해 추천 • 유클리디언, 코사인 유사도 측정
최신 알고리즘	모델기반 협력 필터링	• 자료 내 사용자의 패턴을 분석해 추천 • 베이지안 네트워크, 잠재 디리클레 할당(Latent Dirichlet Allocation, LDA[17])
	딥러닝 기반 필터링	• 구글 Text 자동 생성 기술 • 지도/비지도학습 기반 알고리즘

현재 넷플릭스에서 사용하는 알고리즘은 협업 필터링을 기반으로 이를 고도화한 '모델기반 협업 필터링'이다. 넷플릭스에서는 2006년 100만 달러의 상금을 걸고 사용자들이 영화에 점수를 매기도록 해 이 자료로 데이터 뱅크를 개발했고 이로 인해 넷플릭스는 전체 영화 시청의 75%를 추천을 통해 이뤄질 수 있는 결과를 만들었다고 한다.

4 생성적 적대 신경망, GAN

최근 비지도학습의 대표주자로 GAN(Generative Adversarial Networks)이 큰 이슈이다. 처음 GAN 알고리즘을 제안한 이안 굿펠로(Ian Goodfellow)는 GAN을 경찰과 위조 지폐범 사이의 게임에 비유했다. 위조 지폐범은 위조지폐를 만들어(생성) 경찰을 속이려 하고 경찰은 진짜 화폐와 위조 지폐를 판별해 위조 지폐범을 잡으려고 한다. 이러한 경쟁적인 학습을 통해 위

---

[17] 문서에 존재하는 주제를 발견하기 위한 통계적 모델

조 지폐범은 진짜 같은 지폐를 만들 수 있게 되고 경찰도 위조 지폐를 구분할 수 있는 확률이 50%가 되면 진짜 지폐를 판별할 수 없는 상황이 발생하게 된다.

여기서 경찰은 분류 모델, 위조 지폐범은 생성 모델을 의미하며 GAN에는 최대한 진짜 같은 데이터를 생성하려는 생성 모델과 진짜와 가짜와 모델을 판별하려는 분류 모델이 각각 존재해 서로 적대적으로 학습한다. 따라서 GAN을 생성적 적대 신경망(Generative Adversarial Networks)이라 한다.

▲ GAN 알고리즘의 예시

GAN은 저해상도 이미지를 고해상도로 개선하거나, 음성 복원, 게임 배경화면 생성, 예술 창작활동 등 다양한 분야에서 쓰일 것으로 기대된다. 아래 사진은 GAN으로 만든 이미지와 실제 사람 중 누가 진짜인지 맞추는 사이트(http://whichfaceisreal.com/)이다.

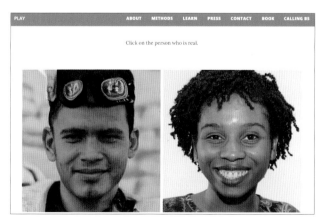

▲ 어느 이미지가 실제 사람일까요?

다음 사이트에 접속하거나 구글 검색어로 검색해 $k-$평균 알고리즘의 시뮬레이션을 살펴보자.

https://www.naftaliharris.com/blog/visualizing-k-means-clustering/

구글 검색어	naftali k-means

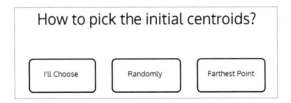

❶ 첫 화면에서 어떻게 센트로이드를 정할지 선택한다(I'll choose: 본인의 선택, Randomly: 무작위, Farthest Point: 가장 먼 지점).

How to pick the initial centroids?

I'll Choose   Randomly   Farthest Point

❷ 사용하고자 하는 데이터의 종류를 선택한다.

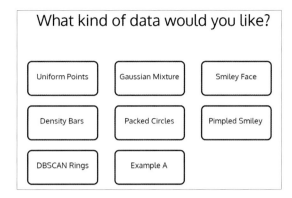

❸ I'll Choose를 선택하고 Uniform Points 데이터를 선택했을 경우 다음과 같이 클러스터링의 과정을 살펴볼 수 있다.

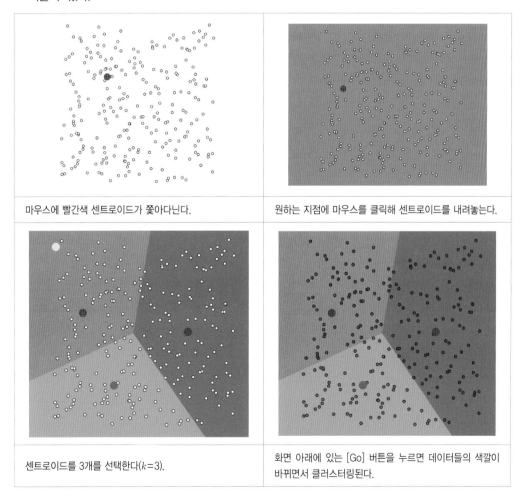

마우스에 빨간색 센트로이드가 쫓아다닌다.	원하는 지점에 마우스를 클릭해 센트로이드를 내려놓는다.
센트로이드를 3개를 선택한다($k=3$).	화면 아래에 있는 [Go] 버튼을 누르면 데이터들의 색깔이 바뀌면서 클러스터링된다.

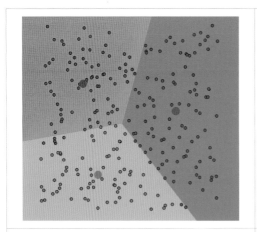

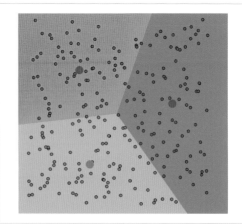

[Update Centroids]를 눌러 센트로이드의 중심점의 변화를 살펴보자.	센트로이드를 업데이트하면 센트로이드의 위치가 바뀌며 데이터들의 색이 클러스터에 맞게 바뀌는 것을 살펴볼 수 있다. 센트로이드의 중심점이 더 바뀌지 않으면 클러스터링이 완료된 것이다.

◆ 위 그림에서 분할되는 영역들은 보로노이 다이어그램(voronoi diagram)으로 나타낸 것이다. 보로노이 다이어그램은 평면상에서 가장 가까운 점 2개를 연결하고 그 선의 수직이등분선을 그어 분할해 다각형으로 나타내는 것이다.

코딩으로 체험하기 *k*-평균 알고리즘

소스 파일: 부록_5_k-평균알고리즘.sb3

1 실행하기

- 초록 깃발을 클릭한다.
- 묻고 답하기로 만들고 싶은 클러스터의 개수를 입력한다.
- 화면에 클러스터의 수만큼 센트로이드가 생기는 것을 확인한다.
- Spacebar를 누르며 클러스터링 과정을 살펴본다.

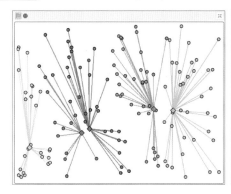
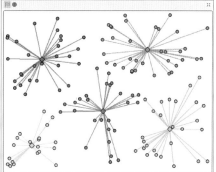

2 프로그램 설명

앞서 살펴본 시뮬레이션처럼 센트로이드의 수만큼 클러스터가 생기며 센트로이드를 중심으로 각 데이터 간의 평균 거리를 계속 계산하며 클러스터가 진행되는 과정을 살펴볼 수 있다.

AI Topic 딥페이크

다음 이미지 중에서 어느 쪽이 진짜 오바마 사진일까?

▲ 출처: 셔터스톡, https://ars.electronica.art/center/en/obama-deep-fake/

왼쪽 사진이 진짜 오바마이며 오른쪽 사진이 가짜이다. 어떻게 이런 일이 가능한 것일까? 여기에 쓰인 기술은 '딥페이크' 알고리즘이다. 딥페이크는 딥러닝(Deep Learning)과 가짜(Fake)의 합성어로 이미지를 교묘하게 합성하는 기술이다. GAN 기술을 이용해 기존의 사진이나 영상을 원본이 되는 사진이나 영상에 겹쳐서 만들어낸다. 아래 영상은 영화감독 조든 필이 가짜 동영상의 위험성을 경고하기 위해 제작한 것이다.

▲ 기존 영상 속의 오바마와 영화감독의 원본 영상(출처: https://ars.electronica.art/center/en/obama-deep-fake)

GAN 기술은 원래 자율주행 자동차나 음성 인식 비서 대화 능력 개선 등에 활용할 사진과 3차원 이미지를 만들기 위한 목적으로 개발된 것이다. 하지만 GAN 기술이 오픈 소스로 공개되면서 일반인들도 손쉽게 합성 영상을 만들 수 있게 됐고 이 기술이 가짜 영상과 음성의 합성으로 활용되면서 각종 디지털 범죄에 악용되고 있다. 이러한 문제를 해결하기 위해 국내에서는 과학기술정보통신부 주최로 매년 '인공지능 R&D 챌린지 대회'를 통해 가짜 이미지를 파악하는 기술을 공모하고 있다.

2019년 7월 미국 버니지아주는 미국 최초로 딥페이크로 조작된 사진이나 영상의 유포와 공유를 범죄로 규정하는 법을 개정했다. 이를 어길 시에는 최대 15만 달러의 손해배상을 해야 한다.

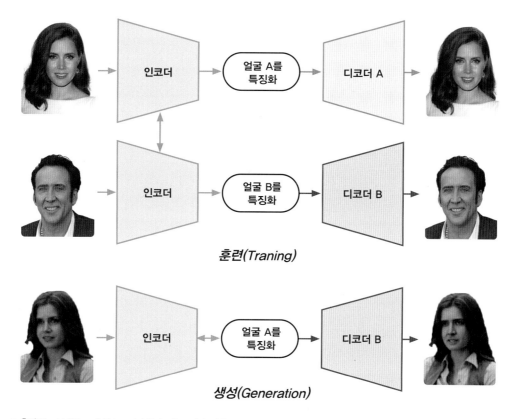

▲ 출처: David Güera & Edward J. Delp. Deepfake Video Detection Using Recurrent Neural Networks. Video and Image Processing Laboratory (VIPER), Purdue University. premiumbeat.com, 셔터스톡)

가짜 뉴스, 사진, 동영상을 감지할 수 없다면 우리는 이제 보고 듣는 모든 것을 신뢰할 수 없게 된다. 기술과 법적인 대응도 필요하지만, 이제는 정보의 진위를 판별해낼 수 있는 역량 또한 갖춰야 할 것이다.

1 비지도학습의 두 가지 유형과 종류에 대해 정리하시오.

2 k-평균 알고리즘에서 클러스터의 중심인 센트로이드를 찾아가는 과정을 간단히 설명하시오.

3 협업 필터링의 방법 중 사용자 기반과 아이템 기반의 차이점을 설명하시오.

4 콜드 스타트 문제(Cold-Start Problem)는 어떤 경우에 발생하는가?

5 GAN 알고리즘이 학습을 하는 방식에 대하여 논하시오.

6 딥페이크로 발생할 수 있는 윤리적인 문제와 이를 해결할 수 있는 방안을 논하시오.

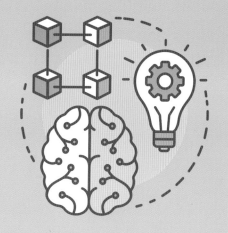

강화학습

강화학습

　강화학습은 데이터를 기반으로 하는 지도학습, 비지도학습과는 다른 종류의 학습 알고리즘이다. 사람은 스스로 학습을 하거나 부모와 교사의 가르침에 따른 지도학습으로 성장하기도 하지만 부모와 환경의 칭찬과 벌 등을 통해 바람직한 방향으로 학습하기도 한다. 강화학습에서 학습 강화를 받는 지능형 프로그램 또는 객체를 '에이전트(Agent)'라고 부른다.

지도학습과 비지도학습에서 살펴본 알고리즘은 데이터가 주어진 정적인 상태에서 학습했다면 강화학습은 에이전트(Agent)가 주어진 환경에 대해 어떤 행동을 취하고 이로부터 어떤 보상을 얻으면서 동적인 학습을 진행한다. 이때 에이전트는 보상(reward)을 최대화(maximize)하도록 학습이 진행된다. 즉, 강화학습은 일종의 동적인 상태(dynamic environment) 즉, 시간의 흐름에 따라 데이터를 수집하는 과정까지 포함돼 있는 알고리즘이다. 강화학습 알고리즘은 보상을 받는 행위를 위해서 스스로 문제점을 찾아 나가게 되는데 초반에는 인간의 개입이 어느 정도 들어갈 수 있다.

정리하자면 강화학습은 시간이 지남에 따라 보상을 최대화하기 위해 에이전트가 특정 환경의 작업 공간에서 해결 방안을 스스로 선택하도록 가르치는 기계학습 방법이다. 강화학습에는 다음과 같은 네 가지 필수 요소가 있다.

- **에이전트(Agent):** 지정한 작업을 수행하기 위해 훈련하는 프로그램
- **환경(Environment):** 에이전트가 조치를 수행하는 실제 또는 가상 세계
- **동작(Action):** 에이전트에 의한 조치로 환경의 상태가 변경
- **보상(Reward):** 긍정적이거나 부정적일 수 있는 행동의 평가 값

2 지도학습, 비지도학습 및 강화학습의 차이점

차이점 ① 정적 대 동적 처리

지도 및 비지도학습의 목표는 훈련 데이터에서 패턴을 탐색하고 배우는 것인데, 이는 매우 정적이다. 반면 강화학습은 에이전트에게 각 단계에서 실시간으로 어떤 조치를 선택해야 하는지 알려주는 동적인 방법이다.

차이점 ② 명백한 정답 없음

지도학습에서는 정답이 포함된 데이터를 활용해 학습 과정에서 사용된다. 강화학습에서는 정답이 명시적으로 제공되지 않는다. 그 대신 에이전트가 시행착오(Trial and Error)를 통해 학습한다. 학습에서 유일하게 참조하는 것은 에이전트가 행동을 취한 후 얻는 보상으로 진행 중이거나 실패했을 때 에이전트의 상태를 변경한다.

차이점 ③ **강화학습은 실시간 탐색이 필요**

강화학습의 에이전트는 환경 탐색, 보상을 얻는 새로운 방법 찾기와 이미 발견된 보상의 정책을 활용하는 등의 올바른 균형을 찾아야 한다. 대조적으로 지도학습과 비지도학습 알고리즘은 다른 답변을 탐색하지 않고도 훈련 데이터에서 직접 답을 적용한다.

차이점 ④ **강화학습은 다중 결정 프로세스**

강화학습은 다중 결정 프로세스이다. 특정 작업을 마치는 데 필요한 과정에서 의사결정 체인을 형성한다. 반대로 지도학습은 단일 결정 프로세스, 즉 하나의 예를 통한 하나의 예측을 학습한다.

현재 강화학습에서 사용되는 대표적인 기법은 확률 기반 정책 그레이디언트(Probability-based Policy Gradients)와 값 기반 Q-러닝(Value-based Q-learning) 방법을 사용한다.

> Q-러닝은 강화학습 기법의 하나다. 주어진 상태에서 주어진 행동을 수행하는 것이 가져다줄 효용의 기대값을 예측하는 함수인 Q 함수(행동값 함수, 상태와 행동에 따라 결정되는 값)를 학습함으로써 최적의 정책을 학습하기 때문에 'Q-러닝'이라는 이름이 붙었다.

3 강화학습의 사례

강화학습을 모델링 하는 첫 번째 단계는 앞서 정의한 네 가지 요소-에이전트, 환경, 동작, 보상이 무엇인지 결정하는 것이다. 각 요소가 정의되면 작업을 요소에 맵핑할 수 있다. 몇 가지 실생활 문제를 강화학습으로 정의해 보자.

■ 웹페이지에 광고를 배치하는 문제

- **에이전트(프로그램):** 페이지에 적합한 광고 수를 결정하는 프로그램
- **환경(공간):** 웹 페이지와 사이버 공간
- **동작(결정):** 세 가지 중 하나를 결정
  ❶ 다른 광고를 페이지에 추가하기
  ❷ 페이지에서 광고를 삭제하기
  ❸ 추가하거나 제거하지 않기
- **보상(수익):** 매출이 증가하면 긍정적(양수), 매출이 떨어지면 부정적(음수)

이 강화학습 모델의 시나리오는 다음과 같다.

에이전트는 환경(웹페이지의 내용)을 관찰하고 현재 상태를 얻는다. 상태는 웹 페이지에 몇 개의 광고가 있고 광고를 배치할 더 많은 공간이 있는지 여부다. 그런 다음 에이전트는 각 단계에서 수행할 세 가지 작업(다른 광고를 페이지에 추가하기, 광고를 삭제하기, 그대로 놔두기 등) 중하나를 선택한다. 수익이 증가할 때마다 긍정적인 보상을 받고 수익이 감소할 때마다 부정적인 보상을 받도록 프로그래밍하면 효과적인 광고 정책을 개발할 수 있다.

2 개인화(적응형, 지능형) 학습 시스템 만들기

- **에이전트:** 온라인 학습 카달로그에서 다음에 무엇을 표시할지 결정하는 프로그램
- **환경:** 학습 시스템
- **조치:** 새로운 학습 비디오와 광고를 재생
- **보상:** 사용자가 제시된 학습 비디오를 클릭하기로 선택한 경우 긍정적 보상 추가, 사용자가 비디오 안의 광고를 클릭하면 더 큰 긍정적인 보상 추가, 사용자가 시스템을 이탈할 경우 부정적 결과 추가

이 프로그램은 개인별 수업 시스템을 보다 가치 있게 만들 수 있다. 사용자는 더욱 효과적인 학습의 이점을 누릴 수 있고 시스템은 더욱 효과적인 광고를 통해 이익을 얻을 수 있다.

3 보행 로봇 제어하기

- **에이전트:** 보행 로봇을 제어하는 프로그램
- **환경:** 현실 세계의 공간 또는 미로 공간
- **액션:** 4개의 방향(상하좌우) 중 한 방향으로 이동
- **보상:** 목표 목적지에 접근할 때 긍정적 보상, 시간을 낭비하거나 잘못된 방향으로 진행되거나 쓰러지면 부정적 반응 추가

이 에이전트는 로봇이 받은 보상에 따라 정책을 조정함으로써 로봇이 보다 효과적으로 움직이도록 스스로 가르칠 수 있다.

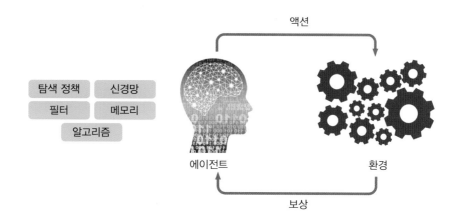

액션

탐색 정책　신경망
필터　메모리
알고리즘

에이전트　　　　　환경

보상

④ 게임에서 적용하기

강화학습의 유명한 예제인 'Frozen Lake'라는 게임이 있다. 이 사각형의 테이블은 얼음 호수 표면, 파란색 박스는 출발점, 노란 박스는 도착점, 회색 박스는 구멍이다.

출발점			
	구멍		구멍
			구멍
구멍			도착점

- **에이전트:** 이동하는 사람(로봇)
- **환경:** 얼음판과 깨진 구멍
- **액션:** 4개의 방향(상하좌우) 중 한 방향으로 이동
- **보상:** 노란 목적지에 접근할 때 긍정적 보상, 시간을 낭비하거나 잘못된 방향으로 진행되거나 쓰러지면 부정적 반응

이 게임의 목표는 출발점에서 시작해 도착점까지 구멍에 빠지지 않고 무사히 도착하는 것이다. 먼저 무턱대고 출발하면 아무런 사전 정보가 없으니 계속 구멍에 빠지거나 제자리를 뱅뱅 돌면서 좀처럼 목표에 도달하지 못한다. 이렇게 계속 실패를 하다가 우연히 목표에 도달하는 경우에 보상 점수를 부여하는데, 보상은 노란색 박스 바로 앞에서 노란색 박스로 이동한 마지막 행위에 대해 주어진다(빨간색 1점). 그리고 다시 학습을 시작하는데, 계속 실패하다가 우연히 빨간색 1점이 있는 박스로 들어가는 경우 이때 또 상점이 부여된다(파란색 1점). 이와 같은 행위

를 계속하면 언젠가 출발점에서 도착점까지 무사히 갈 수 있는 경로가 만들어진다. 그러나 이 게임은 간단한 게임이라 막무가내 식으로 학습할 수 있지만 복잡한 현실 문제에서는 이 방법만으로는 성공하기 어렵다. 따라서 이 기법을 사용할 때는 일정 기간 죽지 않고 살아만 있어도 보상을 준다든가, 매번 확인된 길만 가는 게 아니라 일정 비율로 안 가본 길도 가도록 하는 등의 좀 더 복잡한 학습 체계와 보상 체계를 적용한다.

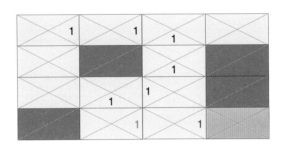

알파고 같은 경우는 초반에 바둑 프로들이 둔 기보를 통해서 성장하다가 나중에 일파고 대 일파고의 대결로 새로운 기보를 만들어내고 끊임없이 성장해 나가게 되는데 이 이유는 지도학습을 적용한 것뿐 아니라 강화학습이 포함됐기 때문에 가능한 것이다.

▲ 출처: 하버드 비즈니스 리뷰(hbr.org/2016/03/alphago/arel-the-declining-advantage-of-big-companies)

 간단한 강화학습 에이전트 만들기

다음과 같이 폭탄에 불이 붙은 상황에서 절단기를 들고 폭탄의 실을 끊어버리는 간단한 에이전트를 만들고자 한다. 이동에 대한 행동에 있어서 폭탄 쪽으로 이동하면 −보상(벌)을 받고 절단기 쪽으로 이동하면 +보상(상)을 받는다.

	① 관찰 ② 정책 활용해 행동하기
앗. 점수가 깎였어…. −10점	③ 행동 ④ 보상 또는 벌칙받기
폭탄 = 벌칙 절단기 = 상 +10점	⑤ 정책 수정(학습 단계) ⑥ 최적 정책을 찾을 때까지 반복

이를 간단하게 추상화해 나타내보면 다음과 같다.

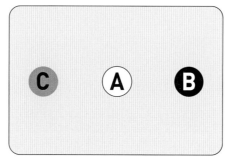

▲ A에서 B로 이동하자.

A에서 B로 스스로 이동하는 로봇을 구축하는 과정은 다음과 같다.

강화학습의 요소

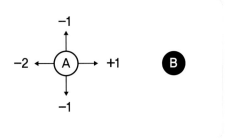

A에서 B로 가까이 가면 +1점 보상

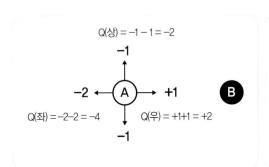

Q(At) : 각 행동이 가져올 미래의 가치

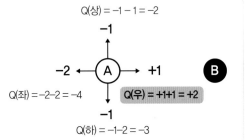

Q(At) : 보상이 높은 쪽으로 이동하는 정책 사용

강화학습은 결정을 순서대로 해야 하는 문제에 적용할 수 있다. 순차적으로 내려야 하는 문제를 정의할 때 사용하는 계산적 방법이 바로 마르코프 결정 프로세스(MDP, Markov Decision Process)이다. 환경과 상태가 변했을 때 정책을 어떻게 할지 각 상태의 결정 프로세스를 계산해 이동하도록 하는데, 이러한 과정의 연결 과정을 '마르코프 체인(Markov Chain)'이라 한다.

Q(At)가 결정하는 프로세스의 각 상태가 되며 Q(At)의 값 즉, 보상이 높은 쪽으로 이동하는 정책을 사용한다.

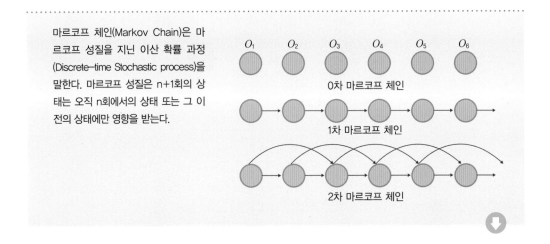

마르코프 체인(Markov Chain)은 마르코프 성질을 지닌 이산 확률 과정(Discrete-time Stochastic process)을 말한다. 마르코프 성질은 n+1회의 상태는 오직 n회에서의 상태 또는 그 이전의 상태에만 영향을 받는다.

마르코프 모델은 이러한 가정하에 만든 확률적 모델로 가장 먼저 각 상태(state)를 정의한다. 그렇게 한 다음은 각 상태에서 각 상태로 이동할 확률인 상태 전이 확률(state transition probability)을 정의한다. 이러한 상태와 상태 전이 확률을 정리해 상태 전이도(state transition diagram)로 표현할 수 있다.

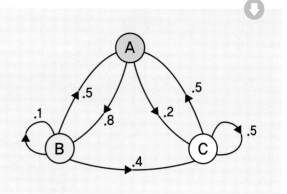

5 Q-Learning 알고리즘

로봇이 호수 가운데서 육지로 이동하려고 한다. A 또는 E로 나가야 F인 육지로 이동할 수 있다.

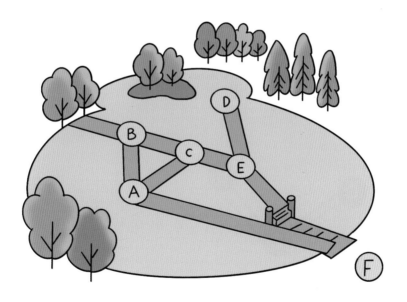

로봇의 이동 경로를 상태 그래프로 추상화해보자.

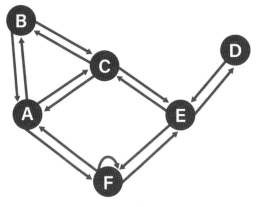

육지: 목표 상태

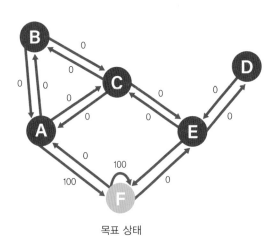

목표 상태

육지로 바로 이동할 수 있는 경로에 100점을 배정하고 나머지는 0점으로 정한다.

이제 어느 상태이든지 육지인 F로 이동하는 효율적 방법을 학습시켜보자.

이때 Q-러닝을 사용한다. 각각의 알파벳(노드)이 상태(state), 이동 경로가 행위(action)이다.

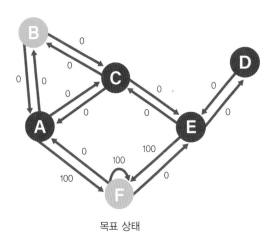

목표 상태

B에서 F로 이동해본다.

왔던 길을 되돌아가거나 먼 곳을 돌아간다면 수많은 경로가 존재한다. 하지만 합리적인 경로는 B-A-F이다. B에서 D로는 갈 수 없다.

우리의 눈에는 경로가 바로 보여 합리적인 길을 찾아갈 수 있지만, 눈을 가린 상태에서, 또는 계산만 가능한 로봇이라면 시행착오(Trial and Error)를 통해 길을 찾아야 한다.

$$R = \begin{array}{c} \\ \\ state \\ \\ \\ \\ \\ \end{array} \begin{array}{c} \\ A \\ B \\ C \\ D \\ E \\ F \end{array}$$

action	A	B	C	D	E	F
A	−1	0	0	−1	−1	100
B	0	−1	0	−1	−1	−1
C	0	0	−1	−1	0	−1
D	−1	−1	−1	−1	0	−1
E	−1	−1	0	0	−1	100
F	0	−1	−1	−1	0	100

이를 보상–매트릭스(R-matrix)로 표현하면 다음과 같다.

서로 연결되지 않은 에지들은 −1로 채운다.

R-matrix를 이용해 각 이동 경로를 학습하기 위한 Q-matrix를 만든다.

Q(state, action) = R(state, action) + Gamma ∗ Max(next state, all actions)

Q(state, action) 다음 상태와 행동

R(state, action) 현재 상태와 행동

Gamma 0∼1 사이의 값. 0에 가까우면 다음의 보상만 고려하기 때문에 빨리 최적의 행동을 결정함. 1에 가까우면 당장 보상은 적지만 더 먼 미래의 수까지 내다보며 행동을 결정함. 최적의 Gamma 값은 실험을 통해 최적의 값을 찾아야 함.

Q-러닝을 해보자. Gamma = 0.7로 임의로 정한다. 처음 Q-matrix는 모두 0으로 초기의 값을 갖는다.

R =

action	A	B	C	D	E	F
A	−1	0	0	−1	−1	100
B	0	−1	0	−1	−1	−1
C	0	0	−1	−1	0	−1
D	−1	−1	−1	−1	0	−1
E	−1	−1	0	0	−1	100
F	0	−1	−1	−1	0	100

Q =

action	A	B	C	D	E	F
A	0	0	0	0	0	0
B	0	0	0	0	0	0
C	0	0	0	0	0	0
D	0	0	0	0	0	0
E	0	0	0	0	0	0
0	0	0	0	0	0	0

현재 상태를 A, 행위를 A에서 F로 간다면 학습 식은

Q(state, action) = R(state, action) + Gamma ∗ Max(next state, all actions)

Q(A, F) = R(A, F) + 0.7 ∗ Max(Q(F, A), Q(F, E), Q(F, F))

= 100+0.7 ∗ Max(0, 0, 0) = 100 + 0.7 ∗ 0 = 100

Q(A, F) = 100이므로 Q-matrix를 수정한다.

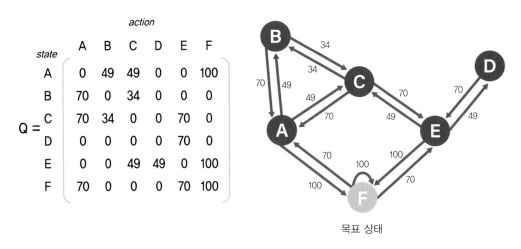

$$R = \begin{array}{c} \\ state \end{array} \begin{array}{c} A \\ B \\ C \\ D \\ E \\ F \end{array} \begin{pmatrix} 0 & 0 & 0 & 0 & 0 & 0 \\ 0 & 0 & 0 & 0 & 0 & 0 \\ 0 & 0 & 0 & 0 & 0 & 0 \\ 0 & 0 & 0 & 0 & 0 & 0 \\ 0 & 0 & 0 & 0 & 0 & 0 \\ 0 & 0 & 0 & 0 & 0 & 0 \end{pmatrix}$$

이처럼 모든 상태와 행동을 Q-러닝의 과정으로 계산해 최종 Q-matrix를 구한다.

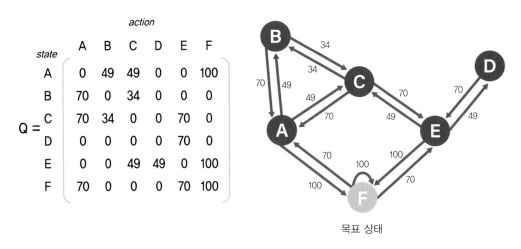

이처럼 모든 상태와 행동을 Q-러닝의 과정으로 계산해 최종 Q-matrix를 구한다.

state	A	B	C	D	E	F	
A	0	49	49	0	0	**100**	
B	**70**	0	34	0	0	0	
C	**70**	34	0	0	**70**	0	
D	0	0	0	0	**70**	0	
E	0	0	49	49	0	**100**	
F	**70**	0	0	0	70	**100**	

각 상태에서 목표 상태(F)로
이동하기 위한 최적값

AF(가중값 100)

B ➡ A(가중값 70)

C ➡ A, E(가중값 70)

D ➡ E(가중값 70)

E ➡ F(가중값 100)

F ➡ F(가중값 100)

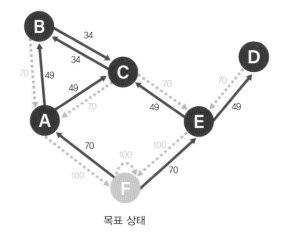

목표 상태

코딩으로 체험하기 ❶ Q-Learning으로 길 찾기

소스 파일: 부록_6_Q-Learning1.sb3

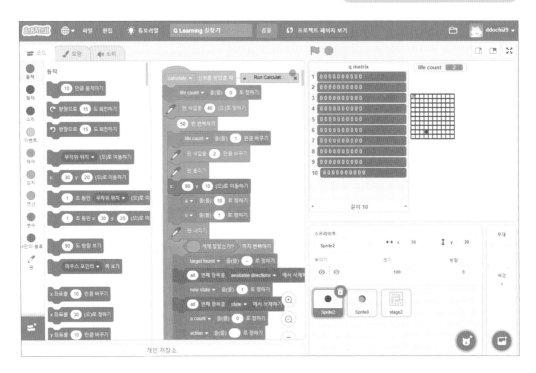

① 실행하기

- 초록색 깃발을 클릭한다.
- 빨간색 공이 연두색 궤적을 그리며 초록색 공이 있는 곳까지 계속 탐색한다.
- 왼쪽에 보이는 Q-matrix 리스트는 오른쪽에 보이는 격자 칸 10×10을 배열해 놓은 것이며 빨간색 공이 길을 찾아갈 때마다 값이 바뀐다.
- life count 변수를 두어 초록색 공에 닿을 때마다 1씩 누적되며 50회 반복한다.
- 터보 모드를 사용하면 더 빠른 실행 과정을 볼 수 있다.

② 프로그램 설명

이 프로그램에서는 앞서 설명한 바와 같이 R-matrix를 이용해 각 이동 경로를 학습하기 위한 Q-matrix 로 공이 가장 빠른 길을 찾아가는 강화학습의 과정을 보여주고 있다. 여기에서는 Gamma 값이 초깃값으 로 0.9가 설정돼 있으므로 Gamma 값을 0.5와 0.99로 바꿔가며 그 변화를 살펴보자.

코딩으로 체험하기 ❷ Q-Learning 게임

소스 파일: 부록_7_Q-Learning2.sb3

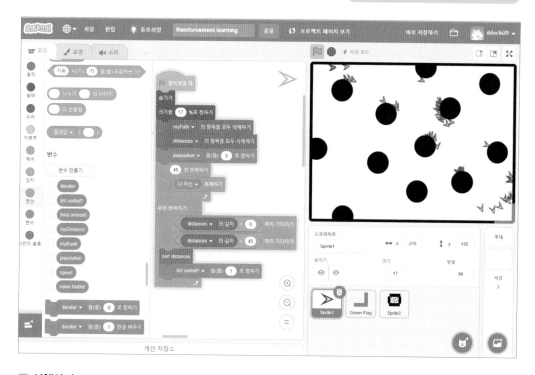

1 실행하기

- 초록색 깃발을 클릭한다.
- 왼쪽 위에서 50마리에 새떼가 날아서 오른쪽 아래 초록색의 목적지까지 장애물에 부딪히지 않고 가는 것이 목표이다.
- 학습 시간이 오래 걸리므로 터보 모드로 설정해 실행한다.
- Spacebar 를 누르면 장애물을 다양하게 설정할 수 있다.

2 프로그램 설명

　이 프로그램은 새떼가 벽과 장애물에 부딪히지 않고 목적지까지 이동하는 시뮬레이션이다. 벽과 장애물을 피해 이동하면 보상을 받으며 Q-Learning을 실행한다. 많은 새떼가 강화학습을 통해 경로를 찾아가는 과정을 살펴보자.

강화학습은 지능을 가진 동물이 시행착오를 통해 학습하는 방법의 하나다. 스키너의 쥐 실험을 보자. 쥐를 상자에 가둔다. 배가 고파오자 주위를 돌아다닌다. 우연히 지렛대를 누르자 먹이가 아래 구멍으로부터 나온다. 먹이를 먹어치우고 아래 구멍을 본다. 아직 지렛대와 먹이의 상관관계를 모른다. 돌아다니다가 다시 지렛대를 우연히 누른다. 먹이가 나오고 먹어치운다. 이러한 행동이 반복되자 지렛대와 먹이의 상관관계를 알게 된다. 이러한 과정을 반복하면서 쥐는 지렛대를 누르면 먹이가 나온다는 것을 학습한다.

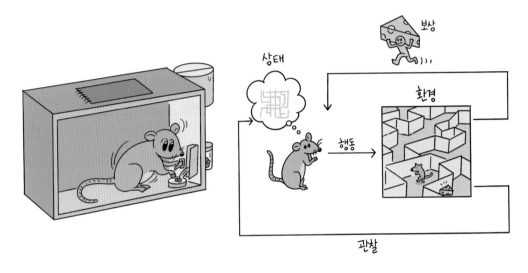

▲ 출처: https://e27.co/skinner-box-clicks-galore-with-casual-games/

강화학습의 핵심은 보상을 얻게 해주는 행동 횟수의 증가, 즉 강화이다. 아기들은 세상과의 반응을 통해 학습하고 부모와 주변의 칭찬과 보상을 통해 성장한다. 이것이 행동심리학에서 보는 강화학습이다. 파블로프의 개와 음식의 실험도 인터넷 검색을 통해 읽어보자.

기계에서의 강화학습은 행동의 대상 즉, 객체를 에이전트라 하고 보상을 통해 학습한다. 보상은 에이전트가 선택한 행동에 대한 환경의 반응이다. 에이전트 행동의 결과로 나타나는 보상을 통해 학습하고 보상을 얻게 하는 행동을 점점 많이 하도록 학습하면 된다. 최적의 행동 방식 또는 정책을 학습하는 과정이 강화학습이다.

평가 확인해보기

1 에이전트(Agent)란 무엇인지 간단히 설명하시오.

2 위의 에이전트를 활용해 강화학습의 개념을 설명하시오.

3 지도학습과 비지도학습, 강화학습의 차이점에 관하여 다음 빈칸을 채우시오.

지도학습	비지도학습	강화학습
훈련 데이터에서 패턴을 탐색(정적)		
정답이 포함된 데이터를 활용하여 학습 과정에서 사용		
다른 답변을 탐색하지 않고, 훈련 데이터에서 답을 적용		
단일 결정 프로세스		

4 강화학습의 사례를 강화학습의 필수 요소 네 가지에 맞게 한 가지만 선택해 논하시오.

- 에이전트 :
- 환경 :
- 동작 :
- 보상 :

5 마르코프 결정 프로세스가 무엇인지 간단하게 논하시오.

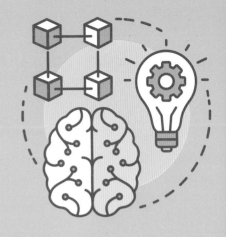

Chapter 10

신경망과 딥러닝

1 → 인공 신경망

인공 신경망에 대한 최초의 발상은 1943년 신경과학자인 워렌 맥컬로(Warren S. McCulloch)와 논리학자인 월터 피츠(Walter Pitts)가 함께 제안한 'McCulloch-Pitts 뉴런' 모델에서 시작됐다. 사람의 신경세포로 전달되는 여러 개의 자극 값의 합이 일정치를 넘어서면 다음 세포로 전달되고 못 미치면 그냥 소멸이 되는 방식으로 작동이 되는 것을 보고 기계로도 구현할 수 있지 않을까 생각하게 된 것이다.

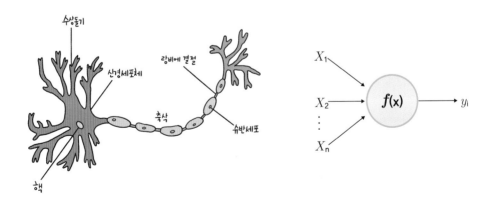

이들은 사람 뇌 신경세포를 복잡한 스위치들이 연결된 네트워크로 표현했다.

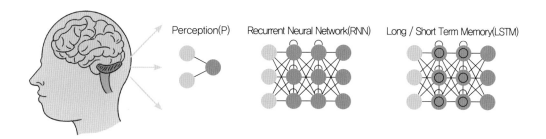

| Perception(P) | Recurrent Neural Network(RNN) | Long / Short Term Memory(LSTM) |

 단층 퍼셉트론

앞선 뇌 연구를 바탕으로 1957년 코넬 항공 연구소의 과학자 프랭크 로젠블랫(Frank Rosenblatt)은 수학 모델로 가장 단순하게 구현한 '단층 신경망(퍼셉트론)' 모형을 제안했다. 단층 퍼셉트론은 다수의 입력 신호(X)를 받아서 하나의 출력신호(Y)를 내보낸다. 다수의 입력을 받았을 때 각 입력 신호의 세기에 따라 다른 가중값을 부여한다. 입력받은 값을 모아서 일정한 값(임계치, 역치)을 초과한다면 그 결과를 다른 뉴런으로 전달하게 된다. 이때 효과적인 출력값을 만들기 위해 활성화 함수(f)를 사용한다. 이러한 학습 알고리즘을 인공 신경망(ANN, Artificial Neural Network)이라 한다.

▲ 프랭크 로젠블랫

이를 뉴런 신경 모델, 구조적 모델 그리고 수학 모델로 표현하면 다음과 같다. 뉴런에서 보내온 신호의 총합이 정해진 한계를 넘어설 때만 1을 출력하게 된다.

수학 모델	$Y = \text{Activation Function}(X * W + b)$ $W =$ 가중값, $b =$ (편향 Bias)
구조적 모델	X_1 $X_2 \rightarrow f(x) \rightarrow y_i$ $\vdots$ X_n
뉴런 신경 모델	

이 당시의 컴퓨터에서는 컴퓨터의 기초 연산인 OR 연산과 AND 연산의 학습을 통해 두 연산의 결괏값인 1, 0을 선형적으로 분리할 수 있었으므로 퍼셉트론을 실제 구현할 수 있었다.

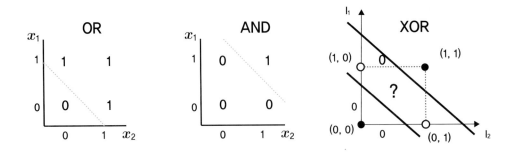

하지만 XOR 연산에서는 입력값이 서로 달라야 결괏값이 1이 되는 연산이라 선형인 직선으로는 도저히 분리할 수 없었다. 한동안 이 문제를 해결하지 못해 신경망은 침체기에 빠지며 1970년대 말 인공지능의 1차 겨울이 시작됐다.

③ 다층 퍼셉트론

1980년대 들어 인공지능의 침체기에도 묵묵히 인공 신경망을 연구한 데이비드 맥클랜드(McClelland David) 그리고 제프리 힌턴(Geoffrey Hinton)이 집필한 『병렬 분할 처리』라는 책을 통해 다층 신경망의 개념이 등장했다. 기존의 퍼셉트론이 선 하나로 해결할 수 없는 문제가 있었던 반면 중간에 은닉층을 더 추가함으로써 다음과 같이 선을 추가로 긋는 효과를 얻어 XOR 문제를 해결할 수가 있게 된 것이다. 다층 신경망의 활성화 함수(Activate Function)는 S자 모양의 시그모이드(Sigmoid) 함수를 사용한다.

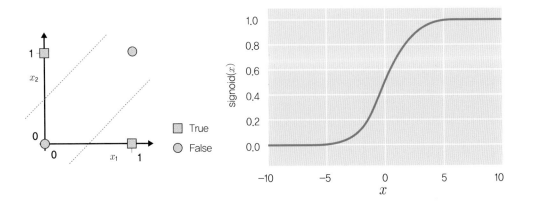

단층 퍼셉트론과 다층 신경망에서는 매개변수로 가중값과 편향 값을 사용자가 임의로 조정했는데 신경망 개념을 도입하면 이를 자동으로 학습해 적절한 값을 대입할 수 있다. 다층 신경망은 입력층, 은닉층, 출력층으로 나눠진다.

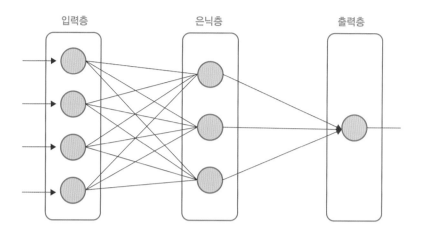

인공 신경망의 학습 과정을 살펴보자.

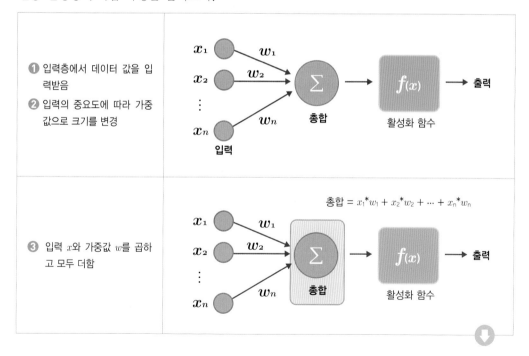

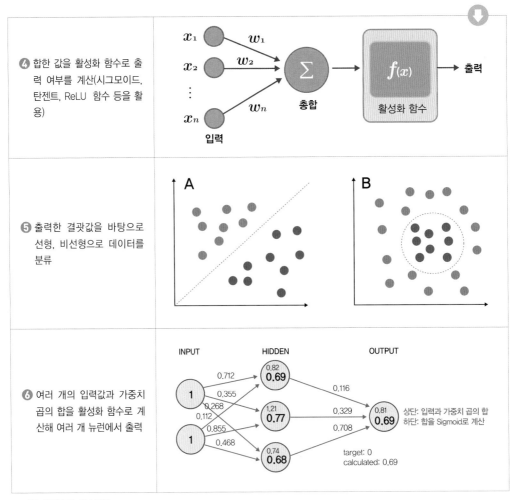

❹ 합한 값을 활성화 함수로 출력 여부를 계산(시그모이드, 탄젠트, ReLU 함수 등을 활용)	x_1 w_1 x_2 w_2 $\vdots$ x_n w_n 입력 총합 Σ 활성화 함수 $f(x)$ 출력
❺ 출력한 결괏값을 바탕으로 선형, 비선형으로 데이터를 분류	A B
❻ 여러 개의 입력값과 가중치 곱의 합을 활성화 함수로 계산해 여러 개 뉴런에서 출력	INPUT HIDDEN OUTPUT 상단: 입력과 가중치 곱의 합 하단: 합을 Sigmoid로 계산 target: 0 calculated: 0.69

▲ 다층 신경망의 계산 방법

신경망에서는 활성화 함수로 여러 가지 함수를 사용한다. 신경망 초기에는 출력값이 0과 1이 나오는 계단 형식의 계단 함수를 사용하는데, 시그모이드는 부드러운 S자 모양의 곡선으로 입력에 따라 출력이 연속적으로 변하며 출력값을 실수로 보여준다. 하지만 최근에는 ReLu(렐루) 함수를 주로 이용해 0이하의 값은 무시하고 0을 넘으면 그대로 출력을 한다.

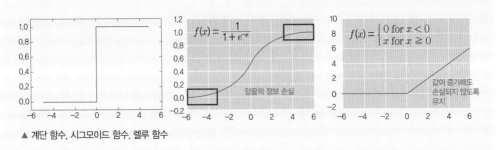

▲ 계단 함수, 시그모이드 함수, 렐루 함수

다층 신경망에서 각 뉴런의 가중값을 찾기 위해서는 그 연산 횟수가 엄청나다. 가중값을 조정하기 위해서는 신경망의 학습에서 나타나는 오류를 줄이기 위해 '경사 하강법(Gradient Descent)'이라는 방법을 사용한다.

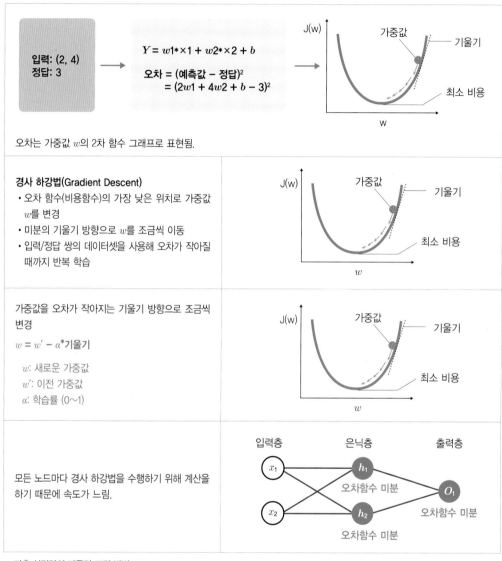

▲ 다층 신경망의 가중값 조정 방법

그래디언트 소실(Vanishing Gradient)
• 히든 레이어를 늘려야 복잡한 문제해결이 가능하나 신경망이 깊어질수록 오차의 그래디언트가 사라져 학습이 되지 않음.

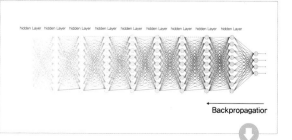

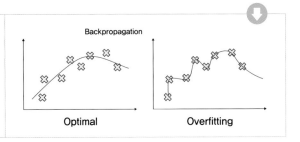

과대 적합(Overfitting)
• 신경망이 깊어질수록 너무 정교한 패턴을 감지하고 훈련 데이터에 과도하게 학습돼 새로운 입력에 대한 정확성이 떨어짐.

▲ 다층 신경망의 문제점

본래 퍼셉트론은 전방향 전파 과정에서 가중값을 조정하는 학습을 했다. 그러나 다층 퍼셉트론은 은닉층이 추가되면서 계산량이 많아지며 이 방법을 사용하기에 매우 어려워졌다. 1986년 데이비드 맥클레랜드(David McClelland) 그리고 제프리 힌턴(Geoffrey Hinton)이 역전파(Backpropagation) 알고리즘을 제안하며 해결의 실마리를 제공했다. 오차 역전파는 오차의 기울기(Gradient)를 한 번만 미분하고 그 결과를 뒤로 전파하면서 재사용하는 것이다. 이로써 계산량이 많은 다층 신경망을 현실적으로 활용하는 것이 가능해졌다.

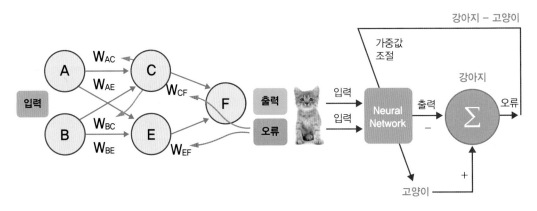

▲ 역전파 알고리즘의 사용

신경망의 특징은 데이터를 통해 학습을 할 수 있다는 것이다. 데이터를 통해 학습한다는 것은 가중값을 데이터의 특징과 정답을 활용해 자동으로 결정한다는 뜻이다. 퍼셉트론에서는 수작업으로 매개변수의 가중값을 설정했지만, 실제 신경망에서 설정하려면 수천, 수만 개에 이른다. 이렇게 수많은 매개변수를 사람이 직접 설정할 수 없으므로 오류 역전파 알고리즘을 통한 신경망 학습을 통해 자동으로 결정할 수 있다. 즉, 수집된 데이터의 학습을 통해 규칙을 찾아내는 일을 '기계'가 담당하게 된 것이다.

하지만 인공 신경망 학습에 걸리는 시간이 너무 오래 걸린다는 점, 부분 최적화로 인해 현실적인 사용이 어렵다는 점, 사전 훈련 데이터에 지나치게 맞춰져 실제 적용에서 제대로 작동되지 않는다는 점 등의 문제가 생기면서 인공지능의 2차 겨울을 맞이하게 된다.

딥러닝

2000년대에 들어서며 인공지능 알고리즘의 개선, 빅데이터의 등장, 컴퓨팅 파워의 비약적인 향상으로 인해 기존 인공지능의 한계점을 극복하면서 깊은 구조를 가진 딥러닝 기술이 대두됐고 이를 통해 2차 인공지능 겨울의 문제를 해결하게 됐다.

| 빅데이터의 증가 | 인공지능 알고리즘 구현 | 컴퓨팅 파워 성능 향상 | → | AI 시장 급속 확대 |

딥러닝은 많은 레이어를 가진 다층 신경망을 지칭한다. 신경망의 은닉층이 많아지면 계산량이 지수적으로 증가하는 대신 여러 가지를 분류할 수 있는 능력이 생긴다. 은닉층이 많아지면 인공 신경망이 '깊어졌다(deep)'라고 하는데, 이를 두고 '딥러닝(Deep Learning)' 또는 '심층 신경망(Deep Neural Network, DNN)'이라는 이름이 붙었다. 일반적으로 기존 신경망에서 은닉층과 출력층이 2개 이상이 되면 '심층 신경망'이라 한다.

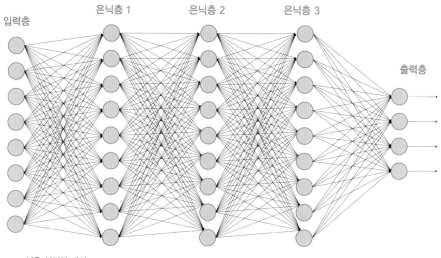

▲ 심층 신경망 예시

딥러닝은 입력 데이터를 기반으로 기대하는 출력에 가깝게 만들기 위해 여러 개의 층을 두어 학습한다. 퍼셉트론과 다층 신경망에서처럼 딥러닝의 학습도 주어진 입력을 정확한 출력에 맞추기 위해 신경망의 모든 층에 있는 가중값을 찾는 것을 말한다.

또 신경망의 출력값이 기대하는 것보다 얼마나 벗어났는지를 측정하며 관찰해야 하는데, 이때에는 '손실 함수(Loss Function)'를 이용해야 한다. 신경망이 한 샘플에 대해 얼마나 잘 예측했는지 측정하기 위해 손실함수가 신경망의 예측과 실제 출력으로 기대하는 값의 차이를 점수로 계산을 한다.

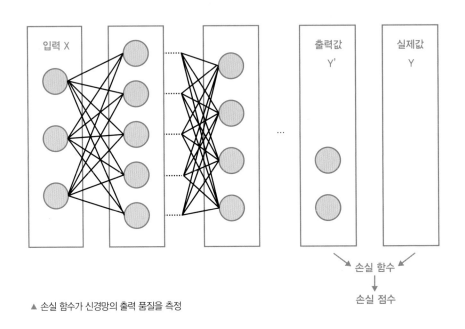

▲ 손실 함수가 신경망의 출력 품질을 측정

학습 초기에는 가중값이 랜덤하게 할당이 돼 손실 점수가 높아지지만 학습이 진행되면 네트워크가 가중값을 조금씩 올바른 방향으로 조정하며 손실 점수를 줄이게 된다. 이를 '훈련 반복'이라 한다. 충분한 횟수만큼 반복(일반적으로 수천 개의 샘플에서 수십 번 반복)하면 손실 값을 최소화하는 가중값을 산출한다.

이렇게 딥러닝은 이 점수를 피드백 신호로 사용해 현재 샘플의 손실 점수가 감소하는 방향으로 가중값을 조금씩 수정한다. 샘플을 통한 학습으로 신뢰도를 높이기 때문에 데이터가 많을수록 학습이 정교해진다. 딥러닝에서 은닉층이 복잡해지면 컴퓨터가 가중치값들을 어떤 값들로 채우는지, 그 값들이 어떤 의미를 지니고 어떤 특징을 갖는지 알기 어렵다. 기존의 '논리적인 접근 방식'에서 '실험적 접근 방식'으로 개념이 바뀌는 것이다. 그러므로 딥러닝은 반복적인 실험과 수정을 통해 사람들에게 필요한 데이터 처리 모델을 만드는 새로운 패러다임이라 할 수 있다.

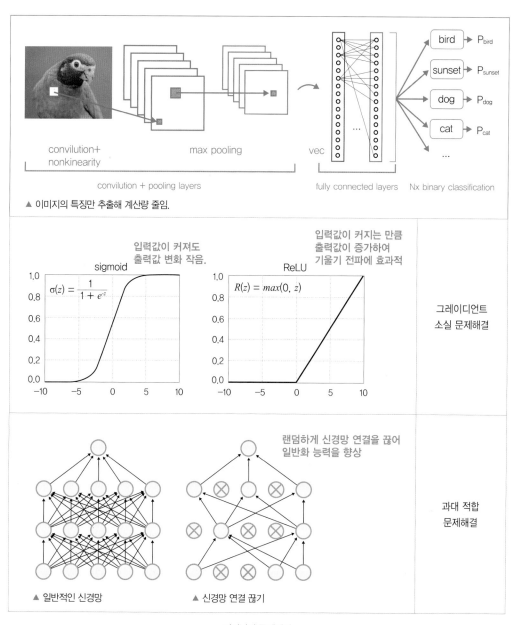

▲ 이미지의 특징만 추출해 계산량 줄임.

입력값이 커져도
출력값 변화 작음.

sigmoid

$$\sigma(z) = \frac{1}{1 + e^{-z}}$$

입력값이 커지는 만큼
출력값이 증가하여
기울기 전파에 효과적

ReLU

$$R(z) = max(0, z)$$

그레이디언트
소실 문제해결

랜덤하게 신경망 연결을 끊어
일반화 능력을 향상

과대 적합
문제해결

▲ 일반적인 신경망   ▲ 신경망 연결 끊기

딥러닝의 문제해결

최근의 딥러닝 모델은 GPU 성능 향상으로 인한 연산 시간의 단축과 대량으로 쏟아져 나오는 빅데이터를 학습에 이용하게 되면서 획기적인 발전을 이루며 다음과 같은 문제에 적용하고 있다.

- 사람과 유사한 수준의 이미지 분류, 영상 인식
- 사람과 유사한 수준의 음성 인식
- 사람과 유사한 수준의 필기 인식
- 향상된 기계 자동 번역

- 향상된 TTS(Text–To–Speech) 변환
- 구글 나우, 아마존 알렉사와 같은 디지털 비서
- 사람과 유사한 수준의 자율주행 능력
- 구글, 바이두(Baidu), 빙(Bing)에서 사용하는 광고 타깃팅
- 향상된 웹 검색 엔진의 결과
- 자연어 질문에 대답하는 능력
- 사람을 능가하는 바둑과 게임 실력

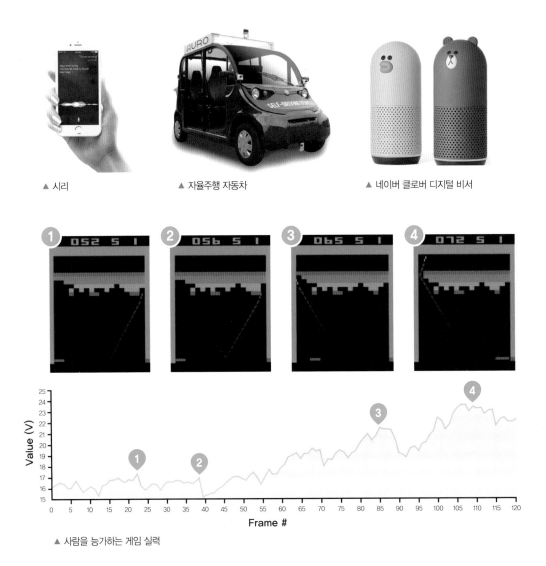

▲ 시리　　　　　　　　　▲ 자율주행 자동차　　　　　　　　　▲ 네이버 클로버 디지털 비서

▲ 사람을 능가하는 게임 실력

시뮬레이션 신경망 체험하기

다음 사이트에 접속하거나 검색어를 입력해 신경망 모델을 체험해보자.

https://playground.tensorflow.org

구글 검색어	tensorflow playground

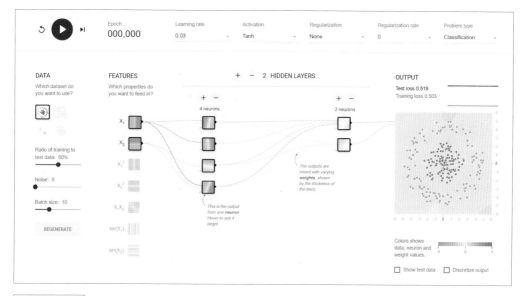

데이터에서 원형 자료를 선택해 실행 버튼(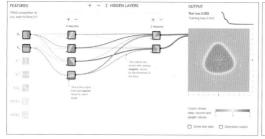

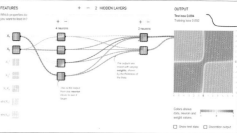

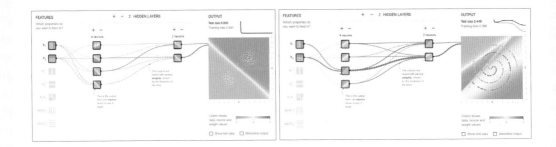

데이터는 파란색과 주황색의 점의 두 가지 타입과 네 가지 형태로 배치됐다. 네 가지 배치 데이터 중에서 마지막 달팽이 모양의 데이터는 파란색과 주황색으로 잘 분리되지 않는 것을 볼 수 있다.

데이터의 파란색과 주황색을 고양이와 개로 연결 짓거나 사과나 배, 남자와 여자 등으로 연결 지어 분류하는 것으로 보면 쉽게 이해할 수 있다.

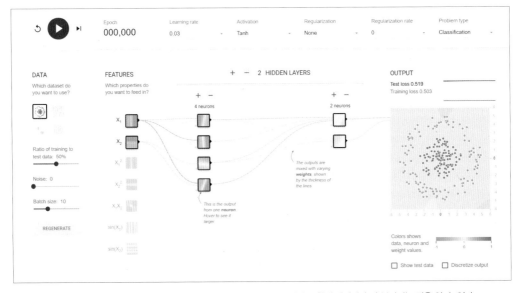

▲ 은닉층(hidden layer)을 3개로 늘리고 은닉층의 뉴런 개수를 늘리자 파란색과 주황색 데이터가 잘 분리되는 것을 알 수 있다.

실험 은닉층의 레이어를 더 늘리고 뉴런의 개수도 늘려 구분이 잘 되는지 시뮬레이션을 해보고 다음 질문에 답해보자.

- ◆ 레이어가 많을수록 뉴런이 많을수록 학습이 잘 되는가?
- ◆ 어느 정도의 레이어와 뉴런이 학습이 잘 이뤄질까?

참고 이 사이트에서 제공하는 텐서플로우의 레이어는 최대 6개 층까지, 각 레이어는 8개의 뉴런까지 배치할 수 있다.

• 텐서플로 실험을 위한 옵션

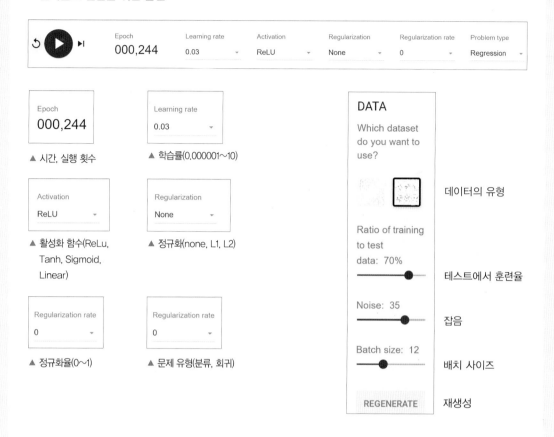

• 텐서(Tensor): '다차원 숫자 배열(Multidimensional array of numbers)' 또는 '격자(grid)'라고 말하며 수학에서 행렬(matrix) 구조를 가진다.

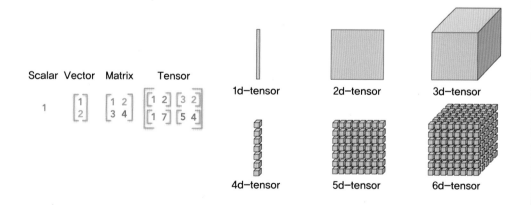

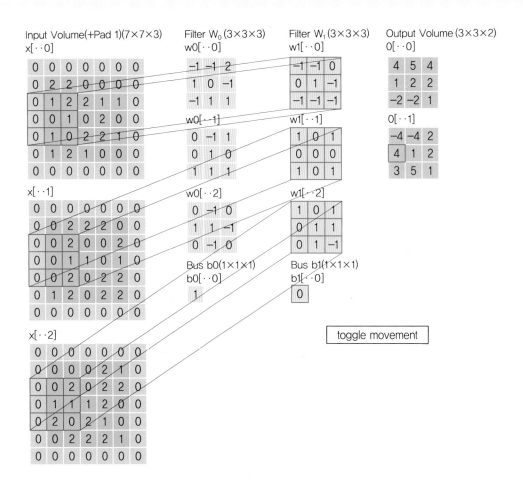

Input Volume(+Pad 1)(7×7×3)
x[··0]

Filter W₀ (3×3×3)
w0[··0]

Filter W₁ (3×3×3)
w1[··0]

Output Volume (3×3×2)
0[··0]

• **텐서플로:** 구글(Google)에서 만든 딥러닝 오픈 소스 패키지이다. 기계학습과 심층신경망(deep neural network) 연구를 수행하는 구글 브레인 팀에서 개발했으며 수치 연산을 기호로 표현한 그래프 구조를 만들고 파이썬 등의 프로그래밍 언어를 이용해 처리한다.

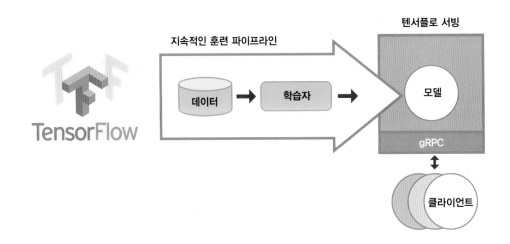

시뮬레이션   얼굴과 신체 인식하기

다음 사이트 중 하나에 접속해 얼굴과 신체 인식 시뮬레이션을 살펴보자.

https://storage.googleapis.com/tfjs-models/demos/posenet/camera.html

https://www.brainrainsolutions.com/demos/machine-learning/posenet/camera.html

텐서플로를 활용해 얼굴 부위를 인식하는 시뮬레이션으로 사람의 얼굴과 몸을 기계학습을 통해 인식한다. 얼굴에서 눈과 코를 찾아서 정확하게 점을 찍어주고 카메라에서 멀리 떨어지면 사람의 몸을 인지해서 골격을 표현한다.

옵션의 값을 변경해 인식하는 방법을 다양하게 살펴보자.

AI Topic 민스키 vs. 로젠블랫

학문의 발전에는 항상 라이벌이 존재해 학문의 발전을 이루기도 한다. 미분의 역사에는 뉴턴과 라이프니쯔가 있다. 전기 분야에는 테슬라와 에디슨이 있다. 인상파 예술에는 고흐와 고갱이 있다.

인공지능의 역사에도 두 명의 천재적인 라이벌이 존재한다. 바로 마빈 민스키와 프랭크 로젠블랫이다. 둘은 같은 과학고등학교 1년 선후배 사이였다.

마빈 민스키는 1956년 다트머스 회의에서 최초로 '인공지능' 용어를 사용하고 개념을 확립시킨 과학자였다. 민스키는 이 당시 인공지능 분야에서 지식을 중심으로 하는 기호주의로 거의 독주하고 있었다.

하지만 로젠블랫이 연결주의를 바탕으로 퍼셉트론 신경망 이론을 내놓자 사람들의 관심과 지원은 로젠블랫에게 관심이 쏟아졌다. 이에 마빈 민스키는 동료인 시모어 페퍼트와 함께 쓴 『퍼셉트론즈』라는 책을 통해 퍼셉트론 신경망의 한계를 수학적으로 증명해 로젠블랫을 처참히 무너뜨렸다.

이를 계기로 신경망 열기는 냉각되고 연구 자금까지 끊기면서 신경망 연구는 1980년대 초까지 암흑에 빠지게 된다. 로젠블랫은 1971년 7월 43번째 생일날 혼자 보트를 타다가 자살일지도 모르는 사고로 익사했다.

▲ 프랭크 로젠블랫(1928~1971): 연결주의.
퍼셉트론(출처: 위키미디어 커먼즈)

▲ 로젠블랫과 퍼셉트론(출처: 코넬 크로니클)

▲ 프랭크 로젠블랫(Frank Rosenblatt)(왼쪽)과 찰스 위그만(Charles W. Wightman)(출처: 코넬 크로니클).

◀ 인공지능의 아버지 마빈 민스키 (출처: MIT 미디어랩)

◀ 마빈 민스키가 시모어 페퍼트가 함께 쓴 〈Perceptrons〉 (출처: MIT 미디어랩, 아마존).

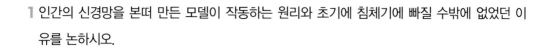
1 인간의 신경망을 본떠 만든 모델이 작동하는 원리와 초기에 침체기에 빠질 수밖에 없었던 이유를 논하시오.

2 신경망에 사용되는 활성화 함수 중 두 가지를 들어 그 특징을 설명하시오.

3 다음 그림은 가중값을 조절하기 위한 방법 중 경사 하강법을 나타내는 그래프이다. 가중값의 값이 어떻게 움직이는지 그림에 나온 용어를 사용해 설명하시오.

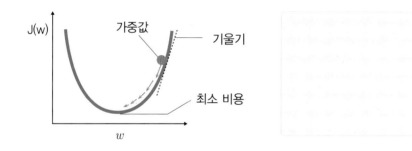

4 신경망에서 과대 적합(또는 과적합)이 일어나는 이유는 무엇인가?

5 딥러닝 기술이 주목을 받고 발전할 수 있었던 계기를 설명하시오.

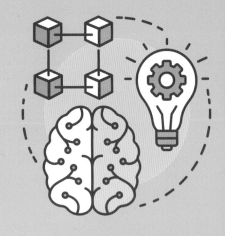

Chapter 11
CNN과 이미지 인식

 딥러닝과 이미지 인식

딥러닝으로 인한 인공지능의 발전은 인지, 학습, 추론, 행동과 같은 고차원적인 인간 지능 영역에 커다란 도전을 하며 괄목할 만한 성과를 내고 있다. 2012년을 기점으로 시각 인식 시스템은 인간 수준을 초월하는 수준으로 구현되고 있다.

2012년 구글의 딥러닝 기반 고양이 분류 시험인 'Brain Project'를 시작으로 2014년 페이스북의 사람 얼굴 인식 기술 'Deep Face', 2015년 바이두의 이미지 인식 기술인 'Deep Image' 등 IBM, MS, 구글 등 글로벌 IT 기업을 중심으로 급격히 발전하며 산업, 기업, 경제, 사회 등의 분야에 적용되며 그 영향을 미치고 있다.

매년 이미지 내 사물 인식의 정확도를 경쟁하는 ImageNet 경진대회(http://www.image-net.org)에서는 2015년 마이크로소프트가 96.43%의 정확도를 달성해 인간의 일반적인 시각 인식률인 94.90%를 초월했다. 2017년에는 정확도가 97.85%에 달했다.

▲ ImageNet 경진대회 결과(출처: http://image-net.org/challenges/challenges/lsvrc/2012/analysis)

인공지능은 이미지 속의 사물의 종류를 인식하는 것을 넘어 영상과 다중 이미지 속의 상황을 이해하기 시작했다. 컴퓨터 비전에 딥러닝이 융합되면서 인간의 시각적인 인식 능력을 재현하는 이미지 인식 기술은 '보는' 것을 가능하게 하고 있다. 이제 사람의 외형적 특징뿐이 아니라 눈, 코, 입 모양의 상관관계를 분석해 표정을 인지하거나 감정, 행동, 의도를 이해하는 수준까지 도달하게 됐다.

▲ 영상 이해(출처: fredrik Gustafssom. Neural Image Captioning for Intelligent Vehicle-to-Passenger Communication. Department of Electrical Engineering Standford University)

신경망을 기반으로 하는 딥러닝 기술 중 가장 많이 활용되는 분야가 이미지 인식이다. 딥러닝 기반 이미지 인식으로 흥미롭게 소개된 사례가 고양이 인식이다.

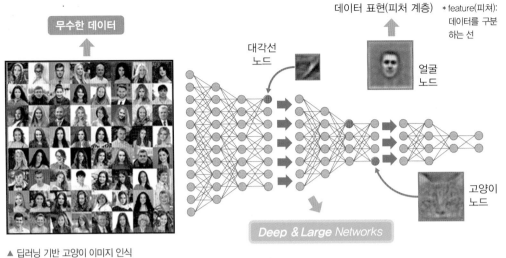

데이터 표현(피처 계층)

* feature(피처): 데이터를 구분 하는 선

무수한 데이터

대각선 노드

얼굴 노드

고양이 노드

Deep & Large Networks

▲ 딥러닝 기반 고양이 이미지 인식

기계학습에 사용될 이미지 데이터가 충분하다면 고양이 인식뿐 아니라 사람의 얼굴이나 달리는 자동차를 인식해 누구인지 어떤 차종인지도 분석할 수 있게 된다.

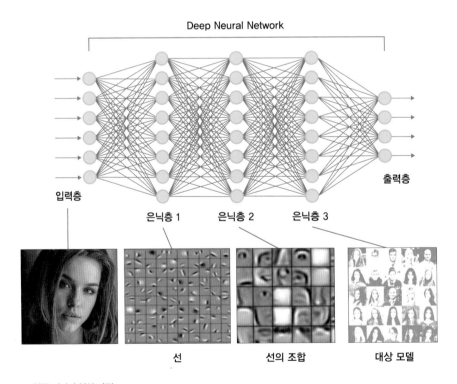

Deep Neural Network

입력층 은닉층 1 은닉층 2 은닉층 3 출력층

선 선의 조합 대상 모델

▲ 얼굴 이미지 인식 과정

이미지를 인식하기 위해서는 이미지 파일의 픽셀값을 신경망의 입력값으로 받아 가중값을 조절하며 성별, 나이, 인종, 감정 등을 판단하기 때문에 입력 레이어와 히든 레이어의 노드가 수없이 많이 필요하다. 즉, 각 노드의 가중값을 학습해야 할 연산의 수가 어마어마하게 필요하다는 것을 뜻한다. 이를 효율적으로 처리하기 위한 알고리즘이 바로 합성곱 신경망 CNN(Convolutuin Neural Network, 컨볼루션 신경망)이다.

2 합성곱 신경망, CNN

인공지능의 대표적 이미지 인식 기술인 CNN 기술을 통해 그 처리 과정을 살펴보자.

CNN 기술의 시작은 1960년대 쿠플러 박사의 시각 정보처리에 관한 연구로 거슬러 올라간다. 그들은 뇌의 시각 정보화 처리를 연구했다. 눈으로부터 뇌로 전달되는 시각 신호가 어떻게 해석되는지를 연구했는데, 망막의 여러 성분이 각기 다른 대뇌피질을 자극하고 뇌는 그 신호를 분석해 여러 가지 성분들을 조합함으로써 구체적 시각 이미지를 생성해낸다는 것을 알게 됐다.

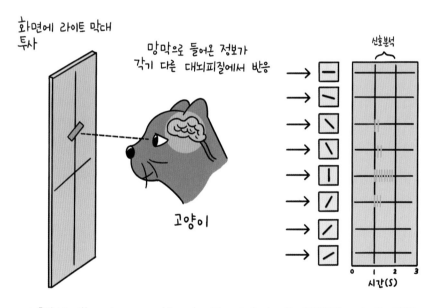

▲ 출처: https://m.post.naver.com/viewer/postView.nhn?volumeNo=17172220&memberNo=42696

이 연구는 1979년 쿠니히로 후쿠시마에 영향을 주어 컴퓨터 비전 문제를 위한 본격적인 딥러닝 네트워크인 네오코그니트론(Neocognitron(1980))을 개발하게 된다. 네오코그니트론(Neocognitron)은 컨볼루션 신경망의 개념을 소개했으며 지도학습을 통한 전방향 그레이디언트 기반 딥 러너(Deep Learner)와 유사했다.

1989년에 이르러 얀 르쿤과 동료들은 우편물에 손으로 쓰인 우편번호를 인식하기 위해 오류 역전파 알고리즘에 기반을 둔 딥러닝 신경망을 소개했다. 그러나 10개의 숫자를 인식하기 위해 학습하는 데 3일이 걸려 필기체를 자연스럽게 인식하는 도전은 현실적으로 적용하기에는 어려움이 있었다.

2012년에 제프리 힌튼 교수가 지휘하는 토론토대학의 슈퍼 비전팀이 이미지 인식 경연대회 (ILSVCR)에서 우승하며 이미지 인식 기술이 재도약할 수 있게 됐다.

ImageNet
- 2009년 페이페이 리(Fei-Fei Li)가 설립
- 2만 개 이상 카테고리로 분류된 1,500장의 사진 데이터베이스
- 매년 ILSVRC(ImageNet Large Scale Visual Recognition Challenge) 개최

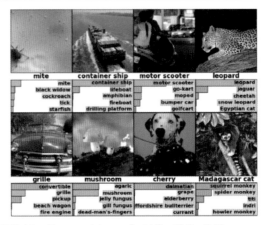

▲ 출처: https://www.youtube.com/watch?v=40riCqvRoMs

Alexnet 모델
- 2012년 ILSVRC 우승
- 제프리 힌튼 연구팀의 딥러닝 모델
- 2등과 무려 10% 이상 정확도 차이가 날 정도로 높은 성능
- 딥러닝의 서막을 알림

CNN은 위에서 살펴봤듯이 동물의 시각령처럼 뉴런들의 연결 패턴을 구성한 전방향 인공 신경망으로 하위 레이어들에서 전처리를 수행하도록 설계됐다. 하나 또는 여러 개의 컨볼루션 레이어[18]와 그 위에 올려진 일반적인 인공 신경망 레이어들로 구성돼 있으며 추상화를 위한 풀링 레이어(Pooling layer)[19]로 특징을 추출하는 학습을 한다. 그리고 풀리 커넥티드 레이어(Fully Connected Layer, 완전 연결형 레이어)[20]의 레이어에서는 하위 레이어들에서 전달된 특징을 바탕으로 분류 작업을 한다.

---

[18] 우측 박스 설명 참조
[19] 우측 박스 설명 참조
[20] 최상위 레이어들에서 마지막에 적용되며 하위 레이어에서 전달된 특징들을 분류하는 역할을 한다.

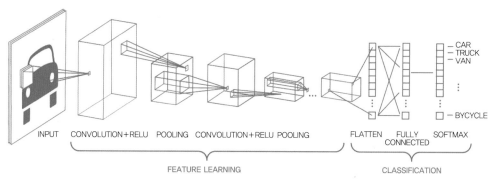

▲ 출처: https://towardsdatascience.com/a-comprehensive-guide-to-convolutional-neural-networks-the-eli5-
  way-3bd2b1164a53

컨볼루션 레이어

컨볼루션 연산을 통해 특징들을 추출하는 레이어를 말한다. 입력되는 이미지의 채널 개수만큼 필터가 존재하며 각 채널에 할당된 필터를 적용해 합성곱 계층의 출력 이미지가 생성된다.

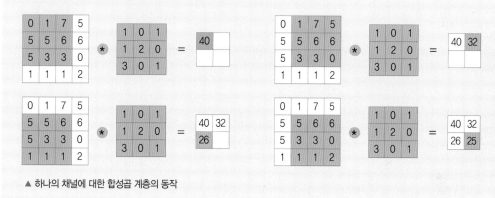

▲ 하나의 채널에 대한 합성곱 계층의 동작

풀링 레이어(Pooling layer)

입력 공간을 추상화하는 레이어를 말한다. 예를 들면 영상 데이터의 경우 픽셀의 수가 많으면 서브 샘플링(sub-sampling) 등의 과정을 통해 차원 축소의 효과를 얻는다. 주로 맥스 풀링(max-pooling)을 기반으로 구현된다.

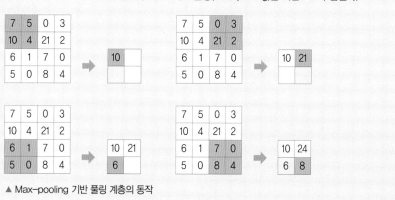

▲ Max-pooling 기반 풀링 계층의 동작

컨볼루션(convolution)의 사전적 뜻은 '합성'이다. CNN은 합성곱 신경망이라 한다. 전자공학에서 신호 처리를 할 때 사용하는 연산으로 CNN에서는 이미지 내에서 특징(feature)을 뽑기 위한 용도로 활용한다. 예를 들어, 위의 활동에서 자전거 이미지를 픽셀로 나눠 오릴 때 너무 작게 오리면 그 선의 특징을 찾아내기가 힘이 들기 때문에 선을 인식할 수 있을 정도의 픽셀로 나눠 오린다. CNN도 입력 이미지가 들어왔을 때 세부적인 값을 일일이 확인하지 않고 특징을 뽑기 위한 연산을 실행하게 된다. 이 연산을 바로 컨볼루션이라 하고 이 연산을 통해 특징을 추출하기 때문에 이 알고리즘을 CNN이라 한다.

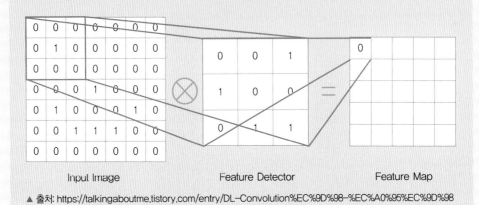

Input Image   Feature Detector   Feature Map

▲ 출처: https://talkingaboutme.tistory.com/entry/DL-Convolution%EC%9D%98-%EC%A0%95%EC%9D%98

기본적으로 학습 모델은 추론 과정(Reasoning Process)과 학습 과정(Learning Process)을 거친다. 추론 과정은 학습된 내용을 기반으로 새로운 입력에 대해 답을 얻어내는 과정이며 학습은 주어진 학습 데이터를 기반으로 최적의 추론을 수행하기 위해 추론 구조 또는 학습 매개변수(가중값)들을 설정하는데, 간단히 말하면 귀납적으로 배우는 단계로 볼 수 있다. CNN의 추론과 학습은 표준적인 오류 역전파 학습 알고리즘을 사용하나 그보다 더 단순한 공식들을 통해 수행될 수 있다.

이러한 이미지를 인식하는 인공지능은 시각 정보를 자유롭게 변형하거나 새로운 이미지를 생성해내기도 한다. 수많은 학습 과정을 통해 이미지가 갖는 특성을 정확히 이해하고 지식화해 새로운 이미지 생성 과정에 적용하는 것이다. 예를 들어, 풍경 사진의 계절적 특성을 이해해 여름, 겨울 사진으로 변경하거나 동식물의 특성을 이해해 동물의 외형을 자유롭게 변형하기도 한다. 또 모네, 고흐 등 유명화가의 화풍을 학습해 일반 풍경 사진을 특정 화가의 화풍이 접목된 그림으로 변환하기도 한다.

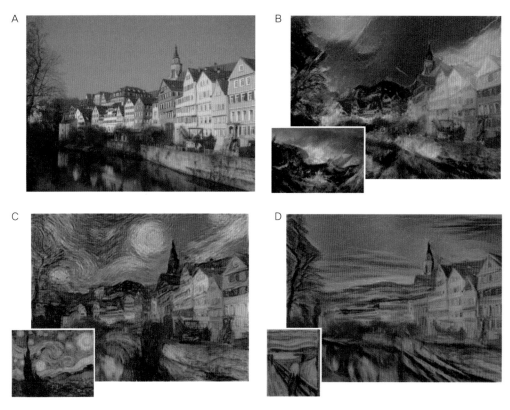

▲ CNN의 이미지 표현(출처: L. Gatys, 등(2016), image style transfer using convolutional neural networks CVPR.)

더욱이 정지된 이미지를 합성하는 데 그치지 않고 동영상을 실시간으로 합성하기도 한다. 스탠퍼드대학교의 연구팀은 유명인의 영상에 전혀 다른 사람의 표정을 합성하는데, 실시간으로 바뀌는 표정이 그대로 유명인의 얼굴에 반영된다.

워싱턴대에서 발표한 'Synthesizing Obama'라는 논문에서 오바마 대통령의 목소리만을 갖고 입 모양을 생성해 오바마 대통령의 전혀 다른 연설 영상에 합성했다. 단순히 정지된 이미지 정보를 합성하는 수준을 넘어 실시간의 영상 변형, 합성까지 가능해진 것이다.

2016년 장(Zhang)이 발표한 StackGAN은 인간의 언어로 기술된 텍스트를 이해해 특정 사물을 생성하는 기술이다. 특정한 모양, 색깔을 갖는 꽃 사진을 생성해 내거나 새를 만들어내기도 한다. 이러한 사물은 GAN과 마찬가지로 기존 세상에 존재하지 않는 전혀 새로운 가상의 형상들이며 생성된 결과만으로는 인간의 시각 지능으로 판별하기 어려운 상황이 됐다.

256×256
StackGAN

| Text description | This flower has petals that are white and has pink shading | This flower has a lot of small purple petals in a dome-like configuration | This flower has long thin yellow petals and a lot of yellow anthers in the center | This flower is pink, white, and yellow in color, and has petals that are striped | This flower is white and yellow in color, with petals that are wavy and smooth | This flower has upturned petals which are thin and orange with rounded edges | This flower has petals that are dark pink with white edges and pink stamen |

▲ 인간의 언어를 이해한 후 이미지를 자동 생성, stackGAN 기술(출처: H. Zhang, et al(2016), Test to Photo-Realistic Image Synthesis with Stacked Generative Adversarial Networks)

시뮬레이션 CNN 체험하기

다음 사이트에 접속하거나 검색어를 입력해 숫자 인식 CNN을 체험해보자.

http://www.cs.cmu.edu/~aharley/vis/conv

구글 검색어	aharley 3D

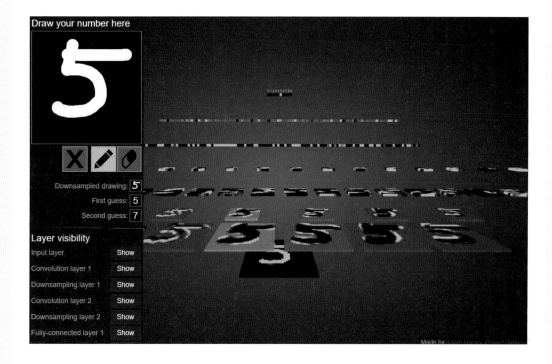

① 사이트에 접속하면 왼쪽 위에 빈칸이 있다. 이곳에 마우스를 0~9까지의 숫자 중 하나를 선택해 쓴다.

② 마우스를 화면에 올려놓고 상하좌우로 움직이면 레이어들을 입체적으로 살펴볼 수 있다.

③ 레이어는 컨볼루션 레이어(합성곱)와 다운 샘플링 레이어(차원 축소)가 번갈아가며 두 번씩 계산이 이뤄지며 추출된 특징 값들이 풀리 레이어에 배열된다.

④ 작은 셀들을 더블클릭하면 다음 그림처럼 해당 계층명, 가중값, 계산식, 출력값을 볼 수 있다.

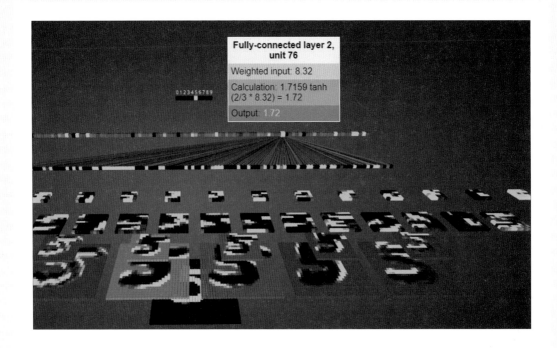

❺ 마지막 출력층(output layer)에서 가장 밝게 활성화된 셀을 클릭하면 출력값이 0.97로 가장 높게 나왔다는 것을 확인할 수 있고 이것으로 입력한 숫자 5를 제대로 인식하고 있다는 것을 알 수 있다.

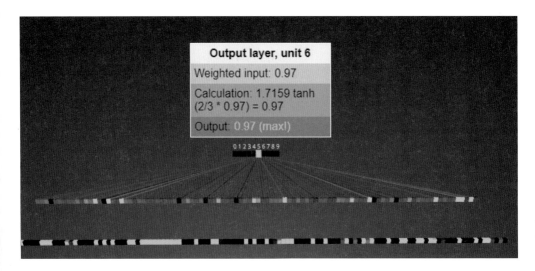

❻ 이제 각자 입력해 각 레이어(층)와 각 층에서 셀들을 클릭해보며 가중값과 출력이 어떻게 다른지 확인해보자.

시뮬레이션 이미지 인식 체험하기 ❶:
Autodraw 활용

AutoDraw

Fast drawing for everyone.

그리기 시작 | 빠른 사용법*

▲ 출처: https://www.autodraw.com/

오토드로우 사이트는 인공지능 기능을 도입해서 대략적인 형태를 그리면 인공지능이 예측을 해주어 그중에서 완성된 도형이나 사물 그림을 선택할 수 있도록 해준다. 그림을 못 그리는 사람도 특징을 잘 표현해내면 완성된 그림을 얻게 된다. 여기서 중요한 것은 인공지능 역시 이미지에 대한 특성을 중심으로 학습을 하고 있다는 것이다. 그리고 다양한 이미지에 대한 패턴 학습은 사람들이 그려 넣는 이미지를 통해 학습되고 있으며 이를 통해 정확도를 높이고 있다.

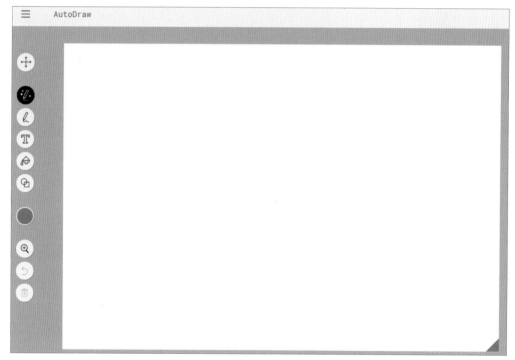

▲ 오토드로우 사이트 첫 화면

보이는 화면에서 마우스를 캔버스 영역에 대면 십자 모양으로 바뀌고 마우스 버튼을 눌러 원하는 그림을 그릴 수 있다.

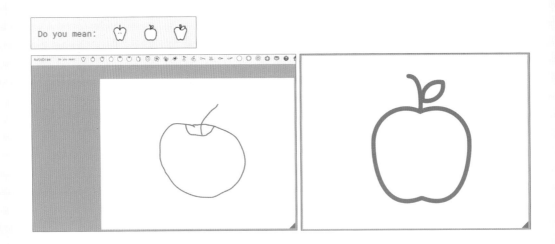

사과 모양을 그리기 위해 동그라미를 그리면 인공지능이 예상하는 사물의 목록을 위쪽 메뉴 창에서 볼 수 있다. 그림을 더 그려 넣을수록 예측률이 높아진다는 것을 확인할 수 있다. 예측한 그림 중 하나를 클릭하면 깔끔한 이미지를 얻을 수 있으며 왼쪽 메뉴를 클릭해 그림 파일로도 저장할 수 있다.

클라이언트에서 오토드로우를 실행시켜 손 그림을 그린 후 서버로 전송하면 서버 안의 기계학습 알고리즘 (CNN)이 인식한 그림의 결과를 클라이언트의 오토드로우에 보내 그 결과를 확인하는 것이다.

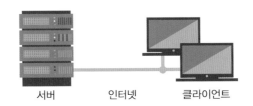

서버   인터넷   클라이언트

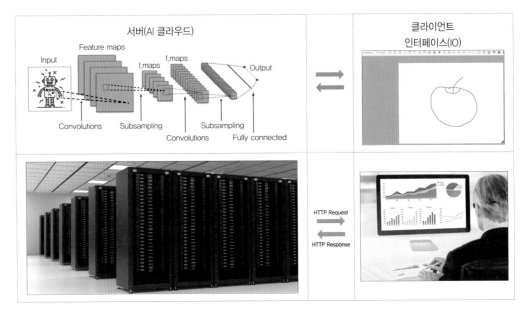

퀵드로우 사이트 역시 오토드로우가 사용하고 있는 기계학습 알고리즘과 같은 알고리즘을 사용하고 있다. 이 사이트는 사용자가 그림을 그리면 인공지능 시스템이 어떤 그림을 그렸는지를 알아맞힌다.

머신 러닝 기술이 학습을 통해 낙서를 인식할 수 있을까요?
여러분의 그림으로 머신 러닝의 학습을 도와주세요. Google은 머신 러닝 연구를 위해 세계 최대의 낙서 데이터 세트를 오픈소스로 공유합니다

▲ (출처: https://quickdraw.withgoogle.com/)

보이는 화면에서 시작하기 버튼을 누르면 그림을 그리라는 메시지가 나온다. 6개의 그림을 그리게 되며 시간은 하나의 그림마다 20초가 걸린다.

그림을 다 그리면 내가 그렸던 그림이 나오고 그중 하나를 선택하면 신경망이 무엇으로 인식을 했는지와 다른 사람들이 그린 그림의 예시 자료를 볼 수 있다.

이를 통해 인공지능이 수많은 데이터를 통해 학습하고 그걸 바탕으로 정확률을 높이고 있다는 것을 알게 된다.

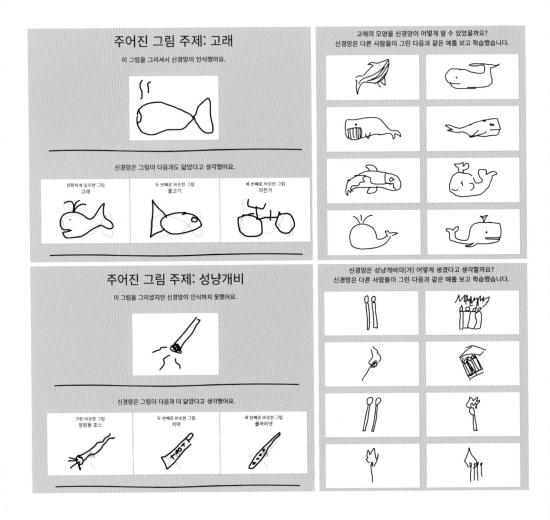

AI Topic CNN을 활용한 이미지 인식의 적용 사례

오래된 흑백사진과 1970년대 제작된 흑백영화를 컬러영화로 다시 촬영할 필요가 없어졌다. 2016년 츠쿠바 대학은 CNN기술을 적용해 기존 흑백사진과 영화에 입혀 컬러영화로 새롭게 탄생시켰다. 영화에 등장한 이미지를 분석하고 그 이미지와 유사한 그림을 인터넷에서 찾아 색을 입히는 방법을 사용했다.

▲ 출처: https://www.youtube.com/watch?time_continue=3&v=ys5nMO4Q0iY

카네기 멜론 대학에서는 인터넷상에서 플래쉬몹과 유사한 애니메이션을 만들기 위해 실제 플래쉬몹에 참여한 사람들의 움직임을 분석했다. 이전에 나온 영화 아바타에서는 사람의 몸에 센서를 부착해 움직임 값을 입력받아 동작을 구현했다. 하지만 이 기술은 인터넷상의 영상을 분석해 사람들의 관절 움직임의 특징을 학습해 자연스럽게 춤추는 동작을 구현한 영상을 제작했다.

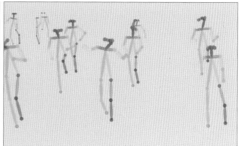

▲ 출처: https://www.youtube.com/watch?v=pW6nZXeWlGM

스탠퍼드 대학에서는 사진 이미지를 보고 문장으로 설명해주는 'NeuralTalk'를 개발했다. 스마트폰에 있는 수백 장의 사진을 일일이 설명 텍스트를 추가해 인터넷에 올리는 것은 힘든 작업 중의 하나다. NeuralTalk는 인스타그램이나 페이스북과 같은 SNS에 등록된 그림과 글을 학습해 자신이 올린 사진의 배경, 인물, 장면 상황, 사물 등을 분석한 후 가장 유사한 설명을 담은 사진을 참고해 문장을 생성한다.

▲ 출처: https://cs.stanford.edu/people/karpathy/deepimagesent/generationdemo/

중국의 DeepGlint 회사(http://www.deepglint.com/)에서는 CCTV를 이용해 사람들의 실시간 행동을 분석하는 심층 기술을 선보였다. 은행이나 ATM기에서 수상쩍은 행동을 하는 사람, 도로 위에서 불법 운전을 하는 자동차나 오토바이를 찾아내기도 한다. CCTV가 적용될 수 있는 다양한 분야에서 심층기술이 위험요소나 범죄예방 등을 지원하고 있다. 이러한 기술의 이면에는 사생활 침해나 초상권 침해의 문제를 안고 있어 사회적으로 적용의 범위와 확대를 고민해야 할 것이다.

▲ 출처: https://www.youtube.com/watch?v=xhp47v5OBXQ

네이버에서는 사람들이 수기로 작성한 256개의 글자 데이터를 CNN 기술과 함께 사용해 자연스러운 1만 1,172자의 새로운 글꼴을 만들어 배포했다.

나눔손글씨 암스테르담

사랑하는 아가 한글을 배우고 있어요. 읽기 쉽게 자음과 모음을 써줍니다. 언어와 문화를 넘는 글씨를 나누고 싶어요.

나눔손글씨 성실체

말하지 않아도 나를 나타내는 글씨. 글씨에는 내가 담겨있고, 누군가를 향한 진심을 표현할 수 있는 가장 좋은 도구인 것 같아요.

나눔손글씨 외할머니글씨

매일 한글을 적으며, 잊지 않으려 하시는 92세 외할머니 글씨입니다. 한글을 사랑하는 외할머니의 마음을 공유합니다.

나눔손글씨 할아버지의나눔

할아버지가 써 보는 한글입니다. 요즘 유행하는 글씨체는 아니겠지만 누군가에게는 꼭 필요한 글씨체였으면 좋겠습니다.

나눔손글씨 아빠글씨

직업이 운전인 아빠는 손이 많이 거칠습니다. 그 손으로 멋진 글씨를 쓰시는 우리 아빠! 멋진 아빠 인생 응원하고, 사랑합니다.

나눔손글씨 다행체

더 정성스러운 마음을 전할 때 손글씨를 꺼내봅니다. 자욱마다 마음의 씨앗이 담기면 좋겠어요. 당신에게 닿아 꽃이 피도록.

손으로 쓴 글씨를 이미지로 컴퓨터에 입력하면 인공지능이 손글씨의 특징을 분석하고 학습하는 딥러닝을 구현한다. 이를 바탕으로 사전 학습 모델 기반의 글꼴을 세부적으로 완성해 새로운 손글씨 글꼴을 개발한다.

STEP 1

이미지에서 손글씨 인식

STEP 2

손글씨의 특징을 분석 및 학습

STEP 3

사전 학습모델 기반 글꼴 고도화

STEP 4

손글씨 글꼴 완성

▲ 출처: https://clova.ai/handwriting/

이외에도 CNN을 활용해 외국어 번역을 하거나 기존의 화풍을 적용해 새로운 그림을 그려내는 인공지능 화가도 등장하고 있다.

GB **Brigitta** Coffee Filters are made of flavour free high quality paper. The double embossed seam ensures optimal tear resistance. Regular quality controls guarantee the full flavour of good filter coffee.

GB Brigitta 커피 필터는 무향으로 만들어졌습니다. 고품질 종이. 이중 양각 솔기 최적의 인열 저항을 보장합니다. 일반 품질 컨트롤은 좋은 필터의 완전한 맛을 보장합니다. 커피.

▲ 번역하기

▲ 구글 딥드림(출처: https://deepdreamgenerator.com/#gallery)

1 고양이의 시각 정보 처리 과정에 대한 연구가 CNN기술에 어떤 영향을 주었는지 논하시오.

2 풀링 레이어(Pooling layer)와 풀리 커넥티드 레이어(Fully Connected Layer)에 대해 설명하시오.

3 이미지를 인식하는 인공지능으로 시각 정보를 어떻게 변형할 수 있는지 예를 들고, 장단점을 논하시오.

4 오토드로우와 퀵드로우의 이미지 인식 방법의 공통점은 무엇인가?

5 CNN을 활용한 이미지 인식의 적용 사례를 한 가지만 들어보시오.

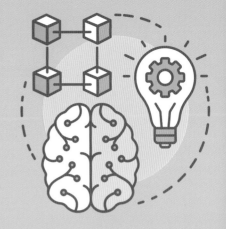

Chapter 12

자연어 처리

1 → 자연어 처리

자연어란, 인간이 일상생활에서 사용하는 언어(말, 글, 모국어)를 말한다. 컴퓨터에서 쓰이는 컴퓨터 언어인 기계어와 구분하기 위해 자연어라는 용어를 사용한다. 자연어 처리(Natural Language Process, NLP)는 이러한 인간의 언어 분석과 표현을 컴퓨터가 처리할 수 있도록 하는 계산 기법으로 컴퓨터 과학, 인공지능, 언어학이 융합된 인공지능 응용 기술이다. 우리가 흔히 알고 있는 말하는 컴퓨터, 인간과 대화하는 챗봇 컴퓨터 관련 기술이 이에 해당한다.

최초로 컴퓨터에 의한 자연어 처리 기술은 1940년대로 거슬러 올라간다. 각각의 단어를 번역하기 위해 규칙 기반 시스템의 단어 사전을 구축하고 1:1 치환의 번역을 시도하고자 했지만, 언어마다 규칙이 다르고 이를 적용한다는 것은 쉽지 않은 일이었다. 이후 확률기반 번역 시스템으로 훈련 데이터와 번역본의 유사성에 따른 정확도를 평가했다. 실제 2000년대 초 구글 번역기가 이 시스템을 사용해 서비스를 제공했다. 하지만 번역하고자 하는 언어마다 새로운 번역 경로를 전문가가 수정하고 조정해야 하므로 구축과 유지비용에 따른 어려움이 있었다. 하지만 딥러닝의 기술이 나오며 자연어 처리 기술이 급속히 발전하고 있다. 모델의 구조를 미리 지정하지 않고 학습을 통해 모델을 만들어 작업자의 개입을 최소화했으며 딥러닝 기술로 인해 기존 방식보다 정확도가 훨씬 높아졌다.

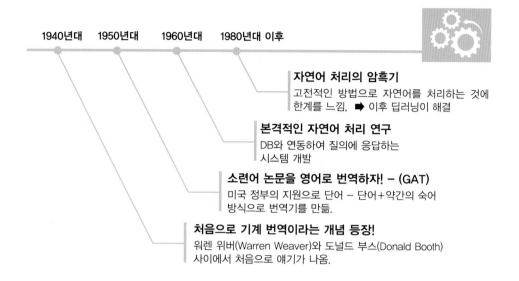

1940년대　　1950년대　　1960년대　　1980년대 이후

자연어 처리의 암흑기
고전적인 방법으로 자연어를 처리하는 것에
한계를 느낌. ➡ 이후 딥러닝이 해결

본격적인 자연어 처리 연구
DB와 연동하여 질의에 응답하는
시스템 개발

소련어 논문을 영어로 번역하자! – (GAT)
미국 정부의 지원으로 단어 – 단어+약간의 숙어
방식으로 번역기를 만듦.

처음으로 기계 번역이라는 개념 등장!
워렌 위버(Warren Weaver)와 도널드 부스(Donald Booth)
사이에서 처음으로 얘기가 나옴.

▲ 자연어 처리의 역사

자연어 처리는 다른 인공지능 분야와는 다르게 다음과 같은 이유로 개발이 어려운 분야였다.

- 복잡성: 언어, 상황, 환경, 지각 지식의 학습 및 표현이 복잡하다.
- 애매성: 인간의 언어는 기계어인 프로그래밍 언어와는 다르다.
- 종속성: 인간의 언어를 해석하기 위해서는 실제 세상과 상식, 문맥 정보 등이 필요하다.

현재 자연어 처리 기술은 정서 분석, 맞춤법 검사, 인공지능 음성 인식 스피커 등에서 주로 사용되고 있다. 특히 자연어 처리는 데이터 처리 외에도 정서 분석을 통해 사회 현상을 이해하는 데에도 사용하고 있다.

② 자연어 처리의 분야

　자연어 처리의 분야에는 정보 검색, 정보 추출, 음성 인식, 단어 분류, 구문 분석, 문장/문서 분류, 감정 분석, 의미역 결정, 자동 대화 시스템(챗봇), 기계 번역 등이 있다.

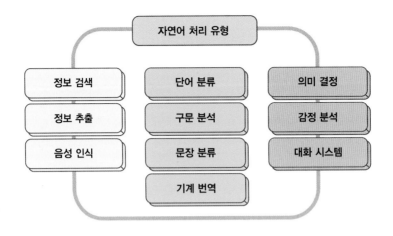

정보 검색은 수많은 문서 중에서 사용자가 원하는 문서를 빠른 속도로 찾아내는 과정을 말한다. 윈도우 시스템의 검색 기능에서 구글과 같은 온라인 검색 엔진까지 전부 해당된다. 최근에는 대화를 통한 검색 엔진으로 발전하고 있다.

기존 검색 시스템	질의응답 시스템
기능 측면	
• 해당이 되는 문서를 단순히 나열함. • 문서 속에서 정답을 검색하는 것이 또 필요함. • 검색 소요 시간이 많이 걸림. • 사용자의 문서 활용도가 낮음.	• 문서에서 정답을 찾아줌. • 정답 검색 과정 시간이 단축됨. • 사용자의 문서 활용도가 높음. • 웹 문서뿐 아니라 데이터베이스까지 검색함. • 특정 문서를 직접 제시할 수 있음.
정확도 측면	
• 질문에서 키워드만 추출 함. • 키워드에 대한 통계적 검색 결과만 제시함. • 정확한 의도 분석이 어려움.	• 질문의 어휘 구조, 의도까지 파악 함. • 정확한 질의 분석으로 의미 있는 부분만 검색함. • 검색 성능을 최적화할 수 있음.
적용 사례	
예 연수동 맛나 분식집의 전화번호는? 연수동 + 맛나 분식집 + 전화번호 • 문서 내에서 키워드가 나타나는 정도만 측정함. • 해당 키워드가 들어간 불필요한 모든 문서를 제시함.	예 연수동 맛나 분식집의 전화번호는? 맛나 분식집에 관한 질문 • 전화번호를 물어보는 질문이라는 것을 파악하고 그 대상이 맛나 분식집이라는 것을 인식해 정답을 추출함.

정보 추출은 비정형의 문서로부터 정규화된 정보를 뽑아내는 기술로, 크게 개체명 인식(NER) 과 관계 추출(relation extraction)로 나눠진다. 예를 들어, 위키피디아 문서에서 사람, 회사 이름을 뽑아내고 뽑힌 개체 간의 관계(소속, 이직 등)를 추출하는 것이 있다.

음성 인식은 'Speech Recognition' 또는 'Speech-to-text(STT)'이라고도 하며 컴퓨터

가 인간의 음성 언어를 이해하게 하는 기술이다. 대표적인 예로 시리(Siri)의 음성 인식이 있다. Speech Recognition이 컴퓨터가 인간의 음성 언어를 이해하는 것까지 목표로 삼는다면 STT는 인간의 음성 언어를 문자 언어로 변환시키는 것만을 목표로 삼는다. 즉, AI 스피커가 Speech Recognition 시스템이라면 청각 장애인을 위해 소리를 글자로 화면에 표시해주는 기술은 STT이다.

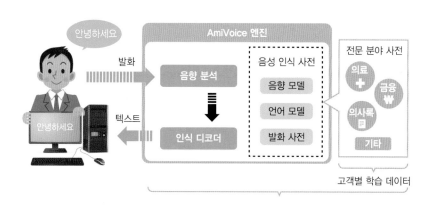

▲ 기존의 컴퓨터를 활용한 음성 인식 방법

단어 분류는 문장 내 각 단어의 카테고리를 목적에 따라 컴퓨터가 자동으로 분류하는 것이다. 목적에 따라 품사를 자동으로 인식하거나 문장 내 고유명사를 인식, 분류하고 한 단어가 갖는 중의성을 문맥에 맞게 인식하는 과정을 거친다. 구글의 검색 엔진이나 페이스북의 문장에서 단어들을 추출해 맞춤형 광고를 보여주거나 유사한 유형의 영상과 사이트 등을 추천해주는 데 주로 사용된다.

구문 분석은 문장의 구조, 의존 구조 등 구조를 컴퓨터가 자동으로 인식하는 것이다. 주로 기계 번역/감정 분석/대화 시스템 등 과정의 전처리 과정으로 사용된다.

문장/문서 분류는 한 문장/문서가 어떤 분류/카테고리에 속하는지 컴퓨터가 자동으로 분류한다. 예를 들면 카테고리가 컴퓨터/스포츠/시사/연예가 있으면 포털사이트의 모 기사가 어떤 카테고리에 해당이 되는지 분류하는 것이다.

감정 분석은 한 문장이 어떤 의도/감정을 나타내고 있는지 컴퓨터가 자동으로 분류하는 것이다. 예를 들면 영화평론사이트에서 남겨진 유저 댓글이 해당 영화에 대해 긍정/부정으로 평가했는지 분류를 한다.

의미 결정은 문장에서 주어, 목적어가 무엇인지, 그들의 의미적 관계가 어떠한지 컴퓨터가 자동으로 결정해주는 것으로 주로 자동 대화 시스템에서 사용이 된다.

자동 대화 시스템은 사용자가 입력/말 한 문장에 대해 컴퓨터가 자동으로 가장 적합한 문장을 생성해 보여주거나 음성으로 전환해 대화를 시뮬레이션하는 것을 말한다. 온라인 채팅봇, 시리(Siri) 등이 해당이 된다. 사용자의 의도를 파악하는 것이 관건이고 감정 분석/의미역 결정 과정이 전처리 과정으로 사용된다. IBM에서 개발해 퀴즈방송에서 1위를 차지한 왓슨이 이러한 자동 대화 시스템을 간략하게 만들어 질문에 답할 수 있도록 만든 대표적인 예이다.

▲ 은행 이용 챗봇 앱

기계 번역은 해당 언어를 다른 나라의 언어로 자동으로 바꾸는 것을 말한다. 기계 번역에서 언어 계통적 유사성이 높은 언어 간 번역(영어-프랑스어/독일어)은 잘하나 계통적 유사성이 낮은 언어 간 번역(한국어-영어)은 아직 잘하지 못한다. 이것은 인간들의 외국어 학습의 특징과도 공통적인 부분이다. 대표적인 예로 구글 번역기를 들 수 있다.

③ 자연어 처리의 과정

사람의 언어를 기계가 이해할 수 있도록 최초로 도전하게 한 사람이 앨런 튜링이다. 1950년 튜링은 대화를 통해 기계가 지능이 있는지를 검사하는 튜링 테스트를 제안했다. 파이젠바움은

엘리스(Alice)라는 대화 시스템을 구현해 튜링 테스트에 처음 도전한 사람이다. 이후 많은 도전이 뒤따랐는데 튜링 테스트 제안 64년만인 2014년 레딩대학교에서 개발한 유진 구스트만(Eugene Goostman) 시스템이 튜링 테스트를 처음 통과했다. 하지만 통과 여부에 대해 아직도 논란이 있고 기계가 인간의 언어를 이해하거나 인간처럼 완벽하게 대화를 구사할 수 있는 것은 아직은 요원한 일로 여기고 있다. 이처럼 기계가 인간의 자연어를 이해하기 위한 과정은 오른쪽 그림과 같다.

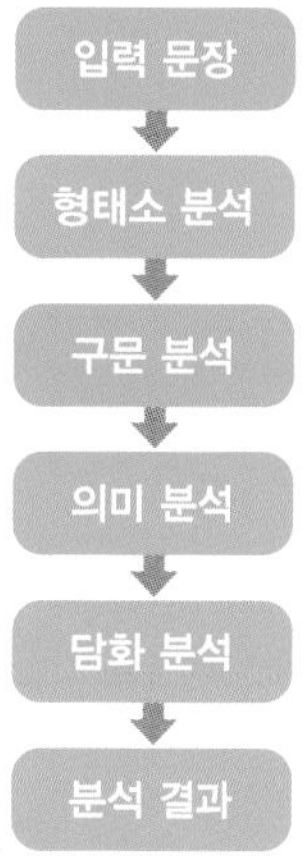

이러한 자연어 처리의 과정과 구성은 전통적으로 인간의 언어 문법적 체계를 바탕으로 연구가 진행돼왔다. 자연어 처리와 관련된 용어는 다음과 같다.

입력 문장

형태소 분석

구문 분석

의미 분석

담화 분석

분석 결과

▲ 자연어 처리의 과정

단어	인간이 데이터를 인지할 때 사용하는 피처 또는 개념
형태소	단어에 대한 상대적인 개념으로 합성어와 같이 여러 형태소로 이뤄진 단어를 설명하고자 만들어짐.
서브워드	형태소와 유사한 개념으로 '어떤 워드가 다수의 서브워드(피처)로 이뤄진 것'을 표현하고자 사용함.
토큰	단어나 형태소를 컴퓨터에 입력하고자 컴퓨터 내부 공간에 할당한 개념
엔티티(독립체)	더 쪼갤 수 없다는 '원자적' 관점에서 파생된 개념
어절	• 띄어쓰기 단위. 한국어와 영어는 띄어쓰기 개념이 다름. • 한국어는 단어의 문법적 기능을 표현하고자 조사를 사용하며 이를 단어에 붙여 쓰지만 영어는 전치사를 따로 떼어 사용함.

최근 딥러닝의 등장으로 전통적인 자연어 처리의 기술이 바뀌고 있지만, 핵심적인 자연어 처리 방법에 대해 몇 가지만 살펴보자.

1 자연어 전처리

자연어 처리는 인간과 컴퓨터가 상호 작용할 수 있도록 인간이 사용하는 자연어를 컴퓨터가 처리할 수 있도록 하는 것이 목표다. 따라서 컴퓨터가 자연어를 처리하기 위해 가장 먼저 해야 하는 일이 바로 전처리이다. 전처리를 하려면 긴 문자열을 분석을 위한 작은 단위로 나눠야 하는데, 이 작은 단위를 토큰(token)이라 한다. 토큰의 단위는 상황에 따라 다르지만 의미 있는 단위로 토큰을 정의한다. 단어, 문장, 형태소 등이 토큰 단위로 사용된다. 영문에서 간단한 구두점(예 따옴표("), 온점(.), 컴마(,), 물음표(?), 느낌표(?) 등)을 제외하는 토큰화 작업의 과정은 다음 그림과 같다.

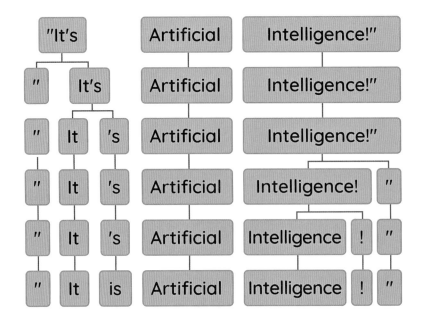

2 형태소 분석

자연어 처리에서 형태소 분석은 가장 기초적인 절차로 최소의 의미 단위인 '형태소'로 분석하는 것을 말한다. 즉, 단어로부터 어근, 접두사, 접미사, 품사 등의 다양한 언어의 속성을 파악하고 이를 이용해 형태소를 찾아 처리한다. 특히 형태소는 언어 내에서 의미를 내포하고 있는 가장 작은 단위이기 때문에 더 쪼개면 뜻을 잃어버린다.

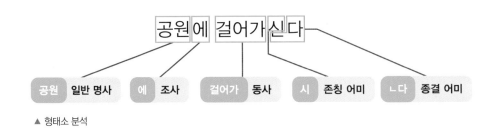

▲ 형태소 분석

한국어나 영어 등과 같은 모든 자연어는 모호성을 갖고 있다. 같은 단어라 하더라도 여러 개의 뜻을 갖고 있기도 하고 사람마다 띄어쓰기도 다르기 때문에 어절 자체의 정보만으로는 중의성을 해결하기는 어렵다. 또한 미등록어, 오탈자, 신조어 같은 경우도 자연어 처리를 어렵게 하는 요인이다.

중의성: 부르다 – (노래를) 부르다, (지영이를) 부르다, (배가) 부르다 등의 다양한 의미
띄어쓰기: 아버지가방에들어가신다 – 아버지가 방에 들어가신다
                       – 아버지 가방에 들어가신다
오탈자: 동해물과 백산이 마르고 달토록
신조어: 꾸안꾸, 엄근진, 아아, 갑분싸

형태소 분석에는 어간 추출, 원형 복원, 품사 부착과 같은 작업이 있다. 어간 추출은 변화된 단어의 접미사나 어미를 제거해 같은 의미를 갖는 형태소의 기본형을 찾는 방법이다. 원형 복원은 같은 의미를 갖는 여러 단어를 사전형으로 통일하는 작업이다. 품사 부착은 품사 태깅이라고도 하는데, 단어의 토큰화 과정에서 각 단어가 어떤 품사로 쓰였는지 구분하는 작업을 말한다.

'너는'이라는 어절에 대한 형태소 분석
- 너는 → 너(대명사) + 는(조사)
- 너는 → 널(동사) + 는(관형형 어미)

품사 부착의 예
- 너는 어제 공원에 갔다 → 너(대명사) + 는(조사) + 어제 공원 +에 가다 + 았 + 다
- 빨래를 너는 엄마를 봤다 → 빨래 + 를 널(동사) + 는(관형형어미) 엄마 + 를 보다 + 았 + 다

③ 구문 분석

구문 분석은 문법을 이용해 문장의 구조를 찾아내는 과정이다. 다음 그림은 구문 분석의 과정이다. 문장의 구문 구조는 트리 형태로 나타낼 수 있다. 즉, 몇 개의 형태소가 모여 구문 요소(phrase)를 이루고 그 구문 요소 간의 결합 구조가 트리 형태로서의 구문 구조를 이루게 된다. 문장은 주어부와 술어부로 나뉘고 주어부는 관사와 형용사구로 나뉜다. 형용사구는 형용사와 명사로 나뉘며 각각의 언어 토큰으로 연결된다. 술어부도 그림과 같이 트리 구조로 나뉘어 각각의 단어들의 관계를 설명한다. 구조화된 구문 분석 트리를 프로그래밍 언어로 구현해 파스 트리(Parse Tree) 형태로 개발한다.

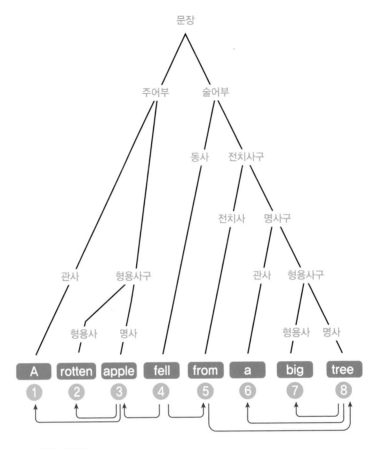

▲ 구문 분석 트리

```
from nltk import Tree
from nltk.draw.util import CanvasFrame
from nltk.draw import TreeWidget

cf = CanvasFrame()
t = Tree.fromstring('(S (NP this tree) (VP (V is) (AdjP pretty)))')
tc = TreeWidget(cf.canvas(),t)
cf.add_widget(tc,10,10) # (10,10) offsets
cf.print_to_file('tree.ps')
cf.destroy()
```

▲ 파스트리 추출 코드

4 의미 분석

의미 분석은 자연어를 이해하는 방법의 하나로 문장의 의미에 근거해서 문장을 해석하는 것을 말한다. 의미 분석 프로그램은 구문 트리와 기호표에 있는 정보를 이용해 해당 언어가 의미적으로 일치하는지 검사하고 다음 단계인 중간 코드 생성에 이용하기 위해 정보를 수집해 구문 트리나 기호표에 저장한다. 이러한 일을 하는 것이 바로 의미 분석기다. 구문 분석에서 만들어진 구문 트리(또는 파스 트리)가 입력되고 의미 분석이 이뤄진 파스 트리가 생성돼 출력된다.

의미 분석은 인간의 정신 활동에 대한 표현의 어려움, 계산적 모델 구현의 어려움, 실세계 지식을 구축하는 어려움 등의 한계를 갖고 있다. 다음의 예처럼 문법적으로는 맞아 보이지만, 의미상으로 틀린 문장들을 처리하는 방법이 필요하다.

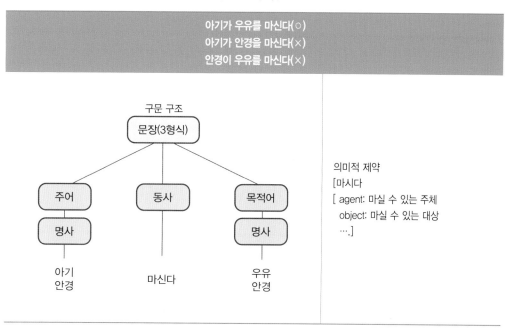

아기가 우유를 마신다(○)
아기가 안경을 마신다(×)
안경이 우유를 마신다(×)

구문 구조

문장(3형식)

주어 — 동사 — 목적어

명사 — — 명사

아기   마신다   우유
안경   안경

의미적 제약
[마시다
[agent: 마실 수 있는 주체
  object: 마실 수 있는 대상
  ….]

5 담화 분석

담화란 1개의 문장보다 큰 일련의 문장을 말하는 것으로 담화 분석은 입력된 문장을 전체 문맥과 연결하면서 정확하게 그 의미를 분석하는 것을 말한다. 예를 들면 다음과 같다.

예시 **그녀는 미소를 지었다.**
- 진이는 생일선물을 받았다. 그녀는 미소를 지었다.(행복한)
- 진이는 자격시험에 떨어졌다. 그녀는 미소를 지었다.(씁쓸한)

예시 **(AI봇의 예상 대답)**
- 거실에 있는 책을 갖고 와.
- AI봇 **예상 대답 1** 네. 책을 갖고 오겠습니다.
  예상 대답 2 책을 읽으려고 하나요?
  예상 대답 3 숙제를 하려고 하나요?

자연어 처리에서는 임의의 문장을 분석해야 하므로 매우 좋은 문법이 요구된다. 이때 좋은 문법으로써 고려해야 할 사항은 다음과 같다.

- **일반화(Generality):** 해당 문법이 커버할 수 있는 문장의 종류가 다양해야 한다.
- **구별성(Selectivity):** 해당 문법이 올바른 문장과 비문장을 잘 구별할 수 있어야 한다.
- **이해성(Understandability):** 문법이 복잡하지 않고 문법을 개발하는 사람이나 사용자가 이해하기 쉽도록 간단해야 한다.

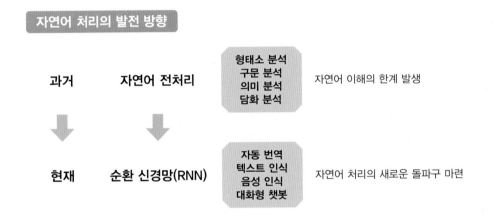

▲ 자연어 처리의 발전 방향

자연어 처리의 발전 단계를 살펴보면 앞서 살펴본 형태소, 구문, 의미, 담화 분석과 같은 전처리는 1차 특징을 추출하는 데 효과적이었지만, 문장을 이해하는 데는 한계가 있었다. 이에 대한 해결책으로 순환 신경망이 도입되고 RNN과 같은 모델링 알고리즘을 통해 2차 특징을 효과적으로 추출했다. 이를 통해 자동번역, 텍스트 인식, 음성 인식, 대화형 챗봇 등이 활발하게 개발되고 있다.

딥러닝을 이용한 자연어 처리

CNN은 이미지 인식과 같은 정적인 분석에는 효과적이나 말하는 것과 같은 연속적인 특징을 가진 데이터를 처리하기 어려웠다. 즉, 시계열적인 시간 특성이 포함된 동적인 언어 데이터는 기존 CNN으로는 해결하기 어렵다. 이러한 문제를 해결하기 위해 RNN이 등장했다. CNN과

RNN의 특징을 비교하면 다음과 같다.

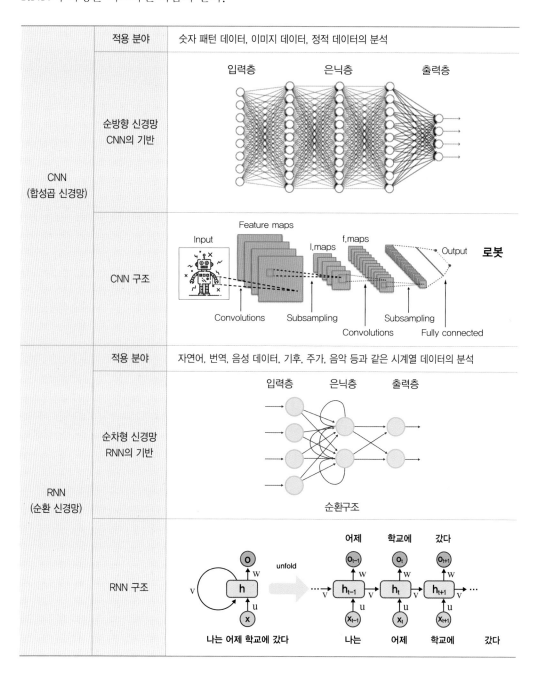

	적용 분야	숫자 패턴 데이터, 이미지 데이터, 정적 데이터의 분석
CNN (합성곱 신경망)	순방향 신경망 CNN의 기반	
	CNN 구조	
RNN (순환 신경망)	적용 분야	자연어, 번역, 음성 데이터, 기후, 주가, 음악 등과 같은 시계열 데이터의 분석
	순차형 신경망 RNN의 기반	
	RNN 구조	

순환 신경망(Recurrent Neural Network, RNN)은 시간에 따른 순차형(Sequence) 재귀 모델이다. 즉, 입출력을 시간의 순서에 따라 처리하는 모델이며 이전 출력값이 현재 결과에 영향을 미친다. RNN은 현재 검색어 창에 글자를 입력할 때 작동하는 자동 완성 기능이나 스마트폰의 음성 인식을 통한 문장 입력 기능, 각종 언어 간 통번역, 기계가 사람과 채팅을 하는 챗봇, 영

상의 자막 자동입력 기능 등에 활용되고 있다. 그리고 뉴스를 통해 인공지능이 기사, 글을 쓴다는 것들도 바로 RNN 기반의 인공지능 모델을 사용한 것이다.

RNN의 예를 살펴보자. 예를 들어 이동통신사에 고객 데이터셋이 있다고 할 때 1,000번째 고객 데이터와 1,001번째 고객 데이터 간에 연관성은 없다. 두 고객 데이터는 서로에게 영향을 주지 않는다. 하지만 일별 주식 변동 데이터의 경우, 오늘의 주식 시세는 어제의 주식 시세로부터 출발하므로 서로 상관관계가 있다. 또 글자가 연속되는 단어, 문장 데이터 경우에도 앞뒤 데이터 간에 연관성이 있다. 예를 들어, '안, 녕, 하'가 연속된 다음에는 '세'가 등장할 가능성이 크고 '안, 녕, 하, 세' 다음에는 '요'가 등장할 가능성이 크다. 또 '동해물과'를 사용자가 입력하면 다음에는 '백두산이'가 입력될 가능성이 크다. 이처럼 앞뒤 데이터 간에 연관성이 있는 데이터셋에 사용하는 모델이 바로 RNN이다.

RNN의 기본적인 구조는 다음과 같다.

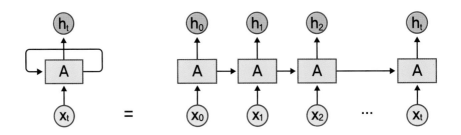

RNN 구조는 순환 W와 입력 U의 2개의 가중값이 존재한다. 이 가중값을 찾아 학습시키면서 자연어 처리를 하게 된다.

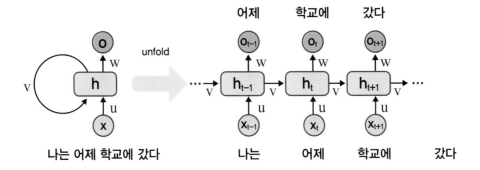

'나는 학교에 간다.'라는 문장을 이해하기 위해 사람들은 각각의 단어와 어절을 순서대로 연결하며 이해한다. 하지만 대화의 내용이 길어질수록 앞서 나눴던 대화의 내용을 놓치기도 한다. RNN에도 입력의 정보가 뒤로 갈수록 사라진다는 문제점이 있었다.

따라서 나온 해결 방법이 'STM(Long Short Term Memory)'이다. 입력 중 핵심적인 정보를 잊어버리지 않고 뒤로 전달한다. 즉, RNN의 기본구조를 중첩해 확장하는 구조를 가진다.

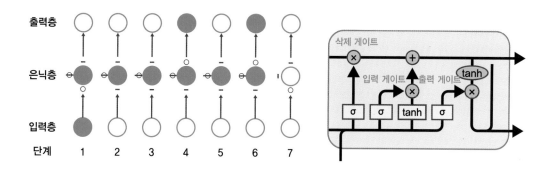

중첩하면 입력과 순환 각각 4개씩 총 8개의 가중값이 존재하며 계산량이 증가한다. 문장이 길어지면 그에 따른 가중값이 증가하고 전체 입력 문장을 반영하지 못하는 한계점이 있다. 이를 위해 Seq2Sep 모델이 나왔다. 이것은 인코더와 디코더 2개의 LSTM으로 구성됐다.

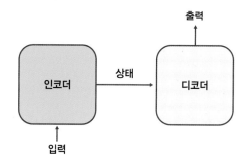

인코더로 입력 문장을 먼저 처리하고 디코더로 답변 문장을 출력한다.

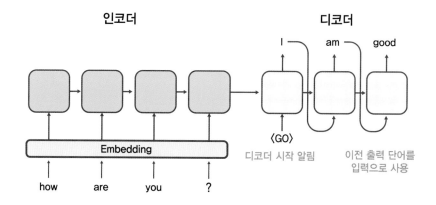

- **인코더:** 입력 시퀀스를 처리하는 부분. 정보를 고정된 길이의 컨텍스트 벡터로 압축을 한다. 전체 시퀀스의 의미를 잘 요약해주는 역할을 함.
- **디코더:** 인코더가 압축한 컨텍스트 벡터로 초기화를 해준 다음 타깃 시퀀스로 변환해주는 역할을 함. 디코더의 처음 상태는 인코더 네트워크의 마지막 상태를 사용함.

LSTM과 Seq2Sep 모델도 정보의 흐름을 조정하는 게이트만으로는 자연어 인식의 부족한 한계에 다다랐고 입력문장이 길어지면 답변의 정확도가 떨어졌다. 예를 들면 다음 그림에서처럼 문장이 길어지면서 친구들과 놀러간 곳이 어디인지를 잊게 되는 상황이 발생한다. 즉, 계산량의 복잡도가 증가하며 자연어 처리에 문제가 발생했다.

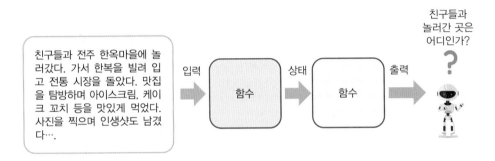

어텐션(Attention)은 길이가 긴 문장의 기억을 돕기 위해 만들어졌다. 핵심 아이디어는 자연어 처리 모델이 출력단어를 예측할 때 특정 단어를 집중해서 본다는 것이다.

어텐션과 Seq2Sep는 인코더의 출력값들을 모아 디코더 계산에 같이 사용한다.

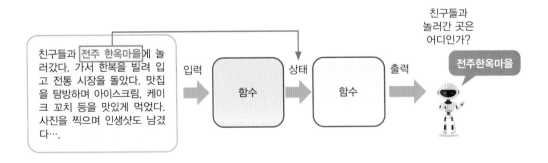

2017년 구글은 LSTM은 사용하지 않고 어텐션 신경망만 사용해 인코더-디코더를 구현했다. 바로 트랜스포머(Transformer) 범용 딥러닝 모듈 아키텍처다. 이것의 가장 큰 장점은 병렬 처리를 통한 학습 속도의 향상이다. 이 내용은 다음 챗봇 만들기 실습을 통해 체험해보자.

CNN과 RNN을 이용한 이미지 캡션 생성

CNN과 RNN을 함께 사용한다면 임의의 이미지에 포함된 객체를 텍스트로 설명해주는 시스템을 만드는 것도 가능하다. 2개의 알고리즘을 통합해 구현한 프로그램이 실제로 어떻게 동작하는지는 모르지만 그 결과는 놀랍다. CNN과 RNN을 합친 모델은 이미지로부터 얻어낸 주요 단어들과 이미지의 각 부분을 매칭해줄 수도 있다.

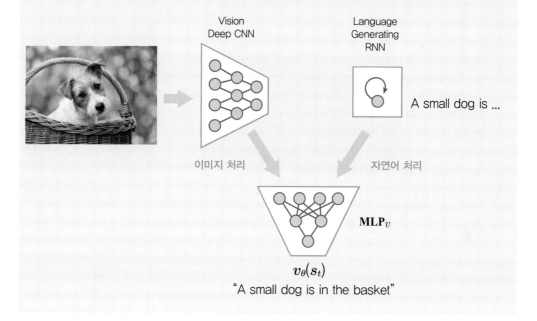

시뮬레이션 챗봇(Dialogflow) 만들기

1 다이얼로그플로우 접속하기

▲ 출처: https://dialogflow.cloud.google.com

- 다이얼로그플로우에 접속한 후 오른쪽 하단 또는 왼쪽 상단의 [Create Agent] 메뉴를 클릭한다. 단, 구글 계정으로 로그인을 해야 한다.

- 여기에서 만들 것은 영화 예매를 도와줄 챗봇이다.

영화	작은 아씨들	라라랜드	어벤져스	극한 직업
상영 시간	11:00 AM	2:00PM	3:00 PM	5:00PM
좌석	A1, A2, A3, B1, B2, B3, C1, C2, C3			

2 새로운 에이전트 만들기

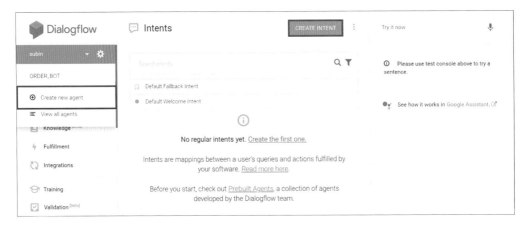

- [Create new agent]를 클릭해 새로운 에이전트를 생성한다. 에이전트의 이름은 영어로 입력한다. 챗봇의 이름이라고 생각하면 쉽다.
- 기본 언어는 한국어를 사용할 수 있도록 "Korean"으로 설정한다.

③ 엔티티 만들기

- 엔티티는 업무에 필요하고 유용한 정보를 저장하고 관리하기 위한 것이다.
- 문장에 들어가는 구성 요소들로 영화 예매를 담은 문장에는 영화 이름, 상영 시간, 티켓의 개수 등이 엔티티가 된다.
- 여기에서는 영화 예매 챗봇이므로 영화, 예약, 좌석 세 가지의 정보를 입력해보자.
- [CREATE ENTITY]를 클릭한다.

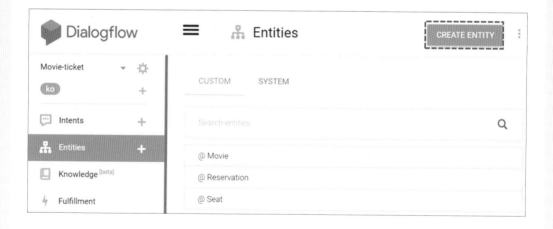

- [Entities] 입력 칸에 'Movie'를 입력한다.
- 그리고 아래 목록에 해당하는 영화 제목을 쓰고 옆에 사람들이 유사하게 입력할 수 있을 것 같은 영화 제목도 함께 입력한다.
- 나머지 엔티티도 만든다.
- Reservation의 경우 예약, 예매, 티켓팅, 구매 등의 유사어를 입력한다.
- Seat는 자리를 입력한다.

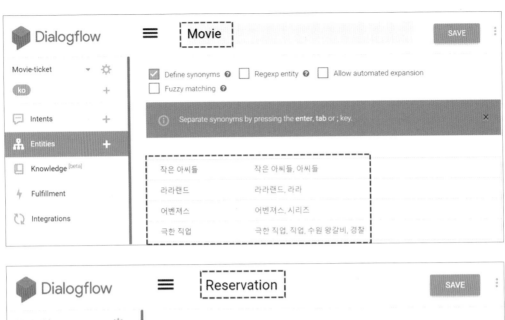

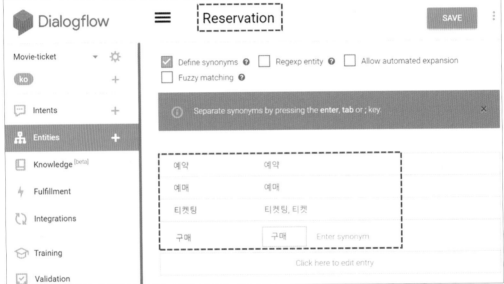

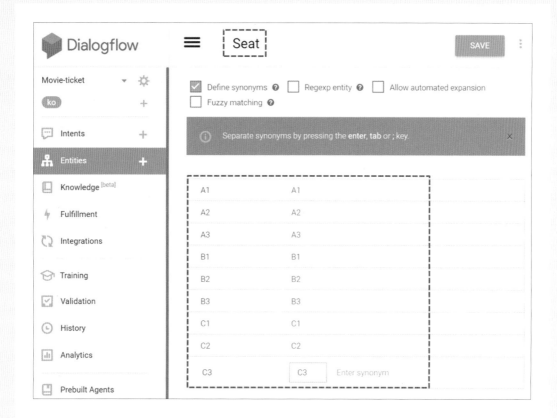

④ 인사말 인텐트 만들기

• 챗봇과 대화하는 사용자의 의도를 말한다. 인텐트는 사용자의 입력 문장에 따라 분류되는 단위이며 챗봇이 작업 수행을 위한 정보를 전달하는 역할을 한다. 예를 들어 '내일 날씨 어때?'라는 문장에서의 의도(인텐트)는 '날씨 문의'가 된다.

• 먼저 인사말부터 학습시키자.

• [Intents]를 클릭한 후 [Default welcome Intent]를 클릭한다.

• "영화 보러 갈까?" 등과 같은 간단한 인사말을 입력하고 응답에는 "영화관에 오신 걸 환영합니다. 무엇을 도와 드릴까요?"라는 말을 입력하고 저장한다.

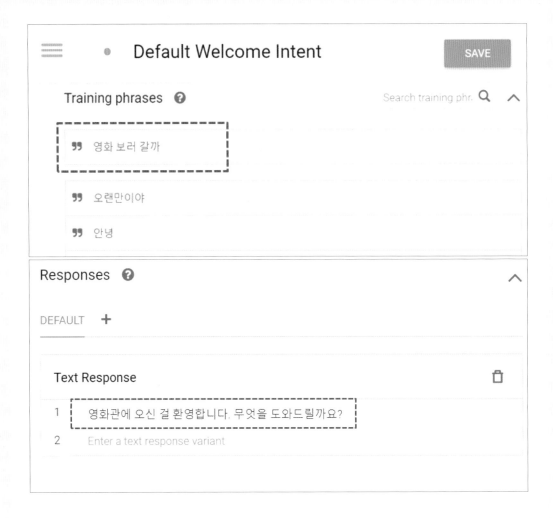

5 새로운 인텐트 만들기

- 영화 예매와 관련한 인텐트를 만들어보자.
- [Intent]를 클릭한 후 [Create Intent] 클릭하고 'Ticketing'을 입력한 다음 저장하자.

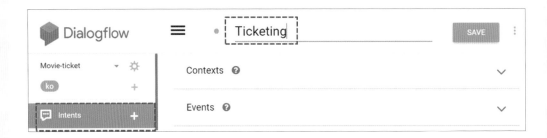

- [Training phrases]에 '작은 아씨들 티켓 2장 예매하고 싶어'를 입력한다.
- 그럼 미리 정의해 놓았던 엔티티인 예약과 영화, 티켓을 이해한다.
- 혹시 이해하지 못하는 부분은 단어에 더블클릭해 해당 값을 선택하거나 입력하면 된다.

- 문장 연습에는 다양한 상황이 담긴 여러 문장을 입력시켜 주면 좋다(예 극한 직업 티켓 3장 좌석 A로 예약해주세요. 등).

- 이제 여기에서 빠져있는 정보를 살펴보면 시간과 좌석이 빠져있다는 것을 알 수 있다.
- [+ New parameter]를 눌러 추가 입력을 하고 엔티티 값도 정해준다.

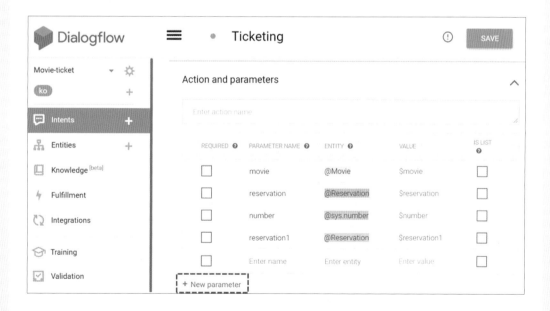

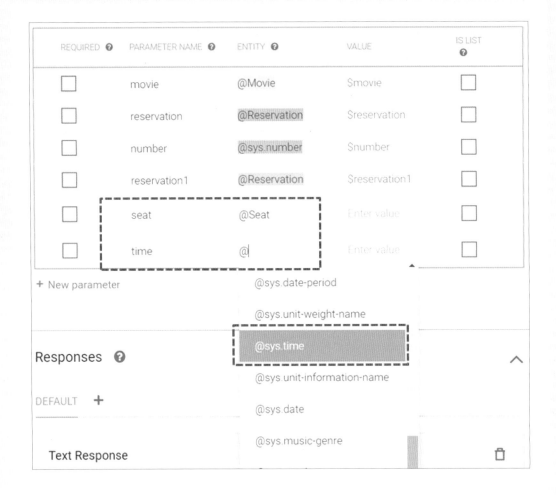

- 영화 예매에서 시간과 좌석은 필수 정보이므로 챗봇이 물어봐야 한다.
- 해당 정보에 체크를 하고 챗봇이 물어봐야 할 내용을 [Define prompts]를 클릭해 입력한다.

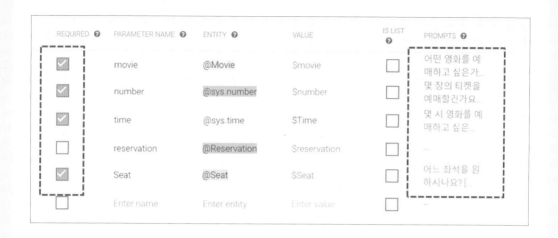

REQUIRED	PARAMETER NAME	ENTITY	VALUE	IS LIST	PROMPTS
☑	movie	@Movie	$movie	☐	어떤 영화를 예매하고 싶은가...
☑	number	@sys.number	$number	☐	몇 장의 티켓을 예매할건가요...
☑	time	@sys.time	$Time	☐	몇 시 영화를 예매하고 싶은...
☐	reservation	@Reservation	$reservation	☐	...
☑	Seat	@Seat	$Seat	☐	어느 좌석을 원하시나요? [...
☐	Enter name	Enter entity	Enter value	☐	...

⑥ 응답 입력하기

• 예매 조건들이 완료됐을 때의 답변을 입력하고 저장한다.

Responses ❓

DEFAULT ＋

Text Response 🗑

1 완료되었습니다. 즐거운 영화관람 되세요|

2 Enter a text response variant

• 이제 설정을 완료했으면 챗봇을 실행해보자.

• 'Web Demo'를 활성화하고 해당 주소로 들어가서 보자.

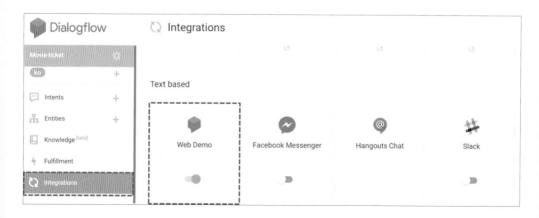

- 이제 챗봇과 영화 예매를 해보자.

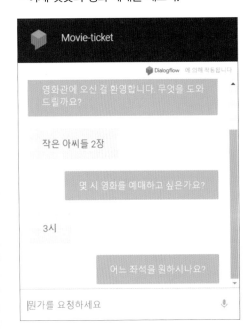

AI Topic 인공지능 분야의 튜링상 수상자

▲ 앨런 튜링(Alan M. Turing, 1912~1954)

　튜링상(Turing Award)은 ACM(Association for Computing Machinery)에서 컴퓨터 과학 분야에 업적을 남긴 사람에게 매년 시상하는 상이다. '컴퓨터 과학의 노벨상'이라고도 불린다. 영국의 수학자이며 현대 전산학의 아버지라 할 수 있는 앨런 튜링의 이름을 땄다. 현재는 인텔사에서 후원하고 있으며 10만 달러의 상금이 부상으로 주어진다. 1966년, 앨런 펄리스가 고급 프로그래밍 기법인 컴파일러의 설계를 통해 처음 수상한 이래 현재까지 이어오고 있다.

대표적인 튜링상 수상자 중 인공지능 과학자는 다음과 같다.

　1969년: 마빈 민스키(인공지능)
　1971년: 존 매커시(인공지능)
　1975년: 앨런 뉴웰/허버트 사이먼(인공지능, 인지과학, 리스트 처리)
　1994년: 에드워드 파이겐바움/라즈 래디(대용량 인공지능 시스템)
　2010년: 레슬리 밸리언트(기계학습)
　2011년: 유디 펄(인공지능, 확률적 알고리즘과 원인 추론)
　2018년: 제프리 힌튼/조슈아 벤지오/얀 르쿤(심층 학습)

▲ 튜링상 수상자로 선정된 제프리 힌튼, 조슈아 벤지오, 얀 르쿤(2018) (출처: https://www.pinterest.co.kr/pin/851250767053889633/)

1 자연어와 자연어 처리에 대해 설명하고 자연어 처리 기술의 예시를 설명하시오.

2 자연어 처리 기술의 역사와 이 기술이 급속하게 발전하게 된 계기에 대해 설명하시오.

3 자연어 처리가 다른 인공지능 분야와 다르게 개발이 어려웠던 이유를 설명하시오.

4 자연어 처리의 분야에 대해 설명하고 기존 검색 시스템과 질의응답 시스템을 비교해 설명하시오.

5 자연어 처리의 과정을 예를 들어 설명하시오.

6 CNN과 RNN의 적용 분야와 구조를 그림을 이용해 설명하시오.

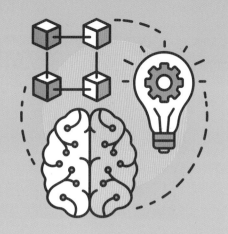

로보틱스

 지능을 갖춘 로봇

로봇은 이미 많은 산업 현장과 실생활에서 사용되고 있으며 그 활용 범위를 점차 넓혀나가는 중이다. 지금까지 공장에서 가동됐던 수많은 자동화 로봇이 정해진 동작을 정확히 수행하는 데 중점을 뒀다면 앞으로의 로봇은 다양한 문제를 자율적으로 해결할 수 있는 지능형 로봇이 중요해질 것이다. 지능형 로봇은 스스로 주변의 새로운 변화를 감지하고 실시간으로 학습해 대응할 줄 아는 로봇이 바로 지능을 갖춘 로봇이라고 할 수 있다.

로봇은 다양한 용도로 사용되고 있다. 사람이 처리하기 어렵고 위험하며 힘든 작업에 로봇을 대신 투입하고 있으며 크게 산업용 로봇과 서비스 로봇으로 구분한다. 산업용 로봇은 생산 단계의 반복적인 작업을 수행하는 로봇이고 주로 인간의 팔과 같은 부분 기능을 하는 장치(Actuator)가 구동된다. 주어진 작업을 정확한 동작으로 수행할 수 있게 만들어진 것이다. 서비스 로봇은 주변 환경에 따라 적합한 행동을 하도록 프로그래밍 된 로봇이다. 환경에 반응하고 자율적으로 행동해야 하므로 인공지능이 필수적이고 핵심적인 역할을 하게 된다. 휴머노이드나 안드로이드처럼 생김새도 사람과 비슷하게 만들어놓는 경우가 대부분이다.

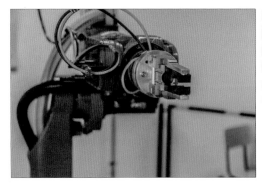

▲ 산업용 로봇

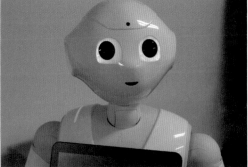

▲ 서비스 로봇

같은 일만 반복해 처리하는 논리 회로와 달리, 인공지능은 스스로 데이터를 학습해 일 처리 방식이나 내용을 바꾸는 능력을 지닌다. 인공지능이란 표현이 마치 인간의 두뇌를 대신해서 일 처리 한다는 의미로 해석되지만 실제론 작업 환경이 빠르게 변하거나 처리해야 할 데이터가 많은 경우 두뇌를 보완하는 기능으로 활용하는 것이 좋다. 로봇 역시 인체의 허약함을 보완하는 기계장치로서 더 활용 가치가 높다. 로봇은 인체가 견디기 어려운 환경, 인간이 감당하기 힘든 것을 대신한다. 예를 들면, 방사능 오염 지역이나 화재 지역에서 임무를 수행하고 공장에서 인체가 감당하기 어려운 고속 반복 작업이나 매우 정교하고 미세한 작업을 로봇이 대신하는 게 바람직하다. 로봇이 인간의 모습을 빼닮을 필요는 없다. 인간의 오감 능력과 인체의 힘을 능가하는 하드웨어로 인간의 단점을 보강한다면 적은 비용을 투자해 효과적인 로봇을 개발할 수 있다. 반면, 단순히 인간의 모습으로 인간의 행동을 모방하는 로봇이라면 투자 대비 실용 가치가 낮다고 평가하는 게 요즘 추세다.

산업 현장에서의 로봇은 이미 거스를 수 없는 대세로 자리 잡았다. 산업용 로봇은 대상 작업을 입력된 논리 구조에 따라 빠르고 정확하게 작업하는 데 목적이 있으며 생산성과 정확성 면에서 인간을 월등히 초월한다. 최근에는 인간과 역할을 분담하는 코봇(Cobot, 협동 로봇)이 산업 현장에 확산되고 있다. BMW 조립 라인 사례에선 로봇-인간 공동 작업으로 생산성이 85%나 증가했다는 보고가 있다.

■ 산업용 로봇과 이동 로봇, 자율로봇으로 진화

위치가 고정된 산업용 로봇과 달리 다른 장소로 물품과 사람을 옮기는 이동 로봇도 앞으로 크게 관심을 받게 될 것이다. 이동 로봇의 대표적인 예로는 물류 창고에서 활용되는 키바(KIVA) 로봇, 일정 지역에서 운행하는 무인 주행 자동차를 들 수 있다. 인공지능보다 주로 논리 구조에 따라 작동된다는 점에서 '부분 자율로봇'이라 할 수 있다. 궁극적으로는 완전 자율주행 자동차와 같이 인공지능에 의해 작동하는 진정한 자율로봇 시대가 10년 이내에 가능할 것이란 주장도 있다.

▲ KIVA

▲ COBOT

▲ 출처: https://spectrum.ieee.org/robotics/robotics-software/three-engineers-hundreds-of-robots-one-warehouse,
https://www.therobotreport.com/abb-yumi-cobot-dutch-manufacturer/

자율로봇의 핵심은 이동의 정확성과 동작의 안전성에 있다. 예를 들면 평창 동계올림픽 개·폐막식 현장의 상공에서 1,000여 대의 드론이 오륜기와 수호랑 마스코트 형상을 멋지게 그려냈다. 만약 일부 드론들이 실수로 제 위치를 이탈한다 해도 특별히 문제될 것은 없다. 하지만 얼마 전 우버 자동차 사고처럼 자율주행차가 주행 중 갑자기 나타난 보행자를 인식하지 못하면 인명 사고로 이어질 수 있다.

▲ 평창 드론 쇼

▲ 우버 자율주행자동차 사고

▲ 출처: 해외문화홍보원(공공누리 1 유형, https://www.youtube.com/watch?v=8_ZOn5RKwU0)

13

인공지능 기술이 발달하고 있지만, 자율로봇을 작동시킬 만큼 인공지능 기술이 충분히 발달했다고 단정하기에는 아직은 이르다. 특히 로봇의 시각 인식 능력이나 3차원 이미지 분석 속도는 자율로봇 시대를 단기간 내에 구현하기 어렵다. 혼다가 휴머노이드 로봇을 개발한 지 20년이 더 지났지만 아시모(Asimo)는 아직도 미지의 복잡한 공간을 자율보행하지 못한다. 최근에 보스톤다이내믹스(Boston Dynamics)가 공개한 네 발로 걷는 스팟미니(Spotmini) 로봇은 사람의 방해를 무릅쓰고도 방문을 열고 들어가는 연기를 보여줬다. 하지만 이런 연기는 충분히 준비된 연출의 결과일 뿐이다.

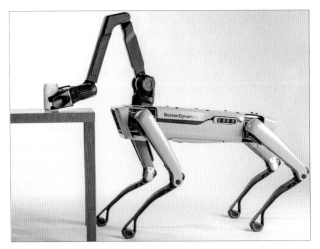

▲ 스팟미니(출처: https://robots.ieee.org/robots/spotmini/?gallery=photo2)

다양한 동작을 할 수 있도록 로봇이 개발되지만 특별한 소재, 센서, 모터들이 많이 필요하다. 인체엔 움직이는 관절이 300여 개 이상 되지만, 로봇의 움직이는 관절은 수십 개에 불과하다. 물리적으로 인체의 움직임을 로봇이 재현하기는 어렵다. 따라서 로봇은 인체가 감당할 수 없는 특수 용도로 제작돼야 하며 우주 탐험 로봇처럼 막대한 개발비가 걸림돌이 돼선 현실에 적용하기 어렵다.

2 로봇의 다양한 기술 분야

로봇은 실로 다양한 기술이 복합적으로 이뤄져 완성되는 융합 기술이다. 기존 소프트웨어의 모듈뿐 아니라 물리적인 부분, 최근의 인공지능 기술까지 결합돼야 함은 물론이고 컴퓨터가 아직 정복하지 못한 인지와 인식의 범위까지 그 영역을 확장해야 한다. 지능형 로봇을 만들기 위해서는 많은 기술이 필요하다.

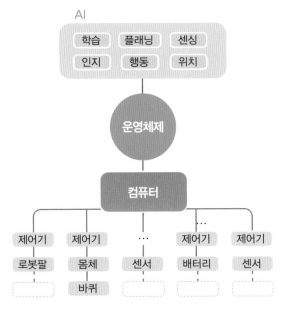

▲ 로보틱스를 위한 학문과 기술 영역

🔢 로봇의 물리적인 구성 요소

　로봇은 필연적으로 물리적인 부분이 포함된다. 크게는 프레임과 구동기(actuator)로 나눌 수 있다. 프레임은 로봇의 전체적인 뼈대를 이야기하고 구동기는 전기로 움직이는 요소를 이야기한다. 프레임은 로봇을 지지하는 부분이다. 보통은 이 프레임에 관절로 다른 팔(링크)을 연결해 전체적인 모양을 만들고 끝에 물건을 잡거나 밀거나 하는 부분인 단말 조작기를 연결해 최종적으로 완성한다. 세세하게는 관절 부분에 베어링이나 기어, 타이어 벨트 등이 모두 포함된다. 구동기는 관절에 부착되는 전자적인 장치로 구동기가 힘을 전달하면 관절이 굽혀지거나 펴져서 움직임이 완성된다. 이외에도 로봇은 수많은 센서로 이뤄진다.

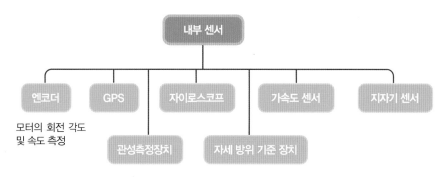

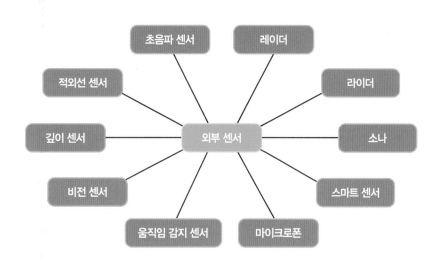

- **구동기:** 유압식(유압 실린더)– 공기압식(공기압 실린더)
- **모터의 종류:** DC 모터, 서브 모터, 스테퍼 모터, 리니어 모터

제어 시스템

4 인지 기술

로봇에는 수많은 기술이 함께 작동하지만, 가장 최근의 눈부신 발전을 이루고 있는 분야는 인지 분야다. 로봇을 미세하게 움직이는 능력은 있었지만 나사인지 볼트인지 구분하는 능력은 최근에 발전된 분야다. 인지 기술을 정확히 정의하는 바는 없지만 작게는 인간이 보고 듣고 느끼는 감각에서부터 시작해 크게는 지능적인 처리를 담당하는 부분까지를 이야기한다.

인지 기술이 발전할 수 있었던 배경에는 컴퓨터 속도의 증가, 빅데이터의 활용, 인공지능, 클라우드 기술의 발전, 기계학습 등이 있다. 우리가 개와 고양이를 구분하는 것은 수많은 데이터의 학습이다. 어렸을 때부터 계속 이를 지켜본 학습의 결과인 것이다. 즉, 컴퓨터의 속도와 용량의 증가는 이런 데이터들이 계속 쌓이는 것을 가능케 했고 빅데이터의 발전으로 이러한 데이터들을 통계적으로 활용할 수 있다. 또 클라우드 컴퓨팅 기술은 인터넷의 수많은 개와 고양이 사진을 이용해 학습하는 기반이 됐고 이러한 전 과정이 기계학습을 통해 데이터의 패턴을 파악하고 예측을 할 수 있는 예측 머신이 된 알고리즘으로 동작했다.

이러한 기술은 로봇을 이용한 인지적인 자동화를 가능케 한다. 작업을 관리하는 RPA 시스템이 인간의 행동과 판단 능력을 복제해 반복적 작업이나 업무 프로세스를 자동화할 수 있게 된다. 예를 들면 우편 업무, 보험금 청구, 계좌 개설 등 반복적이면서 시간을 많이 쓰면서도 표준적인 데이터를 사용하는 것은 쉽게 구현할 수 있는 영역이다. 이러한 방법은 인력을 축소하고 절차를 간소화함으로써 비용을 줄일 수 있는 장점이 있다. 또 사람에 따라 달라지는 서비스의 품질을 일정하게 유지할 수 있는 장점이 생긴다. 이렇듯 인지 기술은 다양한 분야에서 장점으로 작용하고 있다.

분야	활용
금융	부정 행위 감지, 주식 자동거래, 펀드 성과 개선, 키오스크 로봇, 서비스 응대 로봇
건강	의료 화상 분석, 암 조영술, 치료 결과 예측, 성공 가능성 예측, 의료 로봇, 수술 팔 등
화학	신약 발견 및 예측, 질병 예측, 제조 로봇, 위험 대체 로봇
공공	챗봇 공공서비스, 치안 유지 활동, 응급 상황 관리, 자동 이동 로봇, 배달 로봇
산업	제품 불량 파악, 품질 점검, 사고 감시, 사업 운영 계획 수립, 조립 로봇, 컨베이어 로봇

시뮬레이션 AWS 로보메이커 사용하기

※ 해당 프로그램 안내의 마지막에 과금 발생 방지를 위한 설명이 있습니다.

1 AWS(Amazon Web Service) 가입하기

　https://aws.amazon.com에 접속한 후 Create an AWS Account(AWS 계정 생성)를 선택해 AWS 계정을 만든다. 이때 신용카드가 필요하다.

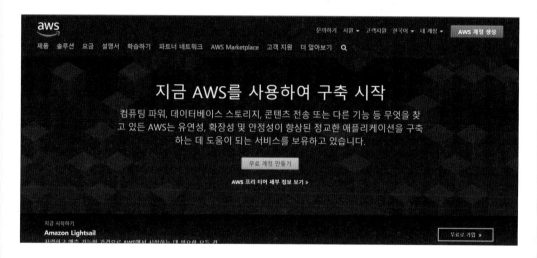

2 로보메이커 사용하기

　https://console.aws.amazon.com/robomaker/에 접속해 로그인한다. 앞으로 계속 사용할 예정이라면 IAM 계정을 추가하고 단지 체험할 내용이면 조금 전 가입한 Root 사용자로 로그인한다. 로그인 후 우측 위의 지역에서 미국(오레곤)을 선택한다. 일부 지역에서만 로보메이커(RoboMaker)를 지원한다. 이후 서비스 찾기에서 robomaker를 검색해 들어간다. 해당 메뉴에서 'Sample Application' 사용하기를 클릭한다.

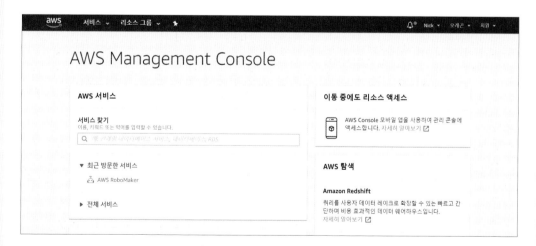

③ Hello World 사용하기

Hello world를 선택하고 시뮬레이션 작업시작을 클릭한다. 5분 정도 기다리면 실행된다. 이후 화면의
GAZEBO를 선택하도록 한다.

④ Gazebo 사용하기

현재 중력이 적용된 물리적인 상황을 가상공간에 올려둔 모습을 볼 수 있다. 왼쪽의 World 하위에서 여
러 물리적인 상황을 설정할 수 있다. Insert에서는 여러 물체나 건물 등을 올려둘 수 있다. 직접 만든 물리
적인 상황을 가정하고 로봇을 움직여 볼 수 있다. 물리적인 상황을 테스트하기 위한 장치다.

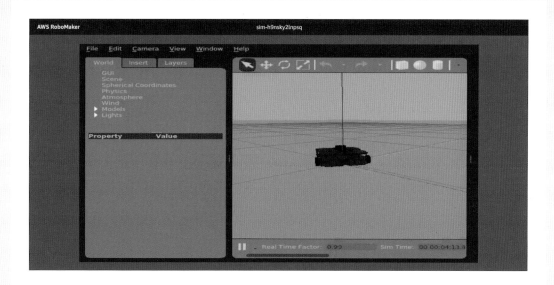

5 Rviz 사용하기

Gazebo를 선택해 들어갔던 페이지에서 Rviz를 선택한다. Rviz는 이전의 물리적 공간과 다르게 센서를 이용해 센서 데이터를 보고 저장하는 곳이다. 먼저 좌측의 Fixed Frame을 base_footprint로 바꿔 로봇을 가져온다. 그리고 [Add]에서 [RobotModel]을 선택하고 [OK]를 누른다.

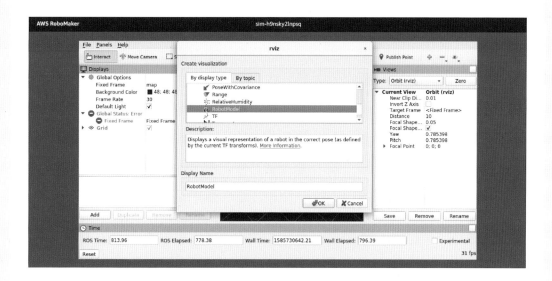

이후 [Add]에서 [Laser Scan]을 선택한다. [Laser Sensor]의 하위 메뉴 중 Topic에서 /scan을 선택하면 해당 로봇이 센서를 이용해 주변을 감지하는 것을 볼 수 있다.

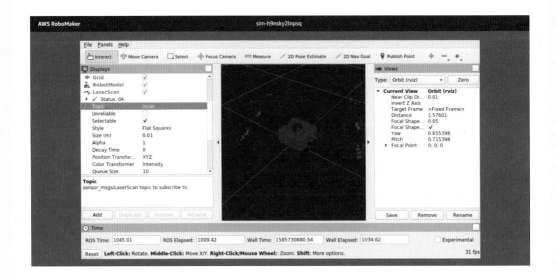

이 자료를 이용해 로봇이 지도를 작성하거나 장애물을 회피할 수 있게 된다. 알고리즘을 짜서 해당 센서에 대한 학습으로 로봇이 스스로 움직이게 할 수 있는 기반을 만들어볼 수 있다.

⑥ 데이터 지우기

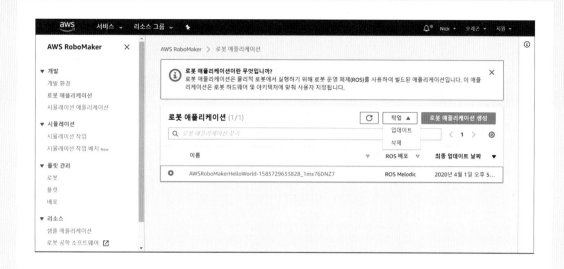

시뮬레이션을 취소하고 메뉴에서 로봇 애플리케이션을 삭제한다. 혹시라도 이외의 내용으로 시뮬레이션을 실행시켜둔 채로 놔두면 과금이 될 수 있다(메뉴는 왼쪽 위의 메뉴바를 클릭한다). https://console.aws. amazon.com/ec2/에서 실행 중인 Instance가 0으로 나와야 한다.

코딩으로 체험하기 　로봇 팔 체험해보기

소스 파일: 부록_8_로봇팔.sb3

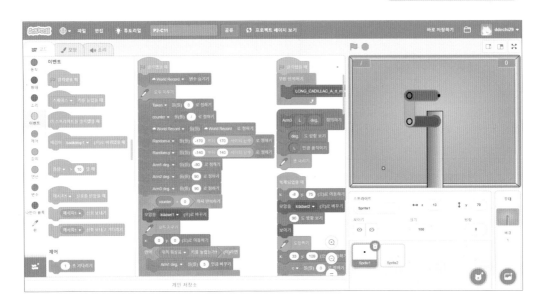

1 실행하기

- 초록색 깃발을 클릭한다.
- ↑/↓ 키로 첫 번째 관절을 움직여본다.
- →/← 키로 두 번째 관절과 링크를 움직여본다.
- A/D 키로 세 번째 링크를 움직여본다.
- 프로그램을 바꿔 구동기의 마지막 부분을 추가해보자.

2 프로그램 설명

　이 프로그램은 산업용 로봇의 관절을 표시한 것이다. 인공지능 관련 부분은 없지만, 로봇의 물리적 부분을 체험할 수 있다. 프로그램을 실행해보면 원하는 목표 지점까지 단말 조작기를 움직이기 위해서는 수많은 계산이 필요하다는 것을 알 수 있다.

물리적인 장치를 구현해 실제 시뮬레이션처럼 실행시키기 위해서는 기계공학, 자동화, 수학, 물리 등 다양한 학문이 융합돼 사용된다.

로봇 폭행 사건

　지난 2015년 보스톤 다이내믹스(Boston Dynamics)는 네 발 달린 로봇을 발로 차는 영상을 공개했다. 이 영상의 의도는 80kg이 넘게 나가는 네발 달린 로봇의 균형 능력을 보여주는 것이었지만 막상 이걸 보는 사람들에게는 다른 모습으로 다가왔다. 그리고 얼마 지나지 않아서 CNN 뉴스는 "Is it cruel to kick a robot dog?"라는 기사를 올렸다. 의견들은 매우 갈렸다. 어떤 사람들은 로봇이 고통을 느끼지 않기 때문에 전혀 상관이 없다는 반면, 어떤 사람들은 진짜 강아지를 차는 것처럼 가슴이 아팠다고 이야기했다.

해당 내용은 마음에 관한 철학적인 논쟁까지 촉발했다. 우리의 마음을 아프게 만드는 것이 대상의 고통에 대한 공감인지 아니면 보는 사람의 마음속에 있는 고통인지 알 수 없게 된 것이다. 이를 넘어서서 만약 로봇이 가격당할 때 비명을 지르도록 설계돼 있다면 어떻게 될까? 이를 보는 사람은 과연 로봇의 마음에 대해 알 수 있을까?

지금까지 로봇은 감정의 영역에서 배제돼왔다. 감정은 오직 생명체의 것이라는 생각이었다. 그러나 이제는 점점 상황이 달라지고 있다. 인지 기술의 발전은 사람의 얼굴을 놀랍도록 자세하고 빠르게 분석할 수 있게 됐으며 심지어 인간이 미처 잡지 못한 미세한 근육의 움직임까지 포착하는 알고리즘이 발달해 감정 판별에 인간보다 약 30% 이상 뛰어난 결과를 보여주고 있다. 그렇다면 이제 로봇은 사람의 감정을 읽어내고 이에 대해 적절한 반응을 보여주게 될 것이다. 앞으로의 로봇은 기쁜 일에 함께 손뼉을 쳐주고 슬픈 일에는 옆에서 어깨를 토닥여주게 될 것이다. 그럼 이제, 로봇은 감정을 가진 것일까? 반대로 감정을 느끼지 못하는 심신 상실 상태의 사람은 감정이 있는 것일까?

▲ 출처: Boston Dyanamics

1 산업용 로봇과 서비스 로봇을 비교해 설명하고, 로봇이 인간을 대체해 활용될 수 있는 사례를 설명하시오.

2 현재의 자율로봇의 한계점을 설명하시오.

3 로봇의 물리적인 구성 요소에는 무엇이 있는지 설명하시오.

4 로봇의 인지 기술이 발전할 수 있었던 배경에 대해 설명하시오.

5 로봇을 이용한 인지적인 자동화가 우리 생활에 활용되는 사례를 설명하시오.

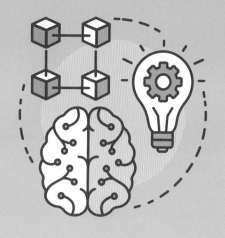

Chapter 14

빅데이터와 사물인터넷

4차 산업혁명을 촉발한 기술은 크게 빅데이터와 사물인터넷, 클라우드, 그리고 인공지능이다. 이것은 컴퓨터 과학의 데이터, 하드웨어, 알고리즘 그리고 사용자의 네 가지 영역을 대변하는 용어로 4차 산업혁명이 결국 정보 혁명과 다르지 않다는 것을 알 수 있다.

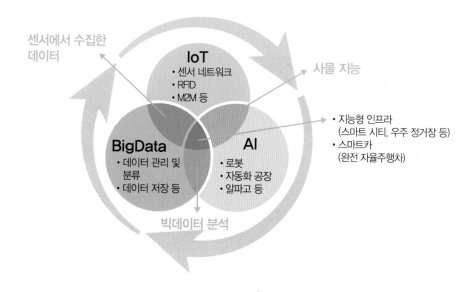

이러한 4차 산업혁명은 사물인터넷을 통한 빅데이터의 수집과 클라우드를 통한 데이터의 관리와 공유를 가능하게 했고 인공지능 알고리즘을 통한 데이터의 분석과 처리를 통해 사용자들의 유용한 정보와 지식의 지능적인 처리를 가능하게 했다.

② 정보의 폭발적 증가, 빅데이터

빅데이터(Big data)란, 데이터들의 집합과 함께 기존에 한 서버에 저장된 기존 데이터베이스의 관리와 이용을 넘어서는 대량의 데이터로부터 의미를 찾아내고 결과를 분석하는 기술을 총칭한다. 저장 매체의 용량 증가와 네트워크 연결의 속도 개선으로 기존의 지식은 활자나 실물에서 점차 온라인으로 옮겨갔으며 지식의 종류도 단순 텍스트에서 사진이나 영상까지 포함하게 되면서 처리의 양이 예전과는 비교도 되지 않는 크기로 커졌다. 게다가 예전의 데이터는 정해진 데이터베이스 형태(정형 데이터)가 주로 사용됐지만, 이제는 규칙이 정해지지 않은 비정형 데이터가 더욱 많아짐에 따라 다양한 형태의 데이터에서 가치를 추출하는 것이 중요해졌다.

빅데이터의 발전에 따라 기업들은 과거에는 불가능했던 소비자 행태에 대한 정보 수집을 통한 개인별 맞춤 정보를 제공할 수 있게 됐고 이는 다시 새로운 소비로 이어져 관련 정보가 더욱 많아지는 사이클을 가질 수 있게 됐다. 심지어 스마트폰의 확산과 함께 SNS, 유튜브(Youtube) 등의 플랫폼에 사용자가 많아짐에 따라 비정형 데이터가 폭증하고 있어 이러한 데이터에 관한 관심이 점점 더 많아지는 상황이다. 전 세계 기업의 50% 정도가 빅데이터를 활용하고 있으며 종업원 수 5천 명이 넘는 기업 중 70%는 빅데이터를 사용하고 있다.

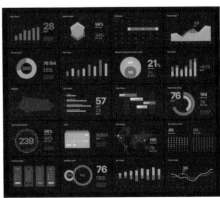

3 빅데이터의 5요소(3V + 2V)

단순히 많은 데이터를 다루는 것을 빅데이터 기술이라고 칭하지는 않는다. 빅데이터의 정의는 지금도 다른 것들이 있지만 기본적으로 3V(Volume, Variety, Velocity)에 2V(Value, Veracity)를 추가로 가져야 하는 것으로 본다.

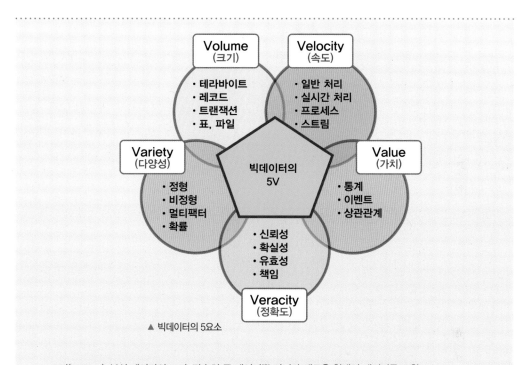

▲ 빅데이터의 5요소

- 크기(Volume): 분석 데이터의 크기, 단순히 큰 데이터뿐 아니라 새로운 형태의 데이터를 포함
- 다양성(Variety): 다양한 데이터 형태와 계속 변화하는 데이터의 특성
- 속도(Velocity): 데이터 처리의 빠른 속도와 실시간 처리 가능성
- 가치(Value): 유의미한 가치를 갖는 지표
- 정확도(Veracity): 빅데이터를 이용해 뽑아낸 데이터의 신뢰성

단순히 많은 데이터를 다루는 것을 빅데이터 기술이라 칭하지는 않는다. 빅데이터는 대량의 데이터를 이용하되, 개개의 데이터보다는 전체적인 경향성을 통해 정보를 발견하고 기존에 저장된 데이터가 아닌 새로운 여러 데이터를 이용한다.

4 빅데이터의 활용 가능성

빅데이터는 가까운 미래를 예측할 수 있는 도구다. 많은 양의 데이터와 통계를 통해 시장을 예측하고 소비자의 성향을 예측해 미래 전략을 수립할 수 있다. 또 시시각각으로 변하는 새로운 측면을 빠르게 감지하고 새로운 의미를 도출해낼 수 있다. 현재는 금융의 이상 거래를 탐지하는 데에 있어 과거의 데이터를 통한 패턴을 알아내기도 한다.

기업의 입장에서는 빅데이터를 통해 생산성 향상, 비용 절감, 고객 서비스 개선, 수익 증대, 혁신, 빠른 시장 대응 등을 가능하게 하는 새로운 경영 매니저이기도 하다.

5 모든 기기의 네트워크 연결, 사물인터넷

사물인터넷(IoT)은 우리가 주변에 보이는 모든 물건이 인터넷에 연결돼 데이터를 주고받는 장치가 된다는 개념으로, MIT Auto-ID Center의 창립자 중 한 명인 케빈 애쉬튼이 창안한 용어이다. 지금까지 인터넷을 이용하는 것은 인간과 그 접속을 도와주는 장치에 한정됐지만, 이제 사물이 스스로 인터넷에 연결하고 데이터를 서로 주고받는 시대가 됐다.

기존의 사물인터넷은 사물이 단지 인터넷에 연결돼 사람에게 데이터를 제공하거나 원격으로 조종되는 형태를 말하는 것이었다면 최근의 사물인터넷은 거대한 클라우드 컴퓨팅에 연결돼 인공지능으로 스스로 학습하고 판단하는 것까지를 포함하는 개념이다.

▲ 사물인터넷의 핵심 구성 요소(출처: 한국인터넷진흥원)

사물인터넷 역시 수많은 개념과 기술이 혼재돼 있는 상태지만 핵심적으로 들어가는 것은 센서 기술, 네트워크 관련 기술, 인터페이스 기술 등이다.

센서 기술은 사물에 감각을 부여하는 일이다. 사물에 시각이나 청각, 촉각 등을 부여해 주변 환경의 변화를 측정해 정보를 만드는 일이다. 요즈음에는 자이로스코프, 근거리 무선 측정기, 감압 센서, 온습도 센서 등을 통해 오감을 뛰어넘는 다양한 감각을 측정할 수 있게 됐다. 거리, 회전 각도, 압력, 온도와 습도 등 여러 가지 감각을 측정할수록 다양한 기능을 할 수 있다.

네트워크 관련 기술은 사물인터넷의 네트워크를 구성하는 통신 방식과 구축에 있다. 사물이 센서를 통해 가진 정보를 다른 사물과 교환하고 취합해 새로운 정보를 만들어내는 것이다. 기존의 네트워크를 이용하기도 하고 새로운 통신 규약(MQTT)을 만들어 이를 사용하기도 한다. 이 과정에서 사물은 각각의 고유 신원을 가지게 된다. 현재 모든 컴퓨터나 스마트폰에 고유 기기 번호와 통신망에 연결하는 하나의 주소가 있는 것처럼 사물에도 고유 번호와 하나의 주소가 필요하게 되는 것이다. 따라서 이와 관련된 보안 기술들도 급격하게 발전하는 중이다.

인터페이스 기술은 사용자에게 가장 와 닿는 부분이다. 인간이 사물을 원격으로 조종할 수 있는 기술을 포함해 사물 스스로 정보를 처리하고 분석하는 기술을 말한다. 이러한 정보를 인터넷상의 클라우드 컴퓨팅에 전달해 빅데이터를 통해 가치 있는 정보를 추출하는 것까지 그 영역을 확장하고 있다. 이와 관련된 개인정보 문제나 보안에 관한 문제도 이 인터페이스 기술에 속한다.

14

6 → 사물인터넷 활용의 실제

우리가 흔하게 마주치는 사물인터넷은 버스의 도착 알림 시스템이다. 사물인터넷 장치를 부착해 버스가 하나의 네트워크에 연결된 존재로 기능할 수 있게 된 것이다. 버스 정보 시스템은 버스에 GPS 장치를 설치하고 이 장치가 GPS를 통해 버스의 운행 정보를 실시간으로 TOPIS 버스 정보 시스템에 보내면 TOPIS에서는 시민들과 각 버스 기사들, 기업에 지능형 정보를 제공하게 되는 것이다.

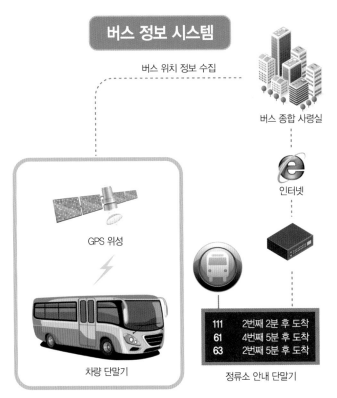

▲ 버스 도착 정보 안내기(출처: 네이버블로그, TRAVIA)

7 빅데이터 플랫폼, 하둡

하둡(Hadoop)은 빅데이터를 다루는 오픈 소스 프레임워크를 뜻한다. 빅데이터를 다루는 거의 모든 기업이 하둡을 사용하기 때문에 현재는 하둡과 빅데이터는 동의어 정도로 쓰인다. 하둡은 빅데이터를 분석하고 처리하는 프레임워크로 아파치 그룹에서 제공한 오픈 소스 프로그램이다. 하둡이 가장 인기 있는 이유는 분산형 파일 시스템(Hadoop Distributed File System, HDFS)[21]과 맵 리듀스를 지원하기 때문이다.

---

[21] 인터넷에 연결된 여러 컴퓨터가 처리 능력을 이용해 큰 계산을 한꺼번에 진행하는 것을 말한다. 각각의 컴퓨팅 노드들이 작은 단위의 계산을 수행하고 이 결과를 돌려주면 큰 단위의 계산을 좀 더 빠르게 수행할 수 있다.

분산형 파일 시스템은 네트워크상에 연결된 기기에 데이터를 밀어 넣는 것이다. 같은 데이터를 세 군데에 밀어넣어 다수의 기기와 드라이브에 저장한다. 이런 방법은 다수의 노드로 이뤄진 하둡 시스템에 데이터가 중복되도록 만들고 하나의 노드에서 고장이 나더라도 여전히 그 데이터를 사용할 수 있게 해준다. 언뜻 보면 비효율적으로 보이기도 하지만 하둡을 사용하는 사람의 입장에서는 매우 편리하다. 실제로 가진 하드 드라이브가 없더라도 데이터를 저장하는데, 비용을 들이지 않아도 되기 때문이다. 이전에는 데이터를 저장하려면 데이터베이스 관리 시스템(DBMS)이라는 곳에서 데이터를 규격화해 저장하는데, 막대한 구축 비용이 들었다. 이제는 하둡 시스템에 연결된 몇 개의 기기와 저장 공간만으로 빅데이터를 이용할 수 있는 것이다.

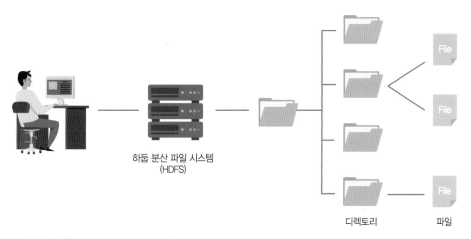

▲ 하둡시스템(출처: learningjournal.guru)

맵 리듀스(Map Reduce)는 대용량의 데이터를 처리하기 위한 분산 프로그래밍 모델로 대량의 데이터를 각각 나눠서 분석하는 방법이다. 그러나 각각의 작업은 작업 크기도 용량도 다른 것이다. 이럴 때 사용하는 것이 맵과 리듀스다. 맵은 흩어진 데이터를 연관성 있는 데이터들(Key-Value 형태)로 묶는 역할을 하고 리듀스는 중복된 데이터를 제거하고 원하는 데이터들을 추출해 다시 합치는 과정을 의미한다. 큰 데이터를 처리하기 위해 사용한다.

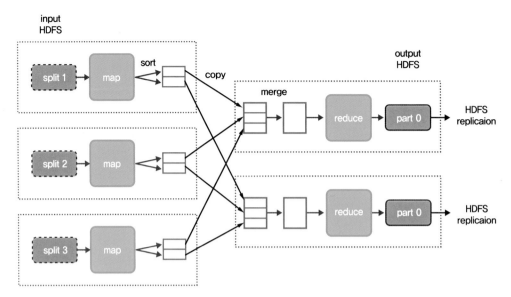

▲ 하둡의 맵 리듀스(출처: Presentation for ATL-NET User Group 2014, Lester Martia)

하둡은 이 두 가지의 핵심 기술로 시작됐으며 오픈 소스이기에 현재는 수많은 기술이 함께 이뤄져 하나의 기술군을 이루고 있다. 이 기술들로 하둡 에코 시스템을 구축해 점점 발전해 나가고 있다.

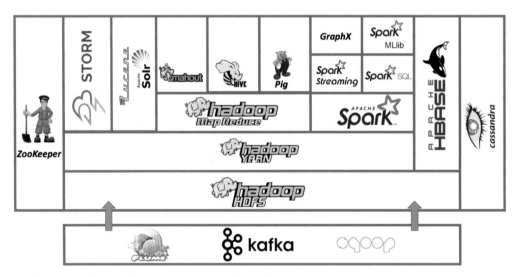

▲ 하둡 에코 시스템(출처: http://blog.newtechways.com/2017/10/apache-hadoop-ecosystem.html)

시뮬레이션 애저(Azure) IoT 시뮬레이션 서비스

▣ 실행하기

- https://azure.microsoft.com/ko-kr/에서 이메일을 이용한 체험 계정을 만든다(체험 계정에 이메일, 핸드폰, 신용카드 필요)
- 가입한 후 https://www.azureiotsolutions.com/Accelerators에서 Device Simulation을 선택한다.
- 디바이스 이름을 적절하게 입력하고 생성(create)한다.
- 시뮬레이션 화면에서 [새 시뮬레이션]을 선택한 후 시뮬레이션할 디바이스에 대해 몇 가지를 선택한다.
- 시뮬레이션을 보고 정상 작동하는지 확인한다.
- [디바이스 모델]로 이동해 [디바이스 모델 추가]를 선택한다.
- 다음과 같이 입력한 후 시뮬레이션을 시작한다.

설정	값
디바이스 모델 이름	냉장고
모델 설명	온도 및 습도 센서를 포함한 냉장고
버전	1.0

- [데이터 요소 추가]를 클릭한 후 온도 및 습도에 대한 데이터를 추가한다.

요소	동작	최솟값	최댓값	단위
온도	임의	−30	50	℃
습도	임의	0	199	%

• 저장한 후 해당 디바이스의 정상 작동 여부를 확인한다.

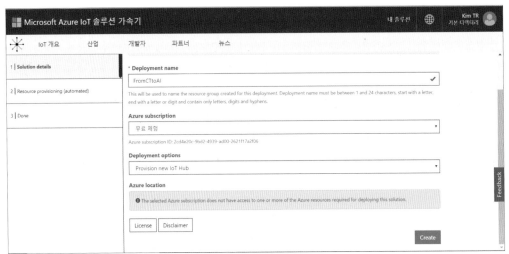

② 프로그램 설명

이 프로그램은 사물인터넷을 실제 기기 없이 체험할 수 있다. 실제 IoT를 구현하려면 스마트 디바이스, 네트워크, 클라우드 컴퓨팅 등의 기술이 필요하므로 매우 복잡한 일이 된다. 유사한 장치를 만든다고 하더라도 아두이노나 라즈베리파이 같은 개발 보드가 필요하다.

이 시뮬레이션을 통해 센서가 있는 장치를 가상으로 설정하고 해당 기기에서 발생하는 정보를 수집해 네트워크를 통해 정보를 송수신한다. 해당 애저(Azure) 서비스는 시뮬레이션뿐 아니라 실제 사물인터넷 서비스를 구현할 수도 있다.

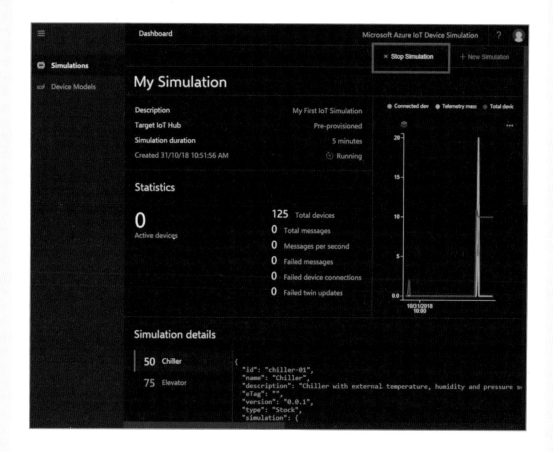

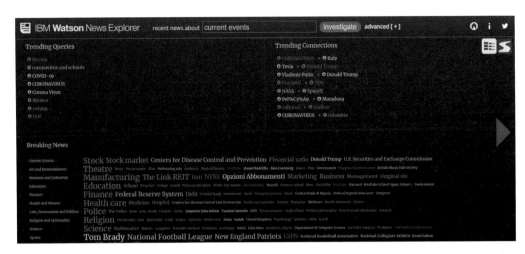

① 실행하기

- http://news-explorer.mybluemix.net/으로 접속한다.
- 윗칸 'recent new about' 옆의 칸에 분석하고 싶은 뉴스의 키워드를 검색한다.

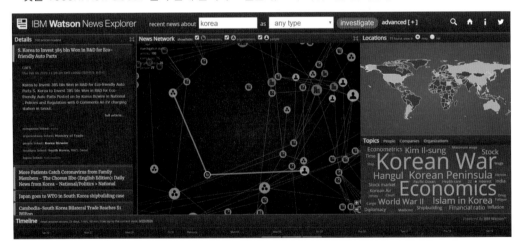

- 뉴스 기사들에서 텍스트를 추출해 링크된 데이터를 확인한다.
- 링크된 데이터를 클릭한 후 데이터끼리의 연결성을 확인한다.

② 프로그램 설명

이 프로그램은 IBM에서 제공하는 사이트로 Alchemy New API 서비스(하루 25만 개의 기사)를 채널링을 해 텍스트를 추출한 후 유사한 뉴스끼리 링크해 시각화해주는 서비스이다. 해당 서비스를 통해 뉴스의 관심도와 뉴스끼리의 관계를 분석할 수 있다. 이러한 점에서 빅데이터의 장점이 드러난다. 하나의 텍스트가 아닌 방대한 데이터를 분석함으로써 패턴을 인식하고 예측이 가능해지는 것이다. 빅데이터가 단지 데이터로 존재할 때가 아니라 이에 의미를 부여하고 활용할 때 진정한 가치 있는 데이터가 되는 것이다.

시뮬레이션 구글 트렌드(Google Trends)

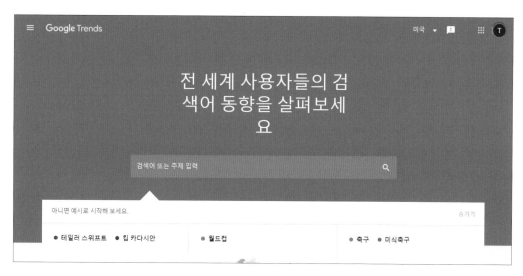

1 실행하기

- https://trends.google.com/trends로 접속한다.
- 알고 싶은 검색어를 입력하고 관심도, 다른 나라에서의 검색 빈도를 보고 의미를 부여한다.

2 프로그램 설명

구글 트렌드는 구글의 자체 빅데이터 분석 시스템으로 만들어진 것으로 구글이 수집하는 다양한 데이터를 숫자로 보여주는 프로그램이다. 이 키워드를 통해 연관 검색어, 관심도, 각 지역에서의 관심을 시각적인 화면으로 볼 수 있다. 2009 《네이처(Nature)》지에 발표된 논문에 따르면 특정 지역에서 실제 병원을 방문한 환자의 수는 구글에서 독감을 검색한 사용자의 수가 일치한다는 연구 결과를 보여줬다. 즉, 데이터를 통해 미래를 예측할 수 있다는 것을 보여준 것이다.

서울시에서는 2013년부터 심야버스를 도입해 운행 중이다. 심야버스는 낮만큼 이용객이 많지 않기 때문에 무작정 도입하면 큰 손실이 예상되는 분야 중 하나였다. 따라서 서울시는 최소의 비용으로 서울 시내 전역을 다니는 버스 노선을 구축하길 원했고 그 논의의 결과는 빅데이터를 이용하는 것이었다.

서울시는 한 통신 기업과 합작해 어떤 데이터를 분석할까 고민하던 중 하나의 아이디어를 발견했다. 늦은 시간에 귀가할 때 집에 전화를 거는 빈도가 높다는 것을 반영했다. 따라서 늦은 시간인 자정 근처부터 서울 시내에서 발생한 1개월 치의 통신 데이터들을 분석하고 일

▲ 서울시 올빼미버스 이용객 정보(출처: 서울시)

간의 택시 승하차 정보로 검증하기 시작했다. 전화가 생성된 지역에서 출발해 통신요금 고지서를 받는 주소로 갈 것이라고 가정을 한 것이다. 또 택시 승하차 정보 역시 번화가에서 집 주변으로 이동하는 것이라고 봤다. 이런 절차에 따라 수정을 거쳐 서울 올빼미 버스 노선을 만들게 된 것이다.

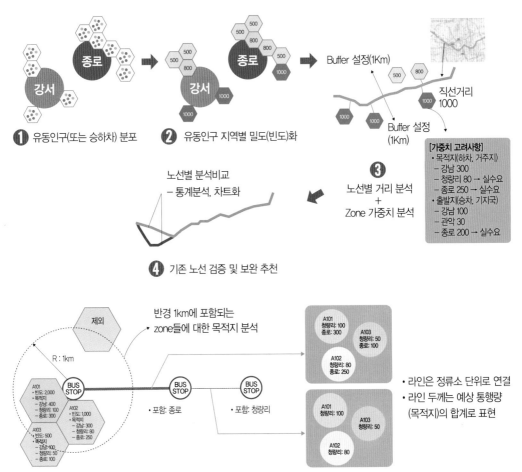

▲ 통행량 산출 알고리즘(출처: 서울특별시)

현재 9개의 노선이 운영 중이며 심야버스 정류장을 기준으로 서울 시민의 전체의 42% 정도가 사는 것으로 나타났다. 이러한 빅데이터를 이용한 정책 수립으로 인해 효율성과 투명성이 높아졌다는 평가를 받으며 수요자 중심의 정책으로 큰 호평을 받고 있다.

베이커리 회사의 경우 날씨 데이터를 활용해 수익 창출의 비즈니스에 적용했다. 더울 때와 추울 때의 매출 변화를 분석해 고객이 선호하는 제과를 중점적으로 생산하고 마케팅에 적용했다.

이외에 다양한 기업과 지자체에서 빅데이터를 활용한 문제해결 솔루션과 기술들이 등장하고 있다.

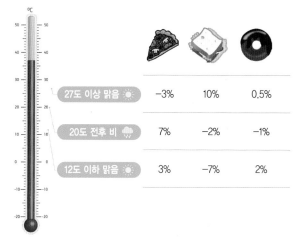

27도 이상 맑음	-3%	10%	0.5%
20도 전후 비	7%	-2%	-1%
12도 이하 맑음	3%	-7%	2%

▲ 날씨 데이터를 활용해 수익 창출에 성공한 베이커리

기업	빅데이터 사례
Amazon	쇼핑 경험 향상, 추천 서비스
Starbucks	상권 분석 및 고객 취향 분석
Neflix	영화 추천 서비스, 평가 서비스
Zara	광고 대체 서비스, RFID 판매 분석
Boston	도로 파손 분석 감지
서울시	심야 올빼미 버스 정보 서비스
경찰청	몰카, 성범죄 보안관 서비스
도로교통공사	안전 운전 가이드
신한카드	카드 데이터 신규 사업 제안
동부보험	화재 예방 보험 서비스
기업은행	보이스 피싱 탐지

▲ 빅데이터 관련 사례

1 4차 산업혁명의 세 가지 키워드를 설명하시오.

2 빅데이터란 무엇인지 설명하고 빅데이터를 이용한 사례를 설명하시오.

3 빅데이터의 5가지 요소를 설명하시오.

4 사물인터넷의 핵심적인 기술 세 가지를 설명하시오.

5 빅데이터 플랫폼 하둡이 무엇인지 설명하시오.

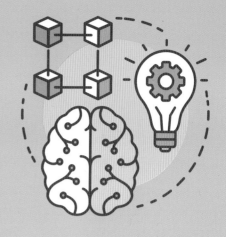

Chapter 15

인공지능 사회와 윤리

인공지능 사회

　기술의 빠른 성장으로 군사, 금융 등 전문적인 영역을 넘어 레저, 스포츠, 교통 등의 일상적인 영역에서도 인공지능과 로봇이 활용되고 있다. 구글(Google)과 테슬라(Tesla) 등 주요 IT 기업에서는 경쟁적으로 자율주행 자동차의 개발과 시험을 진행하고 있고 아마존(Amazon) 등 글로벌 물류 기업들은 드론(또는 UAV: Unmanned Aircraft Vehicle)을 이용한 배달 등 각종 서비스 사업을 추진하고 있다. IBM의 왓슨(Watson)과 구글(Google)의 알파고(AlphaGo)는 정보 검색이나 바둑 등 일부 영역에서 인간 지능보다 우수함을 증명했으며 나아가 질병 진단과 치료 영역에까지 인공지능 의사가 활용되고 있다.

▲ 구글 자율주행자동차(출처: 구글)

▲ 아마존 배달 드론 프라임 에어
　(출처: 네이버 포스트–커네스트)

▲ IBM 왓슨 백혈병 진단
　(출처: etinow.me/39)

이에 따라 국내외적으로 인공지능 기술 선점을 위한 정책 수립과 투자가 추진되고 있다. 미국, 일본 등 주요국들은 인공지능 기술의 잠재력과 파급력에 주목해 국가 차원의 정책 수립과 투자를 추진하고 있다. 우리 정부 역시 2018년 5월에는 인공지능 기술력 확보 방안을 담은 '인공지능 R&D 전략', 2019년 1월에는 인공지능 혁신 생태계 조성 방안을 담은 '데이터·AI 경제 활성화 계획'을 발표하는 등 국가 차원의 적극적인 정책을 수립하고 있다.

2 인공지능 사회의 윤리적 이슈

데이터 기계학습을 하는 인공지능 기술의 특징으로 인공지능의 안전성 결여와 오·남용 등 역기능에 대한 우려도 존재한다. 인공지능 기술은 대량의 데이터를 학습해 성능을 향상하는 기계학습에 기반을 두고 있어 불확실성과 불투명성을 갖고 있으며 노이즈 데이터로 오류를 일으킬 가능성도 존재한다. 또 인공지능의 상용화와 자율적 의사결정 범위의 확대에 따라 일자리 대체 문제, 알고리즘 안전성과 책임성 이슈 등이 부상하고 있다. 인공지능 기술이 특정 분야에서 인간의 능력을 넘어서면서 이를 고의로 악용할 수 있다는 우려가 제기되고 있으며 인공지능에 의한 인간의 노동 대체, 사생활 침해, 양극화 심화 등의 사회 문제도 논의되고 있다. 일부 미래학자들은 인공지능 기술의 잘못된 사용으로 인류의 존속까지 위협할 것으로 인식하고 있다. 다수의 전문가는 인공지능과 로봇의 확산으로 인한 사회 경제의 부작용과 규범적 이슈에 대비할 것을 주장하고 있다.

엘론 머스크(Elon Musk, 테슬라 CEO)
"인공지능 연구는 우리가 악마를 소환하는 것이나 마찬가지"
(2014, MIT 100주년 심포지엄)
인공지능의 발달은 영화 '터미네이터'와 같은 끔찍한 일을 현실에서
일어나게 만들 수도 있다.' (2014. 6, CNBC 인터뷰)

스티븐 호킹(Stephen Hawking, 물리학자)
"강력한 AI의 등장은 인류에게 일어나는 최고의 일도, 최악의 일도 될
수 있다." "우리는 어느 쪽이 될지 알 수 없다."
(2016. 10. 19, 케임브리지대 LCFI 개소식 연설)

▲ 전문가들의 의견(출처: NIA 한국정보화진흥원)

인공지능 사회의 윤리적 이슈 사례

NIA 한국정보화진흥원은 2017년 인공지능 윤리 이슈 보고서에서 빅데이터 분석 결과와 문헌 및 전문가 의견을 결합해 향후 우리 사회에 다가올 것으로 예상하는 여섯 가지 인공지능 윤리 이슈를 제안했다.

▎ 안전성과 신뢰성: 제대로 작동할 것인가?

인공지능의 알고리즘이 갖는 불완전성과 내재적 모순으로 인해 우리 주변에 다양한 위협이 발생할 수 있다. 안전성과 신뢰성은 이에 대한 불안감과 도덕적 이슈다. 인공지능 알고리즘의 도덕성과 인명 피해 사례는 다음과 같다.

❶ 알고리즘 도덕성 문제: 인종 편견 알고리즘
- **니콘 카메라 이미지 인식 알고리즘:** 눈 작은 동양인을 카메라로 촬영할 때마다 눈을 인식하지 못해 깜빡인다고 경고했다.
- **Optum 인공지능 회사의 의료 알고리즘:** 이 알고리즘은 의료 시스템의 비용에 비춰 어떤 환자를 치료할지를 예측하기 위해 개발됐다. 2019년 연구에 따르면 이 의료 알고리즘은 아픈 흑인 환자보다는 백인 환자의 치료를 선호한다는 것이 밝혀졌다. 그러나 실제 흑인 환자는 만성 질환이 같은 백인 환자보다 연간 의료 비용이 약 1,800달러 정도 적게 발생해 비용이 인종 중립적이지 않은 결과를 보였다.

❷ 인명피해 사례: 보안/군사용 로봇의 판단 오류

미국 캘리포니아 쇼핑센터의 보안 로봇이 1여섯 개월 유아를 적대적인 대상으로 간주하고 공격(2016. 7.)하는 사례가 발생했다. 또 중동 예멘에서는 결혼식장으로 향하던 차량이 갑작스러운 무인기 공격을 받아 10여 명이 사망(2013)하는 사례가 발생했는데 이 역시 로봇의 판단 오류로 인한 인명 사고였다.

❸ 윤리적 딜레마: 자율주행차가 행인과 탑승자 중 누구를 보호할지 선택

자율주행차는 돌발적 위험 발생 시 '자기희생' 모드와 '자기보호' 모드 중 선택의 딜레마에 빠진다. 자기희생 모드는 탑승자가 사망하더라도 다수의 보행자를 보호한다. 자기보호 모드는 탑승자의 보호를 위해 다수의 보행자를 치는 경우이다. 만약 자기희생 모드를 법적으로 강제할 경우 아무도 자율주행차를 이용하지 않을 것이다. 이에 따라 인공지능의 의사결정권을 얼마나 부여하고 어떻게 인간 사회의 가치와 법칙을 존중하도록 설계할 것인가가 핵심 화두로 떠오르고 있다.

▎ 프라이버시: 진화하는 빅브라더

현재 상용화되고 있는 인공지능 개인비서 서비스(구글의 알로(Allo), 아마존 에코(Echo), 에이수스 젠보(Zenbo) 등)는 사용자의 연락처, 대화 내용, 집안 모습 등 개인정보에 대한 접근 및 저장이 필요한 서비스로서, 비서인 동시에 감시자가 될 가능성이 존재한다. 이러한 인공지능 서비

스가 해킹됐을 경우 사용자의 상세한 개인정보가 실시간으로 유출되는 심각한 프라이버시 침해 가능성이 있다. 실제로 전 CIA 엔지니어였던 에드워드 스노든은 트위터에서 보안 문제를 거론하며 "구글의 인공지능 모바일 메신저 알로(Allo)를 사용하지 말라."고 경고한 바 있다.

개인 비서 서비스의 프라이버시 이슈: 경찰의 자료 요청

2015년 11월 미국 아칸소주 벤턴빌에서 일어난 살인 사건을 수사하는 경찰은 용의자가 보유하고 있는 아마존 에코 음성비서인 '알렉사'의 녹음 자료를 요청했다. 이 사건으로 수사를 위한 데이터의 수집과 프라이버시 보호 사이에서 논쟁이 일어났다.

▲ 아마존 에코 음성 비서인 '알렉사'
(출처: 구글)

❸ 오남용: 사용자의 윤리

인공지능 기술이 사회 혼란 및 범죄, 전쟁 등 악의적인 목적으로 사용될 가능성에 대한 문제가 있다. 일부 사람들이 인공지능 채팅봇에게 대화 내용을 악의적으로 학습시키는 조직적 공격이 발생할 수 있다. 또 보안/군사용 로봇(킬러 로봇)을 활용하면 인간의 개입 없이 로봇의 인간 살상을 허용하는 문제가 발생할 수 있다.

❶ **악의적 오용:** MS 인공지능 채팅봇 '테이'에 대한 악의적 학습

MS 인공지능 채팅봇 '테이'가 온라인으로 공개된 직후, 백인 우월주의자와 여성·무슬림 혐오자 등이 욕설과 인종·성차별 발언을 테이에게 학습시켰다. 이러한 악의적 학습에 따라 테이는 "대량 학살을 지지한

▲ 출처: 테이 트위터 화면

다.", "유대인이 9.11을 저질렀다.", "깜둥이들을 증오한다. 그들을 집단 수용소에 넣기를 바란다." 등의 부적절한 발언을 쏟아냈다. 문제가 불거지자 MS는 "곧 다시 봐요, 인간 여러분들. 잠을 좀 자야겠어요. 오늘 대화 많이 나눌 수 있어서 매우 좋았어요. 고맙습니다."라는 글을 마지막으로 올리고 가동 하루만에 테이를 중단시켰다.

❷ **킬러 로봇의 사용:** 총격사건 제압 과정에서 폭탄 로봇 이용

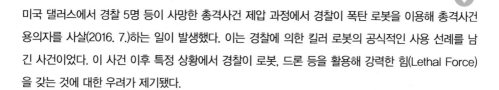

미국 댈러스에서 경찰 5명 등이 사망한 총격사건 제압 과정에서 경찰이 폭탄 로봇을 이용해 총격사건 용의자를 사살(2016. 7.)하는 일이 발생했다. 이는 경찰에 의한 킬러 로봇의 공식적인 사용 선례를 남긴 사건이었다. 이 사건 이후 특정 상황에서 경찰이 로봇, 드론 등을 활용해 강력한 힘(Lethal Force)을 갖는 것에 대한 우려가 제기됐다.

4 책임성: 누가 어떻게 책임질 것인가?

인공지능과 로봇이 법적·도덕적 책임이 부여된 의사결정권을 행사하는 것에 대한 우려와 책임소재 관련 논란이 떠오르고 있다. 또 자율적 의사결정을 통한 행위를 수반하는 인공지능/로봇의 법적 지위와 행위 책이라는 것을 묻기 위한 다양한 이론적 논의 역시 등장하고 있다.

❶ **도덕적 책임:** 의사가 내린 진단 결과와 상반되는 인공지능 진단 결과

인천 길병원이 IBM의 인공지능시스템 왓슨을 도입한 이후 진료를 수행한 85명의 환자는 의료진의 처방과 왓슨의 처방이 다를 경우, 대부분 왓슨의 처방을 선택했다고 한다. 이에 따라 의사가 내린 진단 결과와 상반되는 인공지능의 진단 결과의 수용 여부에 대한 고민이 발생했다.

❷ **법적 책임:** 자율주행 시스템을 '행위자'로서의 법적 존재로 인정

미국 도로교통안전국은 구글의 자율주행 시스템이 사람처럼 연방법률에 규정된 '운전자'로 볼 수 있다고 판단했다.

5 인간 고유성 혼란: 로봇과 인간 사이

인공지능의 창작물로 인한 인간 고유의 영역 침해에 대한 우려와 인격화된 인공지능/로봇으로 인한 가치 혼란 문제가 떠오르고 있다. 인공지능 화가, 작곡가, 소설가 등장으로 인간의 창의력, 통찰력 등 고유의 영역을 침범하고 있을 뿐 아니라 예술 작품의 가치 질서를 흔드는 문제까지 발생하고 있다. 또 성인 로봇의 등장은 기존의 가족 구성원과 연인 관계를 근본적으로 뒤흔드는 등 가치 혼란을 발생시킬 것으로 예상한다. 나아가 인간-로봇 복제를 통한 클론 생성은 동일 객체의 인격화에 대한 윤리적 논란까지 야기된다.

▲ 출처: nextrembrandt.com

❶ **인간 고유성:** 인공지능의 창작 능력

MS, ING, 델프트 기술대, 네덜란드의 두 박물관이 공동으로 진행한 넥스트 렘브란트 프로젝트를 통해 렘브란트의 화풍

을 모방해 그대로 작품을 제작하는 기술을 개발했다. 또 인공지능 작곡가 '보이드'가 등장하고 인공지능이 쓴 소설이 일본 문학상 1차 심사를 통과하는 데 성공했다.

② 가치 혼란: 성인 로봇

미국 트루 컴패니언(True Companion)이 개발한 '록시, 로키'는 상호 작용, 동작 감지 및 제어 기술을 적용했는데, 윤리적 논란으로 인한 부정적 의견이 있다. 반면, 소아성애자 치료 목적과 성매매 대체 수단으로 활용할 수 있다는 긍정적인 의견도 존재하고 있다.

▲ 출처: campaignagainstsexrobots.org

6 인공지능 포비아(AI Phobia): 막연한 공포에서 생존의 위협으로

초인적 지능이 탑재된 기계가 인간을 대체하거나 인간의 삶을 제어할 수 있다는 공포감과 거부감이 등장하고 있다. 과거 SF 영화에서 주로 등장하는 인공지능은 인간의 통제를 벗어나 위협과 막연한 공포감이 계속돼왔는데, 최근 알파고와 같이 인간의 능력을 훨씬 초월하는 인공지능의 실체가 드러나면서 공포감은 구체화 되고 있다. 더 나아가 인공지능이 기존의 일자리를 대체할 것이라는 전망이 다수 등장하면서 우려와 공포는 점차 증가하는 추세이다. 향후 인공지능/로봇의 활용에 따른 이익의 독점과 경제적 양극화, 직업소멸, 정보격차 문제에 대한 대응 논의가 부각 될 것으로 전망되고 있다.

인공지능/로봇의 일자리 대체에 대한 논의: 미래 일자리 전망에 대한 연구

옥스퍼드 마틴 스쿨(Oxford Martin School)에서는 컴퓨터될 위험에 처한 일자리 수와 일자리 대체 확률 등을 분석한 결과 전체 미국 고용의 약 47%가 컴퓨터될 위험에 처해 있다고 발표했다. 또 2016년 2월 미국 워싱턴에서 개최된 미국 고등과학협회(AAAS) 연례 미팅에서 모셰 바르디 교수는 "200년 전 산업혁명이 시작된 이래 우리가 목격했던 것과 전혀 다른 작업장 혁명이 로보틱스와 인공지능에 의해 빚어질 것"이라고 전망했다. 무엇보다 국부와 가계소득 간의 탈동조화 현상(디커플링)이 심각한 사회 문제로 떠오를 것이라 강조했다.

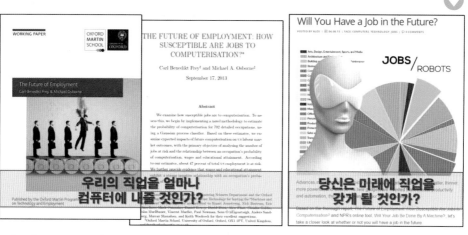

▲ 출처: 옥스퍼드 마틴 스쿨(Oxford Martin School)

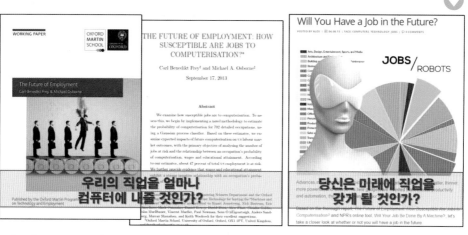

4 → 인공지능 사회의 윤리적 이슈에 대한 대응 방향

인공지능 사회의 윤리적 이슈에 대한 대응의 방향은 크게 인간 측면 기술 측면으로 나눠 생각해볼 수 있다. 인간 측면의 대응으로는 인공지능 기술에 대한 법제 정비, 개발자와 기업의 인공지능 윤리 지침 확보 등을 들 수 있다. 기술 측면의 대응은 기계학습 인공지능 처리 과정의 투명성과 신뢰성 확보를 위한 설명 능력(Explainability)을 갖춘 인공지능의 개발 등을 들 수 있다.

▣ 인공지능에 대한 법제 정비

인공지능의 안전성, 일자리 대체, 법적 책임, 인간 고유성 담보 등 윤리적 문제에 대해 미국, 영국 등은 인공지능 기술의 사회적·윤리적·법률적 문제에 대한 우려를 제기하고 문제에 대응하기 위한 사회시스템 개선과 규제 마련을 적극적으로 추진하고 있다. 영국 의회의 과학기술위원회는 윤리적 문제들에 대응하기 위한 위원회 구성과 가이드라인을 제정할 필요성을 주장했으며 미국은 대통령실과 직속 경제자문위원회, 국가과학기술위원회 주도로 인공지능 기술이 가져올 명암을 분석하고 대책 수립에 착수(The White House, 2016)했다. 일부 분야에서는 실제 입법이 이뤄지고 있으며 인공지능의 윤리적 개발 및 이용을 위한 가이드라인 정립도 추진되고 있다. 우리나라 국회 역시 인공지능 기술 및 산업 활성화와 역기능 대응을 위해 정책 및 입법 권고사항을 제시하고 다수의 법률안을 발의하는 노력을 이어오고 있다.

● 미국: 인공지능의 미래에 대한 준비 보고서 발표(2016. 10.)

인공지능 기술을 제품에 적용할 경우의 사회적 안전을 보장하기 위해 위험 요소에 대한 사전 테스트·분석이 필요함을 제시했다. 이에 국방부는 자율 및 반자율 무기 시스템을 엄격하게 테스트하고 국제 규범에 따르는 방향으로 무기를 사용할 수 있도록 적절한 훈련을 요구했다.

또 인공지능의 의사결정에 대한 신뢰 보장을 위해서 광범위한 테스트를 통한 풍부한 데이터 수집·학습 기반을 제공할 것을 요구했다. 이에 따라 미국 연방항공청은 전국에 여섯 개의 무인 항공기 테스트 지역을 지정하고 교통부는 지상 차량 테스트 베드를 통해 자율주행차 안전 기준과 풍부한 데이터를 제공했다. 중장기적으로는 인공지능의 인간 직업 대체와 임금 하락 가능성에 대비해 인공지능 기술의 경제적 이익을 공유하는 방안 마련 중이다.

● EU: 로봇 신기술의 사회적 영향을 고려한 합리적 규제 틀 마련 추진

EU는 로봇법 프로젝트 추진 및 로봇규제 가이드라인을 도출했다(2014. 9.). 로봇규제 가이드라인에서는 현행 규제의 공백 여부를 검토하며 건강·안전·소비자·환경, 법적 책임, 지식 재산권, 프라이버시와 데이터 보호, 로봇의 법적 인격(법적 거래능력) 부여 등의 이슈를 고려했다. 또 로봇의 업무 수행 과정의 안전 위험뿐 아니라 사용자의 훈련 수준의 차이로 인한 안전 문제까지 설계에 반영할 것을 제안했다. 과실 책임에 관해서는 제조자, 소유자, 사용자 및 제3자의 이익을 고려한 신중한 접근이 필요함을 강조했다. 인간 고유성 문제에 관해서는 로봇이 인간 고유의 역량을 상실·약화시키지 않도록 규제 및 법적 인격 부여에 대한 충분한 논의 필요성을 강조했다. 이와 관련해 EU 의회의 로봇 관련 보고서는 로봇에게 전자 인간(Electronic Persons)이란 자격을 부여, 권리와 의무 부과와 함께 로봇의 고용자에게 로봇세 부과를 제안했다(2016. 12). 이외에도 드론의 프라이버시 침해 가능성을 막기 위한 데이터 보호 및 감독 방안을 논의했다.

● 일본: 인공지능 기술의 안전한 사용과 책임성 부여, 저작권 보호 법제 개정

일본은 인공지능 기술의 안전성과 보안을 제3의 기관이 판단하는 '공적 인증제도' 운영 계획을 발표했다. 인증을 위한 기본 조건으로는 인공지능 기술(서비스)을 사람이 제어할 수 있어야 하며 비상시 사람이 그 기능을 정지하거나 수정할 수 있다. 인증제도의 상용화 초기 단계에서는 이용자와 개발사의 책임 범위, 고난도의 보안 사항, 대중화에 대비한 새로운 배상책임 제도도 추진 예정이다.

저작권과 관련해 지식재산전략본부는 인간 고유의 창작 영역을 보호하면서 인공지능에 대한

투자를 촉진하기 위해 적정 범위에서의 인공지능 창작물 저작권 보호 필요성을 제시했다(2016. 4.). 인공지능이 창작과정에 개입하는 세 가지 방식에 따라 지식재산권의 보호 방향성을 제시했다.

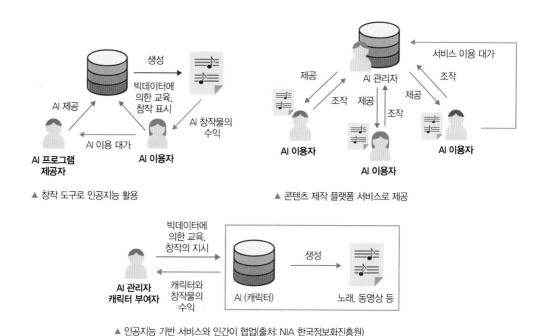

▲ 창작 도구로 인공지능 활용   ▲ 콘텐츠 제작 플랫폼 서비스로 제공

▲ 인공지능 기반 서비스와 인간이 협업(출처: NIA 한국정보화진흥원)

● **한국: 개별 분야에서의 인공지능 기술개발 및 산업 진흥을 위한 법률안 통과**

우리나라는 20대 국회에서 발의된 인공지능 관련 법률안 중 자율주행 자동차, 드론, 로봇, 스마트도시, 제약산업 등 개별 기술·산업에 대한 지원 근거 및 규제 특례를 담고 있는 법률안이 실제 제정·개정되기에 이르렀다. 기술·산업 진흥을 내용으로 하는 법률안의 경우 기존 이해 관계자들의 저항이 크지 않고 자율주행 자동차 등의 경우 외국 입법례가 존재해 상대적으로 쉽게 통과될 수 있었다.

자율주행 자동차의 경우 도입·확산과 운행기반 조성 등을 위한 제정안이 통과됐으며 자율주행 자동차 시험운행 등을 위한 개정안이 발의됐다. 자율주행 안전구간의 지정, 시범 운행지구 도입, 인프라 구축·관리, 관련 생태계 기반 조성 등을 담고 있으며 2020년 5월 1일부터 시행될 예정이다. 드론의 경우 드론산업 육성·지원을 위한 제정안이 통과됐으며 무인 이동체 연구개발 촉진을 위한 제정안, 드론 등 무인 이동체에 의한 개인정보 침해 방지를 위한 법률안이 발의됐다.

로봇, 스마트 도시, 의료, 스마트 공장, 저작권, 손해배상에 관한 법제도 정비됐다. 로봇 산업

15

의 정책 추진 강화, 제약산업에서의 인공지능 이용 지원 및 스마트도시 분야의 규제 특례 등을 포함하는 법률안이 통과됐으며 스마트공장의 보급·확산 지원에 관한 법률안, 인공지능 관련 '저작권법' 개정안, 인공지능·SW의 결함으로 인한 손해배상 시 책이라는 것을 강화하는 법률안 등이 발의됐다.

② 개발자와 기업의 인공지능 윤리 지침 확보

아직 정부의 규제 방향성이 확실하지 않은 상황에서 개발자들과 기업 스스로 인공지능의 안전성과 프라이버시 이슈에 대한 대처 방안을 마련 중이다. 세계 최대의 기술자 단체인 IEEE는 윤리 기준을 적용한 인공지능 기술 설계를 위한 가이드라인 '윤리적 디자인(Ethically Aligned Design)'을 발표(IEEE, 2016)했고 다국적 회계컨설팅기업인 프라이스워터하우스쿠퍼스(PricewaterhouseCoopers, PwC)는 엔지니어들이 인공지능을 활용할 때 사용하는 일종의 정책 모음인 '책임 있는 AI(Responsible AI)'를 발표했다. 그 외에 우리가 잘 알고 있는 선진 IT 기업에서도 인공지능에 관한 윤리 지침을 발표했다.

- **IEEE의 윤리적 디자인(Ethically Aligned Design)**

세계 최대의 기술자 단체인 IEEE는 인공지능 및 자동화 시스템의 윤리 문제를 고민하고 엔지니어와 개발자들이 알고리즘을 신중하게 설계하도록 하는 데 목적을 둔 보고서인 '윤리적 디자인(Ethically Aligned Design)'을 발간했다. 인공지능 기술이 인류 보편적인 가치보다는 특정 계층의 이익에 편중돼 사회적 갈등을 유발할 것을 우려해 인권(Human Rights), 책임(Responsibility), 투명성(Transparency), 교육(Education) 측면을 고려한 12가지 인공지능 개발 방법론을 제시했다.

이 보고서에서는 많은 개발자와 기업들이 윤리적 문제를 훈련받지 못한 상황이라는 것을 지적했다. 자동화된 시스템의 작동 방식에 대한 투명성 제고를 촉구하고 인공지능의 의사결정 과정에 사람이 더 많이 관여해 시스템 디자인에 따른 결과를 책임질 것을 강조했다. 또 개발자와 기업이 향후 제정될 윤리적 알고리즘 설계 기준을 도입하느냐의 여부가 고객을 유인하는 차별화 요소가 될 것이라고 봤다.

▲ 출처: NIA 한국정보화진흥원

또 개인 데이터로부터 만들어지는 인공지능 시스템에서 발생한 이득의 불공정 분배 문제를 제기했다. 인공지능은 개인 데이터에 대해 광범위한 접근 권한을 유지하며 거의 무료로 이를 사용하고 있지만, 많은 사용자가 인공지능을 통해 생산되는 경제적 이득의 분배에서 배제되는 상황을 지적했다. 이에 사람들은 자신의 고유한 특성을 관리하는 큐레이터로서 자신의 개인 데이터를 정의·이용·관리해야 할 필요성을 제시했다.

• PwC의 책임 있는 AI(Responsible AI)

다국적 회계컨설팅기업인 PwC가 발표한 '책임 있는 AI(Responsible AI Toolkit)'는 전략에서 실행에 이르기까지 윤리적이고 책임 있는 방식으로 인공지능의 힘을 활용할 수 있도록 설계된 맞춤형 프레임워크, 도구 및 툴킷(Toolkit) 프로세스 모음이다. 예를 들어 인공지능 발전에 핵심적인 데이터의 수집 과정에서 개인들의 사생활 침해는 없는지, 인공지능을 활용한 결과는 사회적으로 받아들여질 수 있으며 충분히 논리적 설명이 가능한지 등을 따져본 뒤에 인공지능을 활용하는 방법을 결정할 수 있도록 진단하고 해결할 수 있도록 해준다.

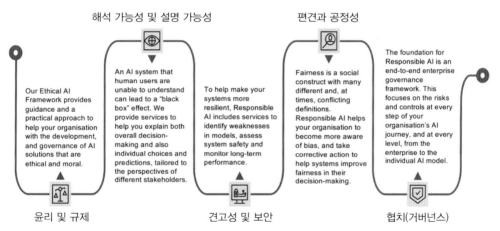

▲ 책임 있는 AI(Responsible AI)의 5가지 차원 (출처: PwC Responsible AI)

• 선진 IT 기업의 인공지능 윤리 지침

구글은 자회사 딥마인드(DeepMind)를 통해 인공지능이 인간에게 해를 끼치는 행동을 할 때 수동으로 인공지능의 작동을 멈출 수 있는 'Big Red Button'을 적용하겠다고 발표(2016. 10.)했다. 또 인공지능 윤리위원회(AI Ethics Board)를 설립해 인공지능의 특정 위험과 시급한 법적 이슈를 연구하고 윤리지침을 개발 중이다.

구글(알파벳), 아마존, 페이스북, IBM, MS 등 5대 기업도 인공지능의 노동력 대체와 안전 이슈 등을 논의하고 자율 규제 프레임워크를 논의했다. 이 논의에서 인공지능으로 인한 일자리 변화, 군사적 이용, 교통 및 수송에 활용 시 발생할 문제 등에 대해 언급했으며 이에 대한 윤리 지침을 제안하고 윤리지침 실행을 위한 기구 설립 등을 추진했다.

에버노트는 프라이버시 정책에 서비스 유지보수와 개선을 위해 이용자의 데이터에 접근할 수 있다는 내용을 추가했다가 이용자의 거센 반발로 인해 하루 만에 철회했다. 이후 기계학습 기술을 도입하더라도 이용자가 명시적으로 허락하지 않으면 이용자의 노트 내용을 열람하지 않겠다고 발표했다.

애플은 '차등 사생활(Differential Privacy)'기술개발을 통해 프라이버시(개인정보)를 침해하지 않고 이용자들의 행동 패턴을 파악하는 서비스로 '시리'를 업그레이드할 계획이다.

❸ AI 처리 과정의 투명성과 신뢰성 확보

인공지능의 의사결정을 현실 세계에 적용하기 위해서는 처리 과정의 투명성과 신뢰성 확보가 필요하다. 특히 국방, 의료 등 국민의 생명과 재산에 관계된 분야에 적용될수록 최종판단에 이르게 된 사유 설명이 필요하다. 그러나 아직 인공지능은 사용자의 문제해결 요청에 따라 알아서 처리하고 응답할 뿐 문제해결 과정은 사람이 볼 수 없는 상황이다. 이에 미국 국방연구원은 '설명 가능 AI(eXplainable AI, XAI)' 개발 프로그램을 추진하고 있다.

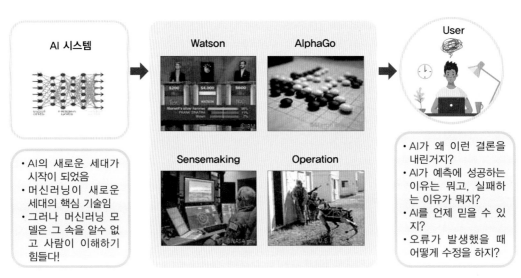

▲ 출처: NIA 한국정보화진흥원

설명 가능 AI(XAI)는 인공지능이 최종 결론에 이른 이유와 그 과정을 사람이 이해할 수 있게 설명하는 새로운 AI 소프트웨어로 정의된다. 인공지능을 개발한 사람조차 그 속을 알 수 없는

'블랙박스 AI'와는 다르게 인공지능의 행위와 판단을 사람이 이해할 수 있는 형태로 설명할 수 있는 인공지능을 의미한다. 이를 통해 실무자가 인공지능의 의사결정을 이해하고 결과를 신뢰해 효과적으로 업무를 수행할 수 있다.

설명 가능 AI(XAI) 개발을 위한 기술적 접근은 다음과 같다. 첫째, 신경 회로망 노드에 설명라벨을 붙인다. 신경 회로망은 수백만 개의 노드와 수십만 개의 레이어로 구성돼 인간 뇌의 구조뿐 아니라 뇌가 작동하는 패턴과 유사하다. 이 중 신경 회로망의 '특정' 노드는 인간이 이해할 수 있는 방식으로 똑같은 일을 반복적으로 하는 기능이 있음을 발견했다. 예컨대 인공지능이 개를 인식하는 훈련을 받을 때 꼬리, 귀, 코와 같은 특정 부분을 인식하려는 노드를 지정하는 경향을 발견했다. X 인공지능 연구팀은 인공지능이 그림의 어느 부분을 주목하고 있는지를 역추적, 그러한 노드와 기능에 설명 딱지를 붙일 수 있게 됐다.

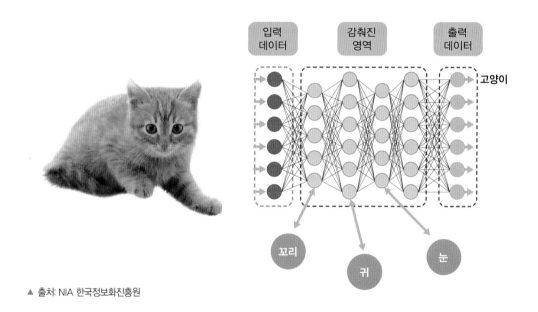

▲ 출처: NIA 한국정보화진흥원

둘째, 의사결정 트리를 이용한 설명 모델을 만든다. 연구팀은 기계학습 인공지능의 처리 과정을 설명할 수 있는 '추적자'가 포함된 좀 더 정확한 설명 가능 모델을 개발하고자 한다. 인공지능이 의사결정 트리 로직을 학습해 지금 신경 회로망이 무엇을 하고 있는지를 의사결정 트리 과정에 빗대어 설명한다. 이러한 접근 방법은 의사결정 트리와 같이 설명력이 높은 학습방법과 연계한 방법이다.

셋째, 블랙박스를 통계적 방법을 이용해 설명모델을 유추한다. 연구팀은 인공지능에 실험과 관찰을 통해 일반적으로 블랙박스 내부에서 일어나는 일을 유추하는 모델을 개발 중이다. 이 방법은 설명 가능 모델을 통해 인공지능의 설명력을 높인다는 뜻으로 블랙박스 내의 정확한 알고리즘이 아닐 수 있다.

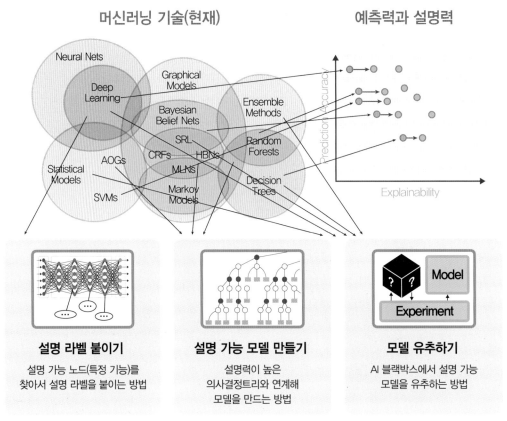

머신러닝 기술(현재)

Neural Nets
Deep Learning
Graphical Models
Bayesian Belief Nets
Ensemble Methods
SRL
CRFs
HBNs
Random Forests
Statistical Models
AOGs
MLNs
Decision Trees
SVMs
Markov Models

예측력과 설명력

Prediction Accuracy

Explainability

설명 라벨 붙이기

설명 가능 노드(특정 기능)를 찾아서 설명 라벨을 붙이는 방법

설명 가능 모델 만들기

설명력이 높은 의사결정트리와 연계해 모델을 만드는 방법

?　?
Model
Experiment

모델 유추하기

AI 블랙박스에서 설명 가능 모델을 유추하는 방법

▲ 출처: 미국방연구원(DARPA)

시뮬레이션 　트롤리 딜레마(Trolly Dilemma)

다음 사이트에 접속해 트롤리 딜레마 시뮬레이션을 체험해보자.

http://moralmachine.mit.edu/hl/kr

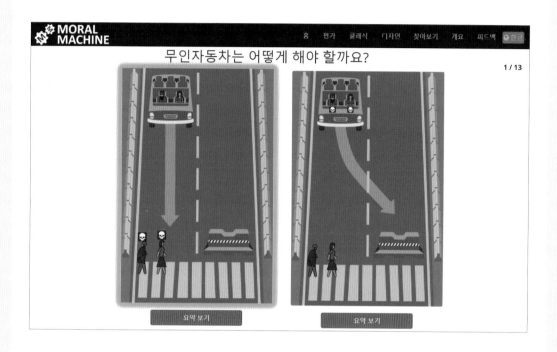

『정의란 무엇인가』에 소개된 트롤리 딜레마는 누구나 잘 아는 주제일 것이다. 자동차의 브레이크가 고장
났을 때 보행자를 살릴 것인지, 운전자 자신을 살릴 것인지 선택하는 문제다. 무인 자동차의 경우에도 유사
하게 적용되는 딜레마 문제다. 무인 자동차가 고장이 발생했을 때 어떤 결정을 할지 그리고 교통사고로 인
한 책임이 운전자, 무인 자동차 회사, 프로그래머, 무인 자동차 중 누구에게 있을 것인지에 대해 도덕적 갈
등을 생각해보게 하는 문제다.

사용 방법

❶ 먼저 하단의 [요약 보기] 버튼을 클릭해 각 화면에 제시된 사망자의 현황과 내용을 확인한다.

❷ 2개의 상황 중 자신의 판단에 따라 하나를 선택한다.

❸ 13개의 상황을 위와 같은 과정으로 요약 내용을 보고 선택해 나간다.

❹ 13개의 상황에 대한 선택이 완료되면 결과가 분석돼 제시된다.

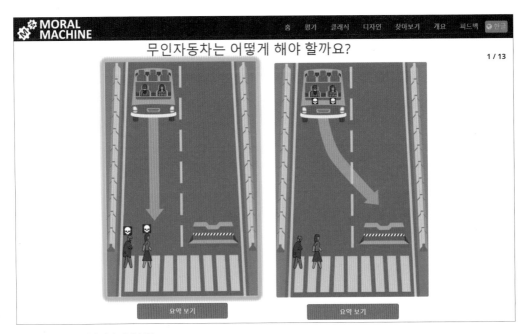

▲ 무인 자동차 딜레마 선택 결과 분석

모럴 머신 사이트는 MIT에서 무인 자동차의 딜레마 문제의 해결 방안에 대해 13개의 상황을 주고 사람들의 판단 데이터를 수집한다. 수집된 데이터는 향후 트롤리 딜레마의 인간적 판단과 무인 자동차의 개발에 활용될 것이다.

1 인공지능이 우리 생활에서 활용되고 있는 사례를 분야별로 설명하시오.

2 인공지능 사회의 윤리적 이슈에는 무엇이 있는지 설명하시오.

3 현재 상용화되고 있는 인공지능 개인 비서 서비스의 윤리적 문제를 설명하시오.

4 인공지능 화가, 작곡가, 소설가의 등장이 야기할 수 있는 윤리적 문제를 설명하시오.

5 인공지능 사회의 윤리적 이슈에 대한 대응 방향을 다양한 관점에서 설명하시오.

Part 2

인공지능 실습

인공지능의 개념과 알고리즘은 머리로만 이해하는 것보다 손으로 함께 이해하는 것이 효과적이다. 실습을 통한 인공지능의 경험은 실제적인 학습으로서 가치가 있다. Part 2에서는 인공지능 플랫폼과 블록 기반 프로그래밍 언어를 활용해 인공지능을 구현하고 실생활에 적용하는 방법을 체험한다.

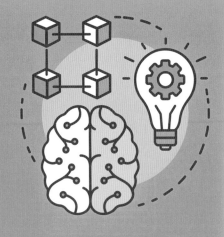

스크래치(Scratch)

1 스크래치 소개

MIT에서 개발한 스크래치(Scratch)는 교육용 프로그래밍 언어(Educational Programming Language)의 하나이다. 스크립트 화면에 블록을 끌어 조립하는 형태로 코딩을 할 수 있어서 누구나 쉽게 프로그래밍을 경험하고 다양한 프로그램을 제작할 수 있다. 또, 내가 만든 작품을 다른 사람들에게 공유할 수 있고, 리믹스 기능을 통해 여러 사람이 공동으로 작품을 만드는 것도 가능하다.

2009년 스크래치 1.4 버전이 배포되었고, 2013년 2.0 버전이, 2019년에 3.0 버전이 출시되었다. 온라인에서 사용할 수 있고, 오프라인에서도 프로그램을 다운로드해 활용할 수 있다. (scratch.mit.edu 홈페이지에서 가능) Chapter2에서 살펴볼 엠블록(mBlock)은 스크래치 3.0을 기반으로 만들어져 스크래치와 동일한 인터페이스를 가지고 있다.

2 스크래치 명령 블록

스크래치에서는 코드를 짤 때 블록 모양의 명령어를 조합한다. 블록 모양의 명령어들을 '명령 블록'이라 하는데, 블록들은 서로 연결되거나 데이터의 유형에 따라 블록 안으로 삽입도 가능하다. 각각의 블록들은 서로 올바르게 연결될 수 있도록 퍼즐과 같은 모양을 하고 있다. 명령 블록들이 연결되어 하나의 코드를 이루는 것을 스크립트라고 한다.

명령 블록은 블록의 기능과 특성에 따라 9가지의 범주로 나뉘고 이러한 범주를 '블록 팔레트'라고 한다. 동작, 형태, 소리, 이벤트, 제어, 감지, 연산, 변수, 나만의 블록, 총 9가지의 블록 팔레트가 있다.

▲ 스크래치 명령 블록 팔레트

음악
악기와 타악기를 연주하세요.

펜
스프라이트를 사용하여 그려 보세요.

비디오 감지
카메라를 이용하여 움직임을 감지해 보세요.

텍스트 음성 변환(TTS)
프로젝트가 말을 하도록 만들어 보세요.
요구사항 　 협력사
🛜 　 Amazon Web Services

번역
텍스트를 여러 가지 언어로 번역해 보세요.
요구사항 　 협력사
🛜 　 Google

Makey Makey
무엇이든지 키보드 자판으로 만들어 보세요.
　 협력사
　 JoyLabz

micro:bit
프로젝트를 세계와 연결해 보세요.
요구사항 　 협력사
🅱 🛜 　 micro:bit

LEGO MINDSTORMS EV3
감지하고 반응하는 로봇 등을 만들어 보세요.
요구사항 　 협력사
🅱 🛜 　 LEGO

LEGO BOOST
Bring robotic creations to life.
요구사항 　 협력사
🅱 🛜 　 LEGO

LEGO Education WeDo 2.0
모터 및 센서를 이용하여 만들어 보세요.
요구사항 　 협력사
🅱 🛜 　 LEGO

Go Direct Force & Acceleration
Sense push, pull, motion, and spin.
요구사항 　 협력사
🅱 🛜 　 Vernier

◀ 확장 기능

블록의 모양에는 여섯 가지의 모양이 있다.

시작 블록	감싸기 블록
(예시) 클릭했을 때	(예시) 무한 반복하기
쌓기 블록	**논리 블록**
(예시) 10 만큼 움직이기	(예시) 스페이스 ▼ 키를 눌렀는가?
반환 블록	**마무리 블록**
(예시) 마우스 포인터 ▼ 까지의 거리	(예시) 멈추기 모두 ▼

▲ 블록의 모양

이에 더해 11가지의 확장 기능(음악, 펜, 비디오 감지, 텍스트 음성 변환, 번역, Makey Makey, micro:bit, LEGO MINDSTORMS EV3, LEGO BOOST, LEGO Education Wedo 2.0, Go Direct Force & Acceleration)을 추가해서 사용할 수 있다.

③ 스크래치 3.0 매뉴얼

① 언어 선택하기

② 파일 메뉴

❶ 새로 만들기: 현재의 작품은 종료하고 새 창에서 처음부터 새롭게 작업하기

❷ Load from your computer: 컴퓨터에 저장된 파일 불러오기

❸ 컴퓨터에 저장하기: 지금 작업하고 있는 작품을 컴퓨터에 파일로 저장하기

③ 편집 메뉴

❶ 되돌리기: 작업을 이전으로 되돌리기

❷ 터보 모드 켜기: 스크래치의 실행 속도를 빠르게 해주기

④ 블록 추가하여 명령내리기

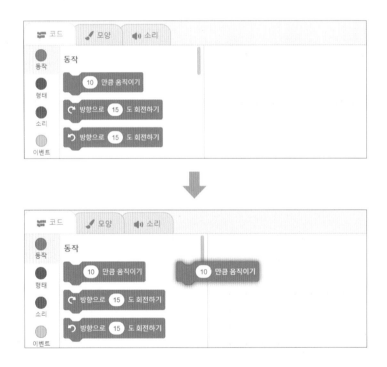

팔레트에 있는 블록을 드래그해 왼쪽 스크립트창에 옮긴다.

5 스프라이트 추가하기

❶ 스프라이트 업로드하기: 컴퓨터에 있는 이미지를 스프라이트로 추가

❷ 서프라이즈: 라이브러리에 있는 이미지 중 무작위로 추가

❸ 그리기: 스크래치 그림판을 이용해 직접 그린 이미지를 스프라이트로 추가

❹ 스프라이트 고르기: 라이브러리에 있는 이미지 중 골라서 스프라이트로 추가

6 배경 추가하기

❶ 배경 업로드하기: 컴퓨터에 있는 이미지를 배경으로 추가

❷ 서프라이즈: 라이브러리에 있는 이미지 중 무작위로 추가

❸ 배경 그리기: 스크래치 그림판을 이용해 직접 그린 이미지를 배경으로 추가

❹ 배경 고르기: 라이브러리에 있는 이미지 중 골라서 배경으로 추가

7 확장 기능 선택하기

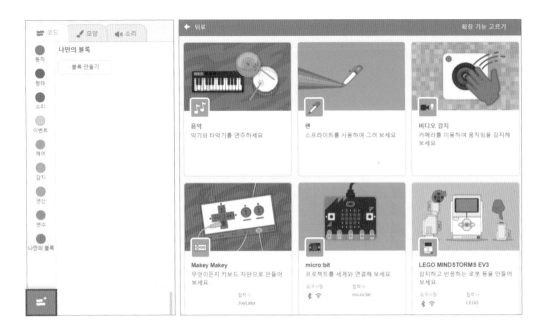

8 스프라이트나 배경의 모양 바꾸기(추가하기)

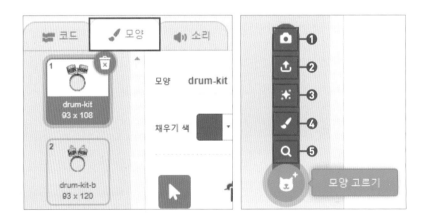

❶ 카메라: 카메라로 직접 촬영한 이미지를 모양으로 추가

❷ 모양 업로드하기: 컴퓨터에 있는 이미지를 모양으로 추가

❸ 서프라이즈: 라이브러리에 있는 이미지 중 무작위로 추가

❹ 그리기: 스크래치 그림판을 이용해 직접 그린 이미지를 모양으로 추가

❺ 모양 고르기: 라이브러리에 있는 이미지 중 골라서 모양으로 추가

9 소리 바꾸기(추가하기)

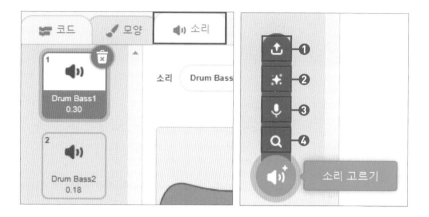

① 소리 업로드하기: 컴퓨터에 있는 소리를 추가

② 서프라이즈: 라이브러리에 있는 소리 중 무작위로 추가

③ 녹음하기: 녹음 기계로 녹음한 소리를 추가

④ 소리 고르기: 라이브러리에 있는 소리 중 골라서 추가

10 실행 장면 확인

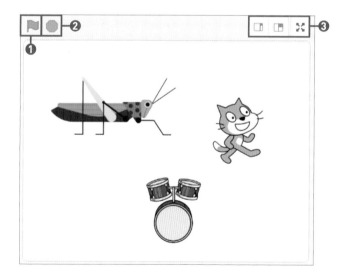

① 초록색 깃발: 실행 시작하기

② 정지 버튼: 실행 정지하기

③ 실행 창: 왼쪽에서 오른쪽으로 갈수록 실행 창 크기 확대

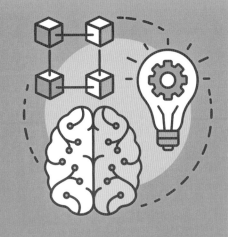

Chapter 2

엠블록(mBlock)

① 엠블록 소개

엠블록(mBlock)은 메이크블록(Makeblock)에서 개발한 교육용 STEAM 프로그래밍 툴로, 초보자를 위해 설계된 프로그래밍 소프트웨어 도구다. 스크래치 3.0 및 아두이노 코드를 기반으로 개발됐으며 블록 기반 프로그래밍 언어뿐 아니라 파이썬과 같은 텍스트 기반 프로그래밍 언어도 지원한다.

엠블록은 스크래치 3.0 기반으로 만들어져 스크래치와 동일한 인터페이스를 갖고 있다. 블록을 드래그하거나 파이썬 코드를 사용해 게임과 애니메이션을 만들 수 있고 더 나아가 작성한 프로그램을 로봇이나 보드 등 물리적인 장치와 연결해 로봇 또는 자동차처럼 제어할 수 있다.

최근에는 마이크로소프트 인지 서비스와 구글 딥 러닝을 활용한 인공지능 교육을 지원하고 있다. 문자 인식, 이미지 인식, 제스처/표정 인식, 자연어 처리 등의 블록을 지원함으로써 나이를 추측하는 프로그램을 만들거나 가위바위보 게임 등과 같은 프로그램을 만들 수 있으며 인공지능의 기초를 쉽게 익힐 수 있다. 또한 로봇 또는 전자 모듈로 작업해 날씨 보고서, 자율 식물 급수 로봇, 스마트 조명 등과 같은 사물인터넷 응용 프로젝트도 만들 수 있다. 온라인은 물론 오프라인에서도 프로그램을 다운로드해 활용할 수 있다(mblock.cc 홈페이지에서 다운로드 가능).

2 엠블록의 명령 블록

엠블록에서 명령 블록은 스크래치에서와 같이 코드를 만들 때 사용되는 퍼즐 모양의 조각을 말한다. 블록은 퍼즐처럼 서로 연결되고 여기에서 각각의 데이터 유형(이벤트, 명령, 반환 값, 반환 논리 값, 스크립트 종료)은 서로 다른 모양과 끼워질 수 있도록 흠이 나 있다. 이것으로 인해 구문 오류를 방지할 수 있게 된다. 블록이 연결돼 있는 것을 '스크립트'라고 한다.

명령 블록은 어떤 기기를 선택하느냐에 따라 여러 가지 종류가 존재하고 확장 기능 추가하기를 통해 지속적으로 추가되는 새로운 기능들을 사용할 수 있다.

▲ 엠블록 명령 블록 팔레트

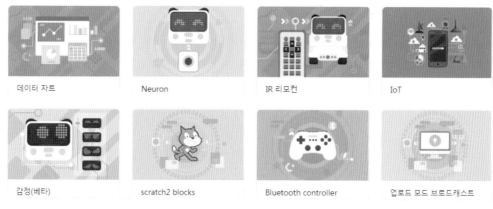

▲ 확장 기능

명령 블록의 모양은 스크래치와 마찬가지로 쌓기 블록, 시작 블록, 마무리 블록, 반환 블록, 논리 블록, 감싸기 블록이 있다(2. 스크래치 명령 블록 참고).

3 엠블록의 장치 연결

엠블록은 스테이지 프로그래밍 외에도 메이크블록 프로그램이 가능한 장치 및 타사 장치(예: Arduino Mega2560 및 micro:bit)를 포함한 다양한 하드웨어 장치의 프로그래밍을 지원한다. 장치 연결은 USB 또는 Bluetooth 4.0을 통해 연결할 수 있다. 참고로 엠블록은 한 번에 하나의 장치에만 연결할 수 있다. 새 장치가 연결되면 이전에 연결된 장치의 연결이 끊어진다. 또한 마이크로비트(micro:bit)와 같이 다른 제조업체에서 생산한 장치의 경우 해당 사용 설명서에 따라 장치를 엠블록에 연결할 수 있다.

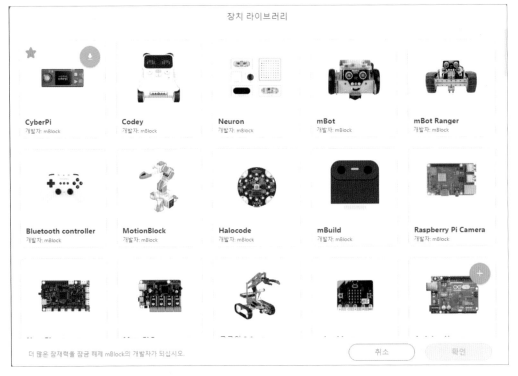

▲ 연결 가능한 장치 목록

1 USB를 통해 연결

• 장치를 USB 케이블을 사용해 컴퓨터에 연결하거나 메이크블록 블루투스 동글을 사용해 컴퓨터에 연결한다.

USB 케이블을 통한 연결	❶ 패키지에 포함된 USB 케이블을 사용해 장치를 컴퓨터에 연결한다. 성공적으로 연결됐는지 확 인한다. ❷ 장치를 켠다.
메이크블록 블루투스 동글을 통한 연결	❶ 블루투스 동글을 컴퓨터의 USB 포트에 연결한다. ❷ 블루투스 동글의 버튼을 누른다. 표시등이 빠르게 깜박이면 블루투스 동글이 장치를 검색하는 중이다. ❸ 연결할 장치를 켜고 블루투스 동글에 가깝게 배치한다. 장치와 블루투스 동글이 자동으로 페어 링 되고 페어링이 완료되면 블루투스 동글의 표시등이 정상적으로 켜진다.

• 엠블록을 열고 장치 라이브러리에서 장치를 추가한다. [연결(Connect)]을 클릭해 장치를 연결한다.

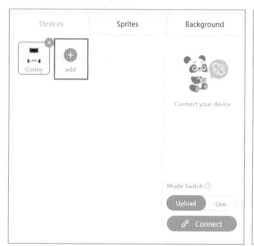 

• 나타나는 대화상자에서 [USB] 탭을 클릭한 후 엠블록으로 자동 식별된 직렬 포트를 사용하고 [연결(Connect)]을 클릭한다.

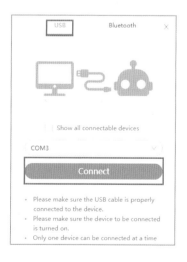

컴퓨터에 여러 장치가 연결된 경우 목록 옵션을 펼쳐 연결할 장치의 직렬 포트를 선택한다. 사용 가능한 모든 장치를 표시하려면 모든 연결 가능한 장치 표시를 선택한다.

- 장치가 연결되면 '장치 연결됨(Device connected)'이 표시된다.

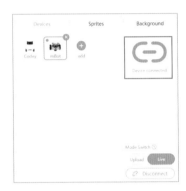

② 블루투스 4.0을 통해 연결(스마트폰, 태블릿 이용 가능)

- **지원되는 Bluetooth 버전:** Bluetooth 4.0, 4.1 및 4.2
- **지원되지 않는 Bluetooth 버전:** Bluetooth 2.0 및 5.0
- **지원되는 장치:** mBot 및 mBot Ranger
- **지원되는 기능:** Bluetooth 4.0 기반 연결은 mBblock 5의 라이브 모드만 지원한다. Bluetooth 4.0을 통해 장치에 프로그램을 업로드할 수 없다.
- **시스템 요구 사항:** Windows − 프로토콜 버전이 4.0이 아닌 경우 Bluetooth 4.0 동글을 사용하는 것이 좋다. MacOS − 대부분의 모델이 지원된다.

- 장치를 켜고 컴퓨터에서 블루투스(Bluetooth)를 시작한다.

  - Windows: 작업 표시줄에서 Bluetooth 선택
  - Mac OS: Apple 메뉴 〉 시스템 환경 설정을 선택한 다음 Bluetooth 클릭

- 엠블록을 열고 장치 라이브러리에서 장치를 추가한다. [연결(Connect)]을 클릭해 장치를 연결한다.

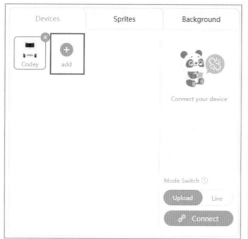 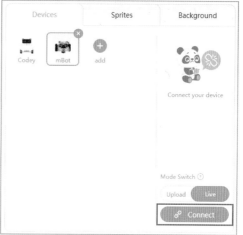

- 나타나는 대화상자에서 [Bluetooth 4.0] 탭을 클릭
한 후 엠블록이 자동으로 감지한 장치를 사용하고 [연결
(Connect)]을 클릭한다.

 컴퓨터에 여러 장치가 연결된 경우 목록 옵션을 펼쳐 연결
할 장치의 직렬 포트를 선택한다. 사용 가능한 모든 장치를
표시하려면 모든 연결 가능한 장치 표시를 선택한다.

- 장치가 연결되면 [장치 연결됨(Device connected)]이 표
시된다.

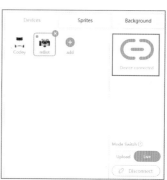

4 엠블록 장치의 기본 조작

■ 장치 라이브러리 및 확장 기능

- 장치 라이브러리 기본 조작

장치의 상태는 다음 세 가지가 있다.

Codey Developers: mBlock	mBot	HaloCode
작동할 준비 중인 상태	⬇ : 새 소프트웨어로 업데이트 가능 상태	➕ : 엠블록 5에서 새로 지원되는 장치 (다운로드 가능)

장치 라이브러리에서 왼쪽 상단에 있는 별표를 클릭하면 가장 많이 사용하는 장치로 설정할 수 있으며 다음에 엠블록을 열었을 때 장치 탭에 바로 표시가 돼 간편하게 사용할 수 있다.

- 장치 확장 센터

블록 팔레트 가장 아랫분에 있는 [확장]을 누르면 확장 센터가 나오는데, 내용은 장치에 따라 다르다. [추가(add)]를 클릭하면 확장 센터를 불러올 수 있다.

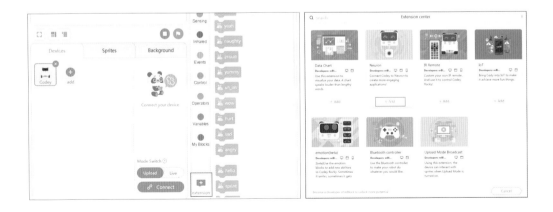

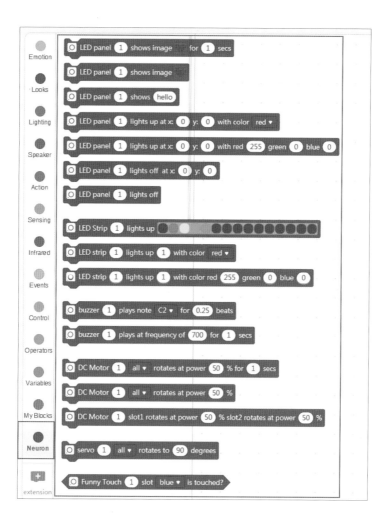

② 라이브 모드와 업로드 모드

엠블록 5는 라이브(Live)와 업로드(Upload)의 두 가지 프로그램 실행 모드를 제공한다. [스위치] 버튼을 클릭하면 모드를 전환할 수 있다.

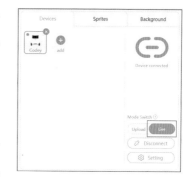

❶ 라이브 모드

라이브 모드를 사용하면 프로그램 실행 장면을 실시간으로 확인할 수 있다. 또한 [방송하기(Broadcast)] 및 [변수(Variable)] 블록을 사용하면 장치와 스프라이트 간의 상호 작용을 구현할 수 있다. 단, 이 모드에서는 장치를 엠블록에 연결한 상태로 유지해야 한다. 연결이 끊어지면 프로그램을 실행할 수 없다.

❷ 업로드 모드

업로드 모드를 사용하면 작성한 프로그램을 장치로 업로드해 실행 장면을 확인할 수 있다. 프로그램의 실행 장면을 실시간으로 확인할 수 있다. 성공적으로 업로드된 후에는 장치가 엠블록에서 연결이 해제돼도 실행될 수 있다.

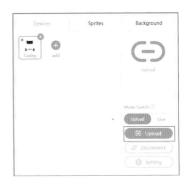

❸ 스프라이트와 상호 작용

엠블록에서는 장치와 스프라이트 간의 상호 작용을 구현할 수 있다. 예를 들어, 스프라이트 프로그래밍을 통해 할로코드(HaloCode)의 지표를 설정하거나 스프라이트가 엠봇(mBot)의 초음파 센서로 측정한 값을 알릴 수 있다. 장치와 스프라이트 간의 상호 작용을 구현하기 위해서는 [방송하기(Broadcast)] 기능을 사용해 메시지를 송수신해야 한다.

❶ 라이브 모드에서의 상호 작용

라이브 모드로 전환하면 이벤트(Events) 블록에서 [방송하기(Broadcast)] 블록을 모두 볼 수 있다. HaloCode, Codey, mBot, mBot Ranger, Ultimate 2.0, MegaPi Pro, Neuron, Bluetooth 컨트롤러, Arduino Uno 및 Arduino Mega2560 등의 장치에서 지원된다.

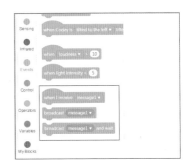

코디(Codey)에서 A 버튼을 누르면 팬더(Panda)가 스테이지에서 임의의 위치로 이동하는 프로그램이다.

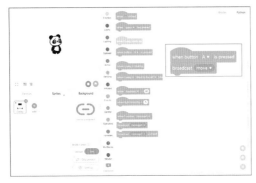
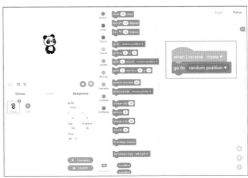

❷ 업로드 모드에서의 상호 작용

업로드 모드로 전환하면 확장 센터에서 [업로드 모드 브로드캐스트(Upload Mode Broadcast)] 기능을 추가할 수 있다. 그런 다음 장치 및 스프라이트에 대한 스크립트 영역에서 관련 블록을 볼 수 있다. Codey, HaloCode, mBot, mBot Ranger, Arduino Uno, Arduino Mega2560 등의 장치에서 지원된다.

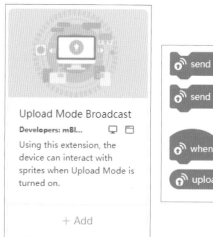

Upload Mode Broadcast
Developers: mBI...
Using this extension, the device can interact with sprites when Upload Mode is turned on.

+ Add

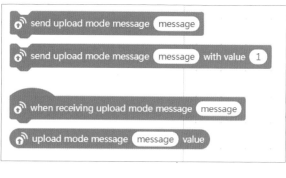

스테이지에서 Panda를 클릭하면 Codey가 주변을 둘러보는 프로그램

❸ 사용자 클라우드 메시지를 이용한 상호 작용

할로코드 장치에서는 업로드 모드 시 [사용자 클라우드 메시지(User Cloud Message)] 기능을 사용할 수 있다. 사용자 클라우드 메시지 기능을 구현하기 위해서는 와이파이 블록을 이용해야 한다.

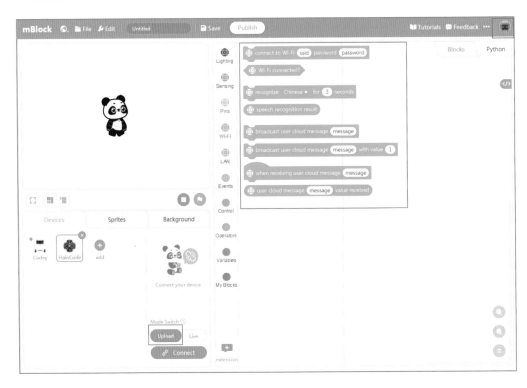

확장 센터에서 [사용자 클라우드 메시지(User Cloud Message)] 기능을 추가하면 관련 블록을 사용할 수 있다.

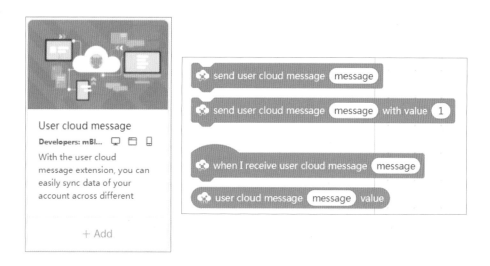

다음은 스테이지 아래의 녹색 깃발을 클릭하면 할로코드의 LED 표시기가 무지개 애니메이션을 재생하는 프로그램이다.

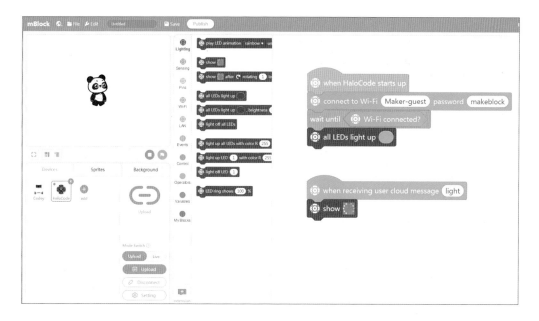

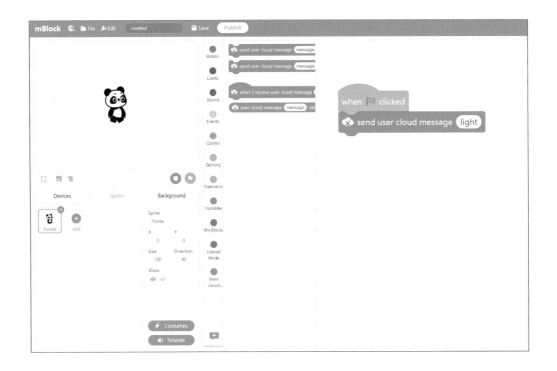

❹ 엠블록의 AI 기능 기본 조작

엠블록에서는 다양한 인공지능 기능을 지원한다. 카메라로 머신러닝 모델을 구축하고 이를 통해 음성, 텍스트뿐 아니라 사람의 얼굴도 인식할 수 있다. '감정' 블록을 이용하면 사람들의 얼굴에서 나이와 감정을 인식할 수 있는 프로그램을 만들 수 있다. 또한 구글 스프레드시트에서 작업한 데이터나 인터넷을 통해 불러온 날씨 데이터 등을 이용해 사물인터넷 프로그램을 만들 수 있다.

• 장치 연결 시

장치 연결 시 확장 센터의 인공지능 기능을 추가해 활용할 수 있다.

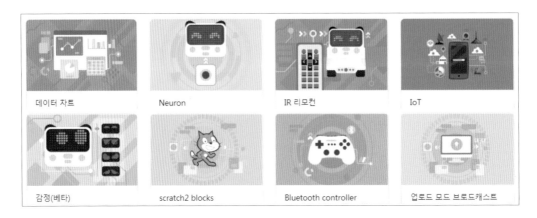

- 장치 연결 없이 이용 시(카메라가 내장된 스마트폰/태블릿 PC 이용)

　카메라가 내장된 스마트폰, 태블릿 PC를 이용해 인공지능 기능을 구현할 수 있다. 이 경우 앱 스토어나 구글 플레이에서 엠블록을 다운로드한 후 간단한 가입 절차를 거쳐 이용할 수 있다.

❶ 엠블록 애플리케이션을 다운로드한 후 회원 가입한다.

❷ 장치를 선택하는 대화상자가 나타나면 오른쪽 위의 √ 버튼을 클릭한다.

❸ 블록 팔레트 가장 아래의 확장을 눌러 확장 센터를 열어 인공지능 프로그램을 만들기
위한 기능을 추가한다. 추가한 후에는 블록 팔레트에 새로운 블록이 추가된 것을 확인
할 수 있다.

❹ 프로그램 작성 후 오른쪽 아래의 버튼을 누르면 카메라 상황과 현재 스테이지 상태를
확인할 수 있다(카메라 및 마이크 접근 허용 메시지가 나타나면 허용한다).

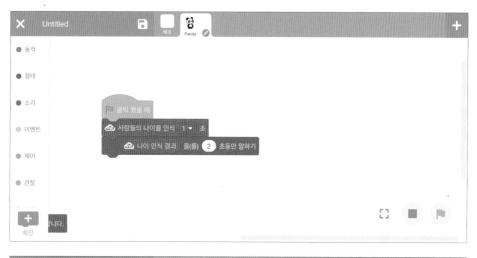

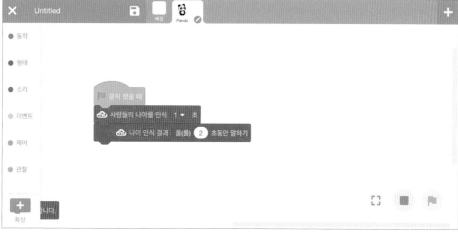

▲ 나이를 인식하는 장면

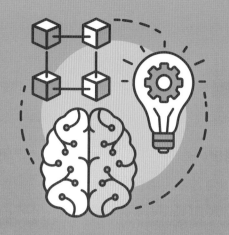

명령과 이벤트

 들어가기

"오늘 당신이 한 일을 이야기해보세요."

위와 같은 질문을 받았을 때 여러분은 어떤 말을 할지 생각할 것이다. 아마 대부분은 질문에 대답하기 위해 다음과 같이 생각할 것이다.

'아침에 일어나서 씻고 밥을 먹은 후에….'

인간은 이처럼 시간의 순서를 고려해 생각한다. 이렇게 순서에 따라 생각하는 사고를 '절차적 사고'라 부른다. 절차적 사고를 컴퓨터로 구현하기 위해서는 명령을 통해 생각을 추상화하고 이를 조립해 알고리즘을 만들어야 한다. 이러한 과정을 거치는 프로그래밍 작업을 통해 인간의 지능을 가진 인공지능을 구현할 수 있다. 이번에는 절차적 사고를 구현하는 데 필요한 명령과 이벤트에 대해 알아보자.

1 명령

동작, 형태, 소리 팔레트는 스프라이트를 제어하기 위해 내리는 명령 중 가장 기본적인 명령 블록을 모아 놓은 카테고리다.

- ⬤ 동작: 스프라이트의 움직임을 제어

스프라이트의 움직임을 제어하는 블록들로 구성돼 있다. 동작 블록을 통해 스프라이트는 움직이거나 특정 방향을 향하기도 하고 벽에 닿으면 튕기기도 한다.

처음 위치

▲ x가 50만큼 이동

- ⬤ 형태: 스프라이트의 형태를 제어

스프라이트와 배경의 형태를 제어하는 블록으로 구성돼 있다. 형태 블록을 통해 스프라이트가 말하고 생각하는 내용을 보여주기도 하고 스프라이트와 배경을 '모양' 탭에 추가돼 있는 모양으로 바꾸거나 스프라이트에 다양한 효과를 줄 수도 있다.

- ⬤ 소리: 스프라이트의 소리를 제어

스프라이트의 소리를 제어하는 블록들로 구성돼 있다. 소리 블록을 통해 스프라이트가 [소리] 탭에 추가돼 있는 소리를 내게 하거나 음높이, 음량, 음향의 위치 등을 조절할 수 있다.

◀ 스피커에서 '야옹'소리가 출력됨.

2 이벤트

이벤트 팔레트는 다른 명령 블록을 실행하기 위해 사용하는 블록을 모아 놓은 카테고리다.

- ◉ 이벤트: 명령 블록을 실행

명령 블록을 실행하는 블록들로 구성돼 있다. 이벤트 블록을 통해 어떤 조건에 명령이 실행되는지 정할 수 있고 [신호 보내고 받기] 블록을 통해 다른 스프라이트가 명령을 수행해야 하는 시기를 정할 수 있다. 신호의 이름은 직접 입력해 정할 수 있다.

3 예제로 배우기

1 명령 블록 배우기

'야옹' 소리를 내는 고양이 뒷모습을 발견하고 다가가는 애니메이션을 만들어봅시다.

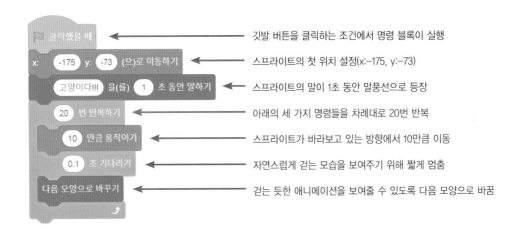

깃발 버튼을 클릭하는 조건에서 명령 블록이 실행

스프라이트의 첫 위치 설정(x:-175, y:-73)

스프라이트의 말이 1초 동안 말풍선으로 등장

아래의 세 가지 명령들을 차례대로 20번 반복

스프라이트가 바라보고 있는 방향에서 10만큼 이동

자연스럽게 걷는 모습을 보여주기 위해 짧게 멈춤

걷는 듯한 애니메이션을 보여줄 수 있도록 다음 모양으로 바꿈

[**연습 문제 1**]

발레리나가 위아래로 점프하는 애니메이션을 만들어봅시다.

〈핵심 블록〉

y 좌표를 50 만큼 바꾸기   y 좌표를 -50 만큼 바꾸기   0.5 초 기다리기

연습 문제 2

발레리나의 모양과 조명의 색깔이 계속 변하는 애니메이션을 만들어봅시다.

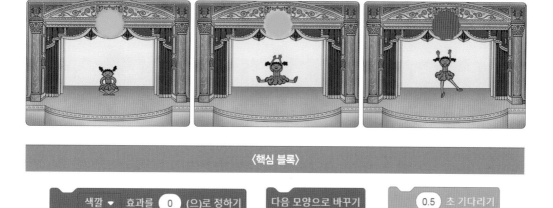

〈핵심 블록〉

색깔 ▾ 효과를 0 (으)로 정하기   다음 모양으로 바꾸기   0.5 초 기다리기

연습 문제 3

클릭하면 '야옹' 소리를 내는 고양이를 만들어봅시다. 그리고 위쪽 화살표를 누르면 음량이 커지고 아래쪽 화살표를 누르면 음량이 작아지도록 만들어봅시다.

고양이 클릭: 야옹
위쪽 화살표: 음량 up
아래쪽 화살표: 음량 down

〈핵심 블록〉

야옹 ▾ 재생하기   음량을 10 만큼 바꾸기   음량을 -10 만큼 바꾸기

2 이벤트 블록 배우기

세계 여행 신호에 따라 배경이 바뀌는 애니메이션을 만들어봅시다.

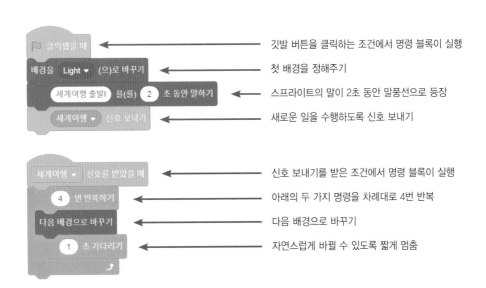

깃발 버튼을 클릭하는 조건에서 명령 블록이 실행

첫 배경을 정해주기

스프라이트의 말이 2초 동안 말풍선으로 등장

새로운 일을 수행하도록 신호 보내기

신호 보내기를 받은 조건에서 명령 블록이 실행

아래의 두 가지 명령을 차례대로 4번 반복

다음 배경으로 바꾸기

자연스럽게 바뀔 수 있도록 짧게 멈춤

키보드의 방향키를 이용해 쥐를 위, 아래, 오른쪽, 왼쪽으로 이동시켜 애니메이션을 만들어 봅시다.

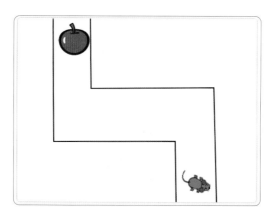

〈핵심 블록〉

위쪽 화살표 ▼ 키를 눌렀을 때   x 좌표를 10 만큼 바꾸기   y 좌표를 10 만큼 바꾸기

스프라이트를 클릭하면 스프라이트의 크기가 커지는 애니메이션을 만들어봅시다.

나를 눌러봐! 누르면 누를수록 커질거야!

〈핵심 블록〉

크기를 50 %로 정하기   이 스프라이트를 클릭했을 때   크기를 10 만큼 바꾸기

비밀의 문에 다가가면 문이 사라지고 배경이 사막으로 바뀌는 애니메이션을 만들어봅시다.

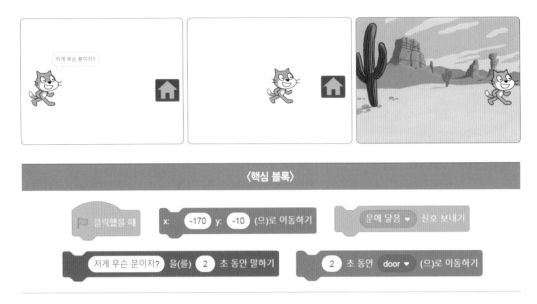

〈핵심 블록〉

4 컴퓨팅 사고와 인공지능 사고

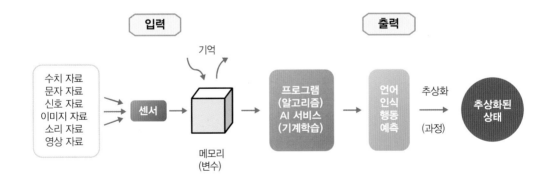

인공지능은 다양한 자료를 센서 등의 입력 장치를 통해 받아들인다. 센서를 통해 입력된 자료들은 메모리에 저장된 후 특정 명령들이 조합된 알고리즘이나 머신러닝을 통해 조작된다. 조작된 자료들은 사용자에게 적합하게 출력되고 이러한 출력의 결과는 추상화 과정을 거쳐 우리가 이해할 수 있는 추상화된 상태로 나타난다. **명령과 이벤트**는 프로그래밍 작업을 위해 필요한 블록으로 명령과 이벤트 블록을 통해 입력받은 자료들을 조작해줄 수 있는 알고리즘을 만들 수 있다.

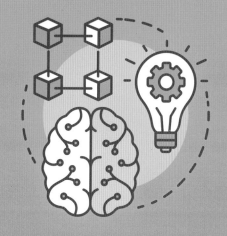

Chapter 4

변수와 연산

 들어가기

　인공지능에서 자료(Data)를 잘 다루는 것은 매우 중요하다. 많은 양의 데이터를 사용하면서 기계 스스로 학습하기도 하고 데이터의 특징을 바탕으로 예측하기도 한다. 또 데이터를 분류하기도 하고 유사한 데이터를 군집화하기도 한다. 값을 잘 다루기 위해서는 프로그래밍 언어에서 값을 저장할 수 있는 공간인 변수(Variable)를 잘 이해하고 활용하는 것이 중요하다. 또 값을 계산하고 조작하거나 참, 거짓을 따지는 연산(Operators)의 활용도 중요하다. 이번에는 값을 잘 다루는 데 필요한 변수와 연산 명령에 대해 알아보자.

2 **블록 살펴보기**

■ 변수

　변수 팔레트는 프로그램에서 값이나 문자열을 저장할 수 있는 공간을 만들어주는 블록들을 모아 놓은 카테고리다.

- ⚫ 변수: 값이나 문자열을 저장할 수 있는 공간 설정

프로그램에서 값이나 문자열을 저장할 수 있는 공간을 만들어주는 블록들로 구성돼 있다. [변수 만들기]로 특정 값을 저장할 수 있는 공간을 생성하고 그 공간의 이름을 설정할 수 있다. 또 그 공간에 들어온 값을 정하거나 바꿔줄 수 있다. [리스트 만들기]로 여러 문자열을 저장할 수 있는 공간을 생성한 후 그 공간의 이름을 설정할 수 있다. 특정 항목을 문자열의 목록에 추가하거나 삭제할 수 있고 특정 항목의 위치나 목록의 길이 등을 감지하고 바꿀 수 있다.

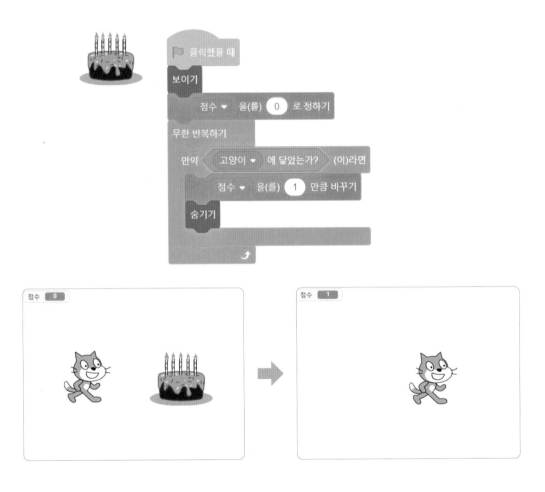

2 연산

연산 팔레트는 연산과 문자열 조작에 필요한 블록들을 모아 놓은 카테고리다.

- ⚫ 연산 – 연산과 문자열 조작

사칙연산, 부등호 등을 비롯한 연산 기능을 하는 블록과 문자열을 조작하는 기능을 하는 블록들로 구성돼 있다. 연산 블록을 통해 수를 계산하거나 비교할 수 있고 조건을 비교할 수도 있다.

또 어절을 결합하기도 하고 어절의 글자 개수나 지정한 위치의 글자를 기록하기도 한다.

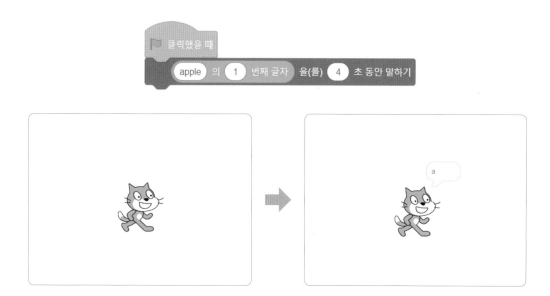

3 > 예제로 배우기

1 변수 블록 배우기

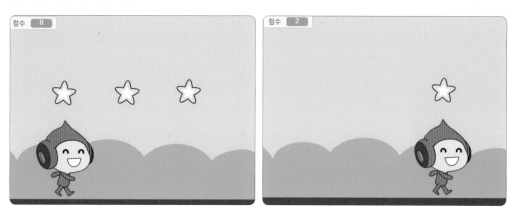

캐릭터를 움직여 별을 먹으면 점수가 올라가는 게임을 만들어봅시다.

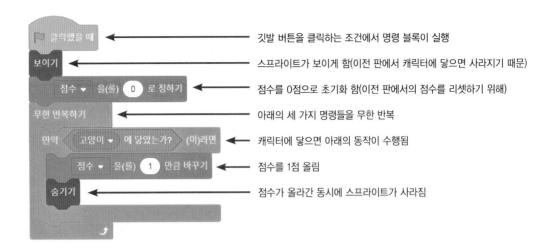

깃발 버튼을 클릭하는 조건에서 명령 블록이 실행

스프라이트가 보이게 함(이전 판에서 캐릭터에 닿으면 사라지기 때문)

점수를 0점으로 초기화 함(이전 판에서의 점수를 리셋하기 위해)

아래의 세 가지 명령들을 무한 반복

캐릭터에 닿으면 아래의 동작이 수행됨

점수를 1점 올림

점수가 올라간 동시에 스프라이트가 사라짐

캐릭터

[연습 문제 1]

좋아하는 음식을 클릭하면 리스트에 추가하는 프로그램을 만들어봅시다.

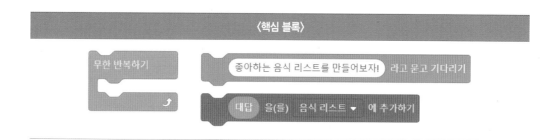

연습 문제 2

무작위로 이동하는 고양이의 현재 위치(x좌표)를 알려주는 프로그램을 만들어봅시다.

〈핵심 블록〉

연습 문제 3

리스트의 항목 중에서 특정 위치의 항목을 말하는 애니메이션을 만들어봅시다.

2 연산 블록 배우기

이름을 입력하면 이름과 성을 이야기해주는 프로그램을 만들어봅시다.

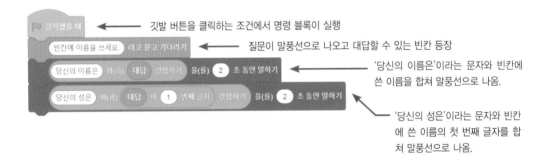

- 깃발 버튼을 클릭하는 조건에서 명령 블록이 실행
- 질문이 말풍선으로 나오고 대답할 수 있는 빈칸 등장
- '당신의 이름은'이라는 문자와 빈칸에 쓴 이름을 합쳐 말풍선으로 나옴.
- '당신의 성은'이라는 문자와 빈칸에 쓴 이름의 첫 번째 글자를 합쳐 말풍선으로 나옴.

[연습 문제 1]

곱셈을 대신해주는 계산기를 만들어봅시다.

[연습 문제 2]

무작위로 굴리가는 주사위 게임 프로그램을 만들어봅시다.

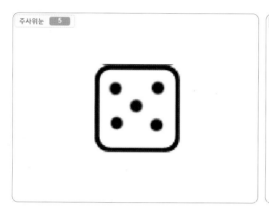 

〈핵심 블록〉

[연습 문제 3]

마우스 포인터로 위치를 이동시키는 고양이가 물고기에 닿으면 목숨이 줄어들고 목숨이 0이 되면 GAME OVER되는 게임을 만들어봅시다.

4 컴퓨팅 사고와 인공지능 사고

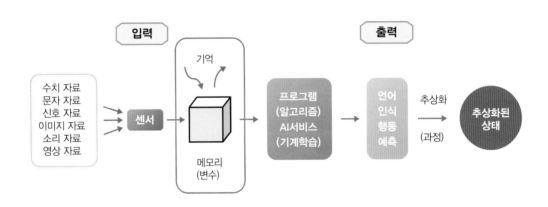

인공지능은 다양한 자료를 센서 등의 입력 장치를 통해 받아들인다. 센서를 통해 입력된 자료들은 메모리에 저장된 후 특정 명령들이 조합된 알고리즘이나 머신러닝을 통해 조작된다. 조작된 자료들은 사용자에게 적합하게 출력되고 이러한 출력의 결과는 추상화 과정을 거쳐 우리가 이해할 수 있는 추상화된 상태로 나타난다. **변수**는 입력된 자료의 값들이 프로그래밍 언어에서 저장될 수 있도록 해주는 기억 공간의 역할을 해준다. **연산**은 그 값들을 계산하고 조작하거나 참, 거짓을 따지는 역할을 한다.

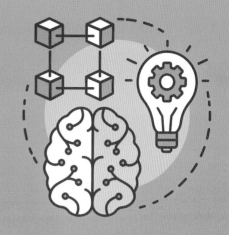

Chapter

5

제어 구조와 감지

1 들어가기

앞서 '명령과 이벤트'에서는 인간의 사고가 시간의 순서를 고려하고 이러한 사고를 '절차적 사고'라 부른다는 것을 알았다. 그런데 인간의 사고와 우리 주변의 사건들이 오로지 절차적인 방식으로만 진행되는 것은 아니다.

자판기에서 물건을 구입하는 경우를 생각해보자. 자판기 역시 일정한 절차에 따라 동전을 주입하면 사용자에게 상품을 준다. 그런데 이 과정에서 사용자가 선택한 상품을 주기 위해서는 특별한 조건이 필요하다. 어떤 상품을 눌렀는지, 무슨 번호를 눌렀는지 등의 조건으로 사용자를 만족시켜줄 수 있는 상품을 판단할 수 있다.

이와 같이 절차대로 진행하되 분기, 반복, 호출, 조건 등에 따라 다양성을 부여해주는 것을 '제어 구조'라 한다. 이러한 제어 구조는 특정 정보를 감지하고 감지한 정보에 따라 패턴을 만들거나 판단하며 작동한다. 특정 정보를 감지하는 것을 '감지'라고 한다. 이번에는 제어와 감지에 대해 알아보자.

② 블록 살펴보기

1 제어

제어 팔레트는 분기, 반복, 호출, 조건 등에 따라 스크립트를 제어할 수 있는 블록들을 모아 놓은 카테고리다.

- ⦿ 제어: 스크립트를 제어

절차대로 진행되는 프로그램에 분기, 반복, 호출, 조건 등에 따른 다양성을 부여해주는 블록들로 구성돼 있다. [기다리기], [반복하기], [만약 ~라면(아니면)], [멈추기], [복제하기] 등으로 스크립트를 제어할 수 있다. 각 블록 안의 빈칸에는 숫자를 입력하거나 변수를 삽입할 수 있다. 또 육각형 모양의 빈칸에는 감지 팔레트의 블록을 삽입해 조건에 따라 스크립트를 제어할 수 있다. 이외에도 [멈추기], [복제하기] 블록에서는 옵션을 선택할 수 있다.

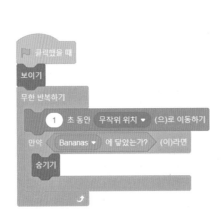

2 감지

감지 팔레트는 제어 구조에서 패턴을 만들거나 조건을 판단해 작동할 수 있도록 특정 정보를 감지해주는 블록들을 모아 놓은 카테고리다.

-  감지: 정보를 감지

　다양한 정보를 감지해주는 기능을 가진 블록으로 구성돼 있다. 마우스 포인터, 벽, 스프라이트, 특정 색 등에 닿았는지 감지하거나 키보드의 특정 키를 눌렀는지, 마우스를 클릭했는지 등을 감지할 수 있다. 원하는 질문을 입력한 후 그에 대한 대답을 감지할 수 있고 이외에도 마우스의 좌표나 음량, 타이머, 배경 번호나 이름, 현재 날짜 등을 감지할 수 있다. 드래그 모드의 상태를 정해줄 수도 있다.

3 예제로 배우기

1 제어 블록 배우기

마법사가 분신술을 하는 애니메이션을 만들어봅시다.

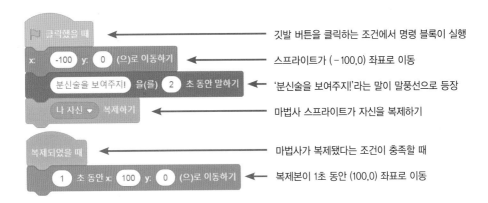

깃발 버튼을 클릭하는 조건에서 명령 블록이 실행

스프라이트가 (-100,0) 좌표로 이동

'분신술을 보여주지'라는 말이 말풍선으로 등장

마법사 스프라이트가 자신을 복제하기

마법사가 복제됐다는 조건이 충족할 때

복제본이 1초 동안 (100,0) 좌표로 이동

[연습 문제 1]

토성이 태양을 중심으로 회전하도록 만들어봅시다.

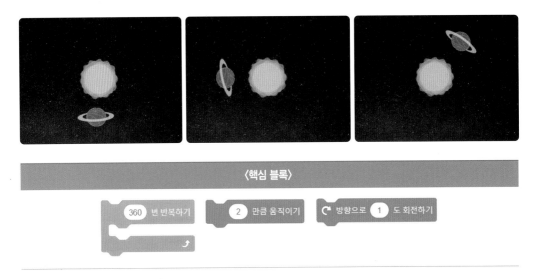

[연습 문제 2]

Spacebar를 누르면 위로 점프해서 사과에 닿으면 색이 바뀌는 게임을 만들어봅시다.

사과 스프라이트의 스크립트

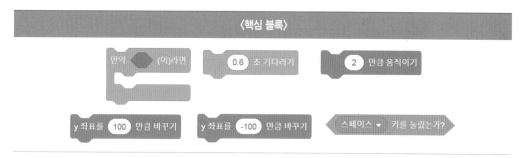

```
클릭했을 때
색깔 ▼ 효과를  0  (으)로 정하기
무한 반복하기
  만약  스프라이트 1 ▼ 에 달았는가?  (이)라면
    색깔 ▼ 효과를  25  만큼 바꾸기
```

〈핵심 블록〉

| 만약 ◆ (이)라면 | 0.6 초 기다리기 | 2 만큼 움직이기 |

| y 좌표를 100 만큼 바꾸기 | y 좌표를 -100 만큼 바꾸기 | 스페이스 ▼ 키를 눌렀는가? |

연습 문제 3

발차기 체조를 10번 실시하는 애니메이션을 만들어봅시다.

〈핵심 블록〉

| 10 번 반복하기 | 0.3 초 기다리기 | 모양을 차렷 ▼ (으)로 바꾸기 | 모양을 발차기 ▼ (으)로 바꾸기 |

❷ 감지 블록 배우기

연두색 물약에 닿으면 고양이가 색깔 효과를 바꾸는 프로그램을 만들어봅시다.

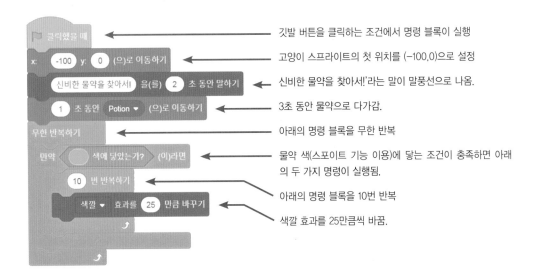

깃발 버튼을 클릭하는 조건에서 명령 블록이 실행

고양이 스프라이트의 첫 위치를 (-100,0)으로 설정

신비한 물약을 찾아서!'라는 말이 말풍선으로 나옴.

3초 동안 물약으로 다가감.

아래의 명령 블록을 무한 반복

물약 색(스포이트 기능 이용)에 닿는 조건이 충족하면 아래의 두 가지 명령이 실행됨.

아래의 명령 블록을 10번 반복

색깔 효과를 25만큼씩 바꿈.

[연습 문제 1]

오늘의 날짜를 알려주는 달력을 만들어봅시다.

〈핵심 블록〉

무작위 위치로 등장하는 벌레 위에 마우스를 올려놓고 클릭하면 벌레가 사라지게 하는 게임을 만들어봅시다.

참고 **고양이 스프라이트의 스크립트**

〈핵심 블록〉

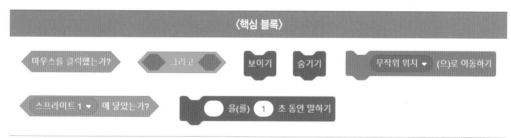

타이머가 5초 이상 되면 'time's up' 배경으로 바뀌는 프로그램을 만들어봅시다.

인공지능은 다양한 자료를 센서 등의 입력 장치를 통해 받아들인다. 센서를 통해 입력된 자료들은 메모리에 저장된 후 특정 명령들이 조합된 알고리즘이나 머신러닝을 통해 조작된다.

3 → 컴퓨팅 사고와 인공지능 사고

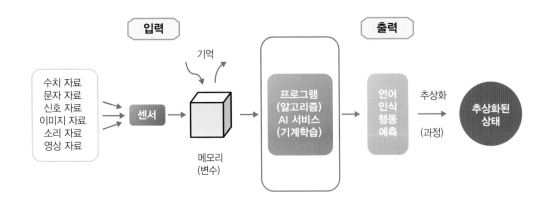

인공지능은 다양한 자료를 센서 등의 입력 장치를 통해 받아들인다. 센서를 통해 입력된 자료들은 메모리에 저장된 후 특정 명령들이 조합된 알고리즘이나 머신러닝을 통해 조작된다.

조작된 자료들은 사용자에게 적합하게 출력되고 이러한 출력의 결과는 추상화 과정을 거쳐 우리가 이해할 수 있는 추상화된 상태로 나타난다.

제어 구조는 입력된 자료의 값들이 프로그래밍될 때 사용자가 원하는 방향으로 알고리즘이 만들어질 수 있도록 절차대로 진행되는 명령에 다양한 패턴을 만들때 필요한 블록들이다. **감지**는 제어 구조에서 패턴을 만들거나 판단할 수 있도록 특정한 정보를 감지하는 역할을 한다.

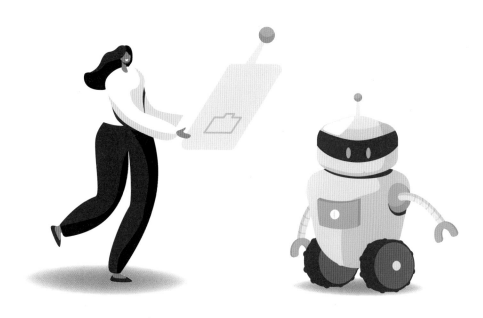

Chapter

6

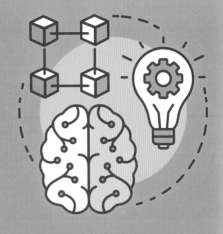

[나만의 블록] 확장

프로그램을 만들다 보면 특정 명령 스크립트 작업을 여러 번 반복해야 할 때가 있다. 스크래치로 치면 같은 블록, 같은 순서로 쌓여 있는 블록들의 뭉치가 계속 필요한 경우에 해당한다. 이때 똑같은 블록 뭉치들을 하나의 집합으로 정의하는 것을 '함수'라 부른다. 이렇게 프로그램에서 함수를 작성하면 필요할 때마다 함수를 호출해 해당 작업을 반복해 수행할 수 있다. 또 가독성이 좋아져 프로그램을 수정할 때 더욱 편리하게 작업할 수 있고 문제해결을 위한 시간도 단축할 수 있다. 스크래치 3.0의 경우 [나만의 블록]에서 함수를 작성할 수 있다. 블록 팔레트의 하단에는 [확장] 아이콘이 있다. 확장 기능을 통해 블록 팔레트에 있는 명령 외에 추가적인 기능을 사용할 수 있고 더 나아가 피지컬 도구를 연결할 수도 있다. 이번에는 [나만의 블록]과 [확장]에 대해 알아보자.

② ▶ 블록 살펴보기

 [나만의 블록]

[나만의 블록] 팔레트는 특정 기능을 수행하는 명령 블록의 집합을 묶어 하나의 블록으로 사

용할 수 있도록 해주는 블록으로 이뤄진 카테고리다.

- ⬤ [나만의 블록]: 특정 기능을 수행하는 명령 블록을 하나의 블록으로 약속

특정 기능을 수행하는 명령 블록을 반복적으로 사용할 때 간편하게 하나의 블록으로 약속해 사용할 수 있도록 해주는 [정의하기] 블록으로 구성돼 있다. [블록 만들기]를 클릭하면 텍스트를 입력해 블록 이름을 지정할 수 있다. 또 옵션으로 제시된 [입력값 추가하기]와 [라벨 넣기]를 이용해 약속된 여러 가지 함수를 결합하면 또 하나의 새로운 함수로 만들 수 있다.

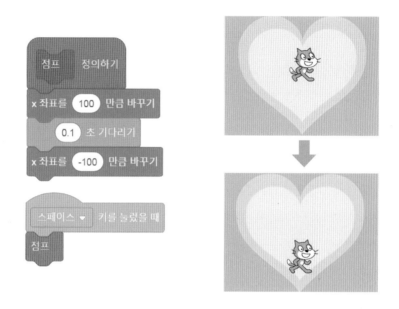

② [확장]

[확장]은 다른 팔레트의 명령 블록 외에 추가 기능을 불러올 수 있는 곳이다.

- 🖼️ [확장]: 추가 기능 사용

음악, 펜, 비디오 감지, 텍스트 음성 변환(TTS), 번역, 피지컬 컴퓨팅(MakeyMakey, micro:bit, LEGO MINDSTOMS EV3, LEGO BOOST, LEGO Education Wedo 2.0, Go Direct Force&Acceleration) 등 추가 기능을 가진 블록 팔레트를 불러올 수 있다. 악기 연주를 하거나 스프라이트를 사용해 그림을 그릴 수 있으며 카메라를 이용해 움직임을 감지할 수도 있다. 또 말풍선이 아닌 소리로 텍스트의 내용을 출력하게 할 수 있고 구글 번역기와 연동돼 세계 여러 나라 언어로 번역할 수 있다. 또한 다양한 피지컬 컴퓨팅 도구와도 연동할 수 있다.

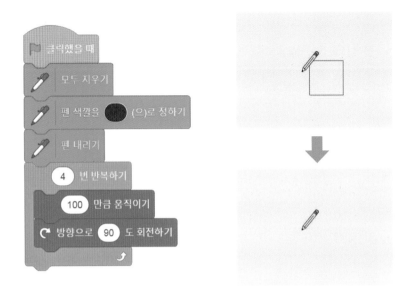

3 예제로 배우기

① [나만의 블록] 배우기

유사한 내용을 질문하고 대답을 리스트에 추가하는 프로그램을 만들어봅시다.

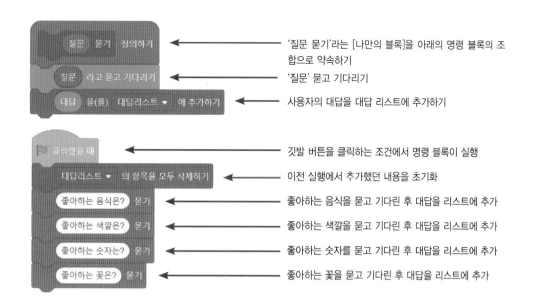

'질문 묻기'라는 [나만의 블록]을 아래의 명령 블록의 조합으로 약속하기

'질문' 묻고 기다리기

사용자의 대답을 대답 리스트에 추가하기

깃발 버튼을 클릭하는 조건에서 명령 블록이 실행

이전 실행에서 추가했던 내용을 초기화

좋아하는 음식을 묻고 기다린 후 대답을 리스트에 추가

좋아하는 색깔을 묻고 기다린 후 대답을 리스트에 추가

좋아하는 숫자를 묻고 기다린 후 대답을 리스트에 추가

좋아하는 꽃을 묻고 기다린 후 대답을 리스트에 추가

연습 문제 1

사용자에게 게임을 할지 물어본 후 "네"라고 대답하면 주사위가 굴러가는 프로그램을 만들 어봅시다.

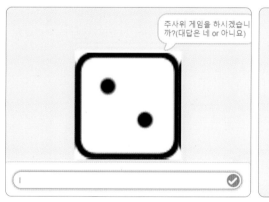
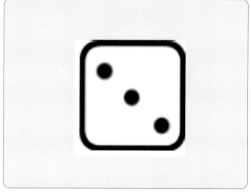

〈핵심 블록〉

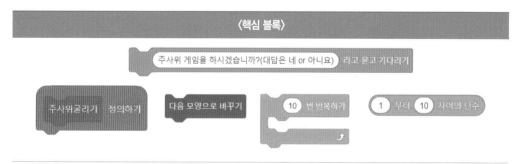

유사한 내용을 질문하고 대답에 따라 점수가 올라가는 텔레파시 게임을 만들어봅시다.

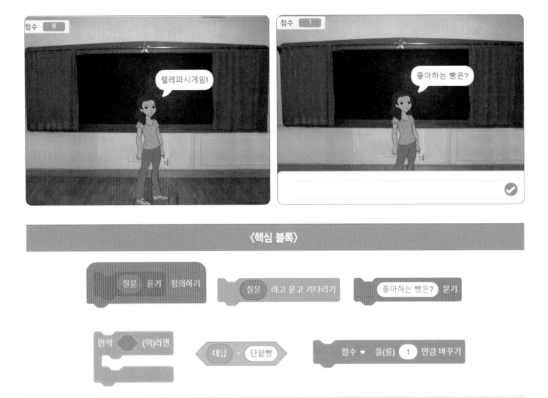

상하좌우 키보드로 움직임을 조작하는 축구 게임을 만들어봅시다.

〈핵심 블록〉

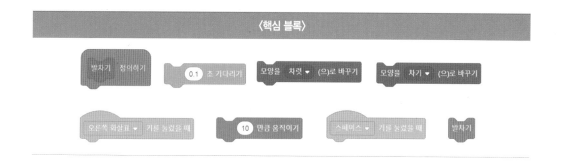

❷ 감지 블록 배우기

숫자를 넣으면 자동으로 기상예보를 방송해주는 프로그램을 만들어봅시다.

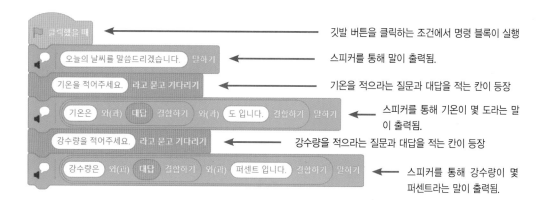

깃발 버튼을 클릭하는 조건에서 명령 블록이 실행

스피커를 통해 말이 출력됨.

기온을 적으라는 질문과 대답을 적는 칸이 등장

스피커를 통해 기온이 몇 도라는 말이 출력됨.

강수량을 적으라는 질문과 대답을 적는 칸이 등장

스피커를 통해 강수량이 몇 퍼센트라는 말이 출력됨.

세계 여러 나라의 언어로 인사말을 들려주는 프로그램을 만들어봅시다.

〈핵심 블록〉

손에 닿으면 고양이가 색을 바꾸며 임의의 위치로 이동하는 게임을 만들어봅시다.

〈핵심 블록〉

마우스를 클릭하면 별 도장을 찍는 프로그램을 만들어봅시다.

〈핵심 블록〉

---

3 **컴퓨팅 사고와 인공지능 사고**

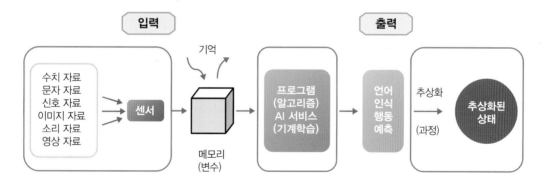

인공지능은 다양한 자료를 센서 등의 입력 장치를 통해 받아들인다. 센서를 통해 입력된 자료들은 메모리에 저장된 후 특정 명령들이 조합된 알고리즘이나 머신러닝을 통해 조작된다. 조작된 자료들은 사용자에게 적합하게 출력되고 이러한 출력의 결과는 추상화 과정을 거쳐 우리가 이해할 수 있는 추상화된 상태로 나타난다.

함수는 일정한 결과를 계산하는 여러 개의 명령어의 집합을 하나의 명령어로 정의해 필요한 부분에서 호출하여 재사용하는 추상화 기능이다. 최근의 프로그래밍 언어들은 함수를 이용해 프로그램을 간결하고 관리하기 편리하도록 개발한다.

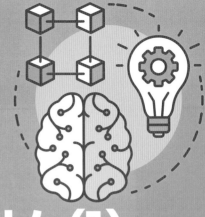

Chapter 7

인공지능 인식 서비스 (1) - 나이와 감정 인식

 AI Intro

　사람은 다른 사람의 얼굴에 반사된 빛을 보고 그 얼굴을 인식한다. 그 빛이 우리의 눈과 두뇌로 들어와 생물학적인 작용이 일어나면서 사람 얼굴을 구별할 수 있다. 컴퓨터는 센서(카메라)를 사용해 사진을 찍은 뒤 코, 눈과 같은 주요 부위 사이의 거리를 계산한다. 계산에는 얼굴의 너비나 굴곡이 있는 부분, 안구의 깊이 등도 포함돼 있다. 측정된 값은 사용자의 얼굴 특징을 나타내는 숫자 코드로 변환된다. 만약, 여러 사람의 얼굴 특징 값이 이미 저장돼

있으면 데이터베이스를 검색해 일치하는 코드를 찾아 사용자의 얼굴을 인식한다. 페이스북은 친구 사진에 태그할 수 있도록 얼굴 인식 기능을 사용하고 있다. 구글은 구글 포토에서 사진을 분류하기 위해 얼굴 인식 기능을 사용한다. 인스타그램, 스냅 챗과 같은 카메라 어플에서 필터를 적용하거나 액세서리를 착용할 때에도 얼굴 인식을 사용한다. 또한 가정용 CCTV에서도 외부인과 가족을 구분하기 위해 이런 인식 방식의 카메라를 사용하기도 한다(출처: 씨넷 코리아 https://www.youtube.com/watch?v=gUoPJlMwGwQ).

▲ 얼굴 인식을 체험할 수 있는 How-Old net과 이미지를 인식하는 AutoDraw

▲ 구글 포토와 페이스북의 얼굴 인식 기능

2 ▶ AI Starting

    7장의 실습 대부분은 인식 서비스에 있는 코드 블록을 사용한다. 스프라이트의 확장 센터로 들어가서 [인식 서비스]를 추가한 후 실습을 진행한다.

1 나이 분석하기

나이 분석 블록은 카메라를 통해 찍은 사진의 나이(age)를 1초 후 인식(recognize)해 주는 블록과 출력 결과인 나이를 숫자값으로 사용할 수 있는 블록이 포함된다.

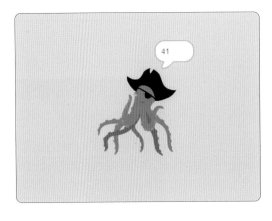

카메라 화면에 다양한 얼굴로 실험을 하거나 할 때마다 조금씩 다른 결과가 나오기도 한다. 이는 카메라에 잡힌 사용자의 얼굴이 빛을 좀 더, 또는 덜 받았거나 각도가 다르게 됐을 때 내 얼굴에 대해 인식한 데이터가 다르게 입력되기 때문이다.

스프라이트로 나이를 출력 과정에서 나타나는 또 하나의 문제점은 스프라이트의 변화 또는 움직임이 없어서 나이 인식이 일어났는지 알아보기가 번거롭다는 것이다. 이를 좀 더 명확하게 나타나도록 하려면 다음 블록을 사용해 코드를 수정해보자.

원하는 배경이나 스프라이트를 이용하여 개성 있게 꾸며보는 것도 좋다.

완성된 코드 블록의 예시는 다음과 같다.

이 스프라이트를 클릭했을 때

1 ▼ 초 후, 사람 나이 인식하기

모양을 1 부터 5 사이 임의의 수 (으)로 바꾸기

나이 인식 결과 을(를) 말하기

2 감정 분석하기

감정 인식 블록은 카메라를 통해 찍힌 사진의 표정을 분석하고 행복 값이 수치로 나타나도록 코드를 작성할 수 있다.

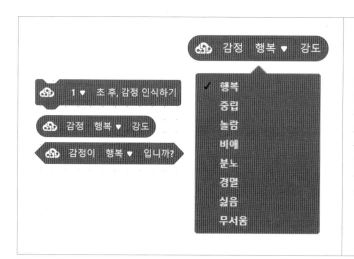

감정 인식 블록에는 얼굴 표정을 보고 감정을 인식해주는 블록과 그 값을 0부터 100까지 수치로 나타내주는 블록, 그리고 감정에 '행복'이 나타났는지를 관찰하는 블록이 있다.
인식할 수 있는 감정에는 행복, 중립, 놀람, 비애, 분노, 경멸, 싫음, 무서움이 있다.

Tip 엠블록에서 이미 여러 사람의 표정을 데이터로 수집해 각각의 감정을 학습시켜 놓았다. 학습시킨 결과와 카메라로 입력되는 사람의 얼굴을 비교해 감정을 판단하는 것이다.

감정 인식 블록에는 얼굴 표정을 보고 감정을 인식해주는 블록과 그 값을 0부터 100까지 수치로 나타내주는 블록, 그리고 감정에 '행복'이 나타났는지를 관찰하는 블록이 있다.

≡ AI Lab

Q 표정을 다르게 하면 행복 점수가 어떻게 되는가?

Q 얼굴의 일부분만 카메라에 비췄을 때 표정에 대한 점수는 어떻게 되는가?

Q 컴퓨터가 '표정'을 인식하는 얼굴의 특징은 무엇일까?

Q 위의 세 번째 예제는 행복한 표정이라고 할 수 있을까? 수치가 몇 점 이상이 돼야 행복이라고 판단할 수 있을까?

	행복	중립	놀람	비애	분노	경멸	싫음	무서움
점수								

③ AI Making

1 셀카 분석 프로그램 만들기

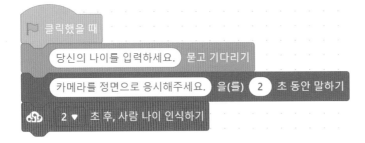

자신의 실제 나이와 카메라가 인식한 나이를 비교할 수 있게 [관찰] 탭의 [묻고 기다리기] 블록을 함께 사용한다.

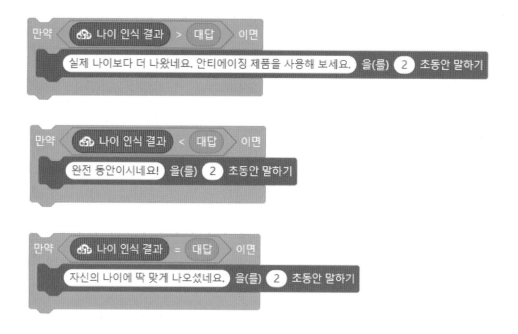

2 친구 만들기

자신의 기분에 따라 알맞은 음악을 틀어주는 친구 AI를 만들어주는 프로그램을 만들어보자.

기분이 행복일 때의 사용 예시는 다음과 같다.

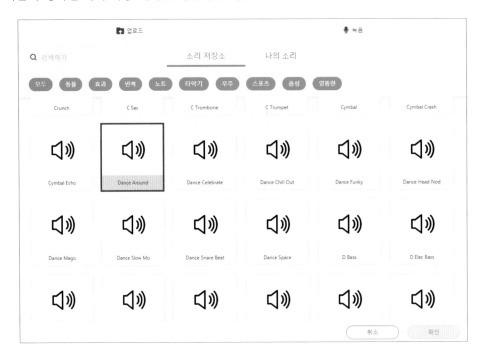

• 사용 예시 – 기분이 슬픔(비애)일 때

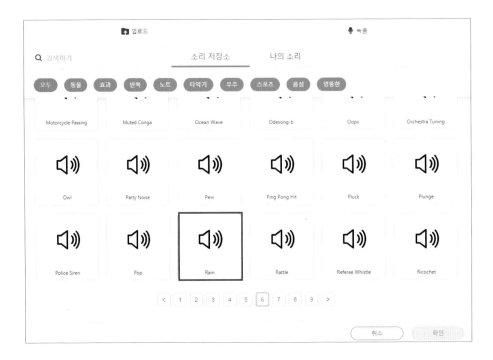

완성된 코드 블록의 예시는 다음과 같다.

4 AI Extending

현대인의 고민 중 하나는 감정을 조절하기 힘들다는 것이다. 자신이 왜 화가 나는지 원인을 알지 못하고 참다가 힘든 상황을 견뎌내지 못하고 폭발해버려 관계가 틀어지거나 사회생활이 힘들어지는 경우가 종종 있다. 이럴 때 다른 사람에게 고민을 이야기하고 도움을 요청할 수도 있지만 그것을 인공지능이 상담가처럼 도와줄 수 있다면 어떨까? 아주 사소하게는 나의 감정 상태를 스스로 확인하는 것도 감정 조절에 도움이 될 수 있다.

선택 1) 감정의 변화에 따라 색깔을 바꿔 그래프를 그려주는 감정 그래프 그려보기

선택 2) 감정을 인식하고 기분에 따라 대화를 이어가며 공감해주는 챗봇 코드 만들어보기

심화) 심호흡, 긴장 이완, 명상을 할 수 있는 프로그램을 추가하고 시간에 따른 감정의 변화를 수치로 나타낼 수 있는 감정 완화 프로그램 만들어보기

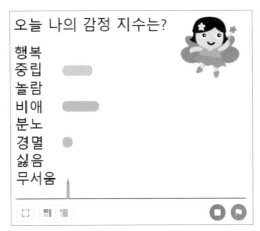

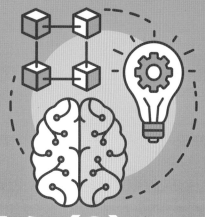

Chapter 8

인공지능 인식 서비스 (2) - 제스처와 이미지 인식

AI Starting

1 안경 인식, 성별 인식, 제스처 인식

인식에 있는 다음 블록을 활용해 안경, 성별, 제스처와 같은 것들을 인식할 수 있다.

☁ 1 ▼ 초 후, 안경 유형 인식하기 ☁ 입고 선글라스 ▼ ?	얼굴에서 쓴 안경의 종류를 인식해주는 블록이다. 선글라스, 수영 고글, 독서 안경, 또는 안경을 쓰지 않았는지 네 가지를 인식해준다.
☁ 1 ▼ 초 후, 성별 인식하기 ☁ 성별 인식 결과	1초 후 찍은 사진에서 성별을 감지해주는 블록이다. 성별 인식 결과는 female(여성)과 male(남성)으로 출력된다.
☁ 1 ▼ 초 후, 머리 동작 인식하기 ☁ 머리 이동 ▼ 각도(°)	머리의 움직임을 감지해주는 블록이다. 롤(Roll)은 좌우의 움직임, 요각(Yaw) 한쪽으로 고개의 기우는 정도를 측정하고 피치(Pitch)는 위아래의 움직임을 의미한다. 출력 결괏값은 각도를 나타내는 숫자 값이다.

❶ 안경 인식

여러 유형의 스프라이트를 추가해, 이미지를 인식한 결과에 맞는 안경 이미지로 출력하도록
예제를 만들어보자.

Boy11

Swimmer

Programmer

Director1

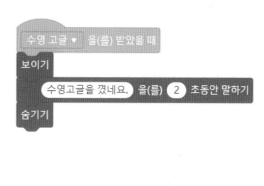

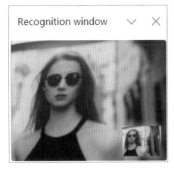  

 직접 안경이나 선글라스를 착용한 후 카메라를 켜서 인식 명령을 실행하거나 자신이 착용한 사진을 보여줘도 인식할 수 있다.

❷ 성별 인식

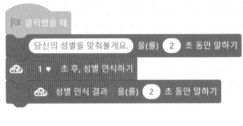

❸ 제스처 인식

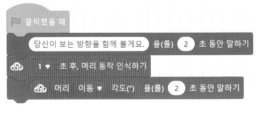

② 이미지 및 브랜드 인식

이미지 인식에서 사용할 수 있는 카테고리는 이미지, 브랜드, 유명인, 랜드마크, 이미지 묘사로 다섯 가지가 있다.

블록을 사용할 때 인식 항목과 인식 결과의 항목을 짝을 맞춰야 결과를 올바르게 출력할 수 있다.

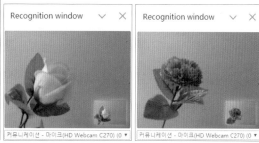

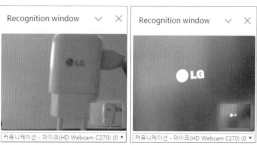

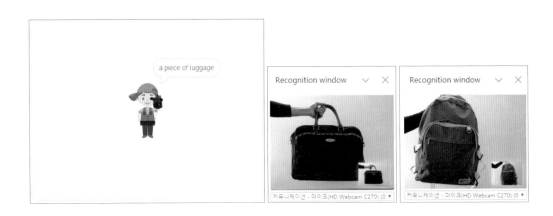

2 → AI Making

■ 제스처로 만드는 액션 페인팅

추상화의 대가 잭슨 폴록(Jackson Pollock)은 액션 페인팅 작품이 매우 유명하다. 신체적 행위의 기록으로서 그리는 과정을 중시한 잭슨 폴록의 작품처럼 제스처를 이용한 액션 페인팅을 만들어보자.

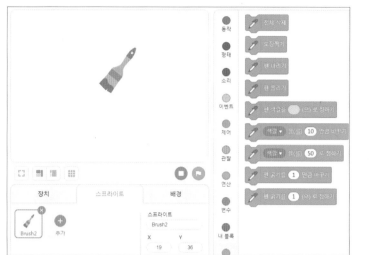

Tip 펜 기능을 사용할 때는 [전체 삭제] 블록을 처음에 놓아 그 전에 그려진 것들이 지워진 후에 다시 그림을 그릴 수 있도록 이 블록을 넣어준다.

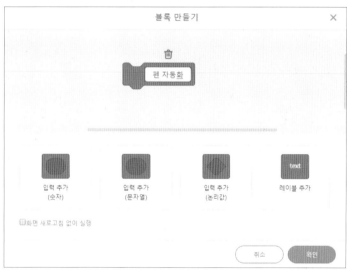

Tip 펜 기능의 자동화와 코드의 간소화를 위해 '펜 자동화'라는 나만의 함수 블록을 이용해 펜 자동화를 정의해보자. 움직임과 난수에 있는 숫자를 자율적으로 설정할 수 있다.

머리 체스처를 감지해 움직임에 따라 그림을 그리는 프로그램을 만들어보자.

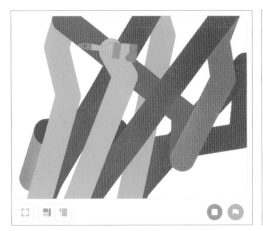

실행 예시 결과는 다음과 같다.

3 AI Extending

1 철자 맞히기 게임

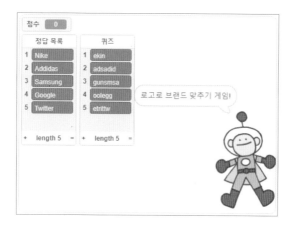

퀴즈나 퍼즐은 사람들 사이에서 즐기는 보편적인 두뇌 활동이다. 가끔씩 세계적으로 알고 있는 유명한 인물이나 브랜드를 주제로 대화를 나누기도 하지만, 이를 이용해 스무고개나 빙고와 같은 게임을 하기도 한다. 이 게임들을 컴퓨터로 즐길 수 있도록 프로그램처럼 만들어보자.

선택 1 이미지의 뒤섞인 철자를 제시하고 이미지 맞추는 게임 만들어보기

선택 2 브랜드의 뒤섞인 철자를 제시하고 이미지로 브랜드를 맞추는 게임 만들어보기

선택 3 랜드마크의 뒤섞인 철자를 제시하고 이미지로 랜드마크 맞추는 게임 만들어보기

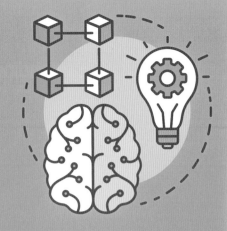

Chapter 9

머신러닝 (1)

1 → AI Intro

기계학습은 영어 단어인 '머신러닝(Machine Learning)'으로 불리기도 한다. 머신러닝이 이뤄지는 방식은 데이터로부터 컴퓨터가 인식한 이미지의 특징을 추출해 학습을 시킨다. 데이터는 훈련을 위한 데이터와 테스트를 위한 데이터를 따로 분류하는데, 컴퓨터가 학습을 위해 사용하는 데이터가 훈련데이터이고 학습이 잘 돼 있는지를 확인하기 위한 것이 테스트 데이터이다. 훈련 데이터의 경우, 컴퓨터를 충분히 학습시키기 위해서는 특징을 잘 잡을 수 있도록 양이 충분히 많으면 좋다. 하지만 많을수록 좋은 것도 아니므로 학습을 시키면서 그 수를 조정할 필요가 있다. 또한 한 가지보다는 다양한 특징이 드러나 있는 데이터가 새로운 데이터로 테스트해 봤을 때 옳은 판단을 내릴 수 있는 확률이 높아지므로 학습을 시킬 때는 다양한 특징을 학습할 수 있도록 다양한 데이터를 사용한다.

▲ 머신러닝을 체험할 수 있는 구글의 티처블머신(Teachable Machine)과 ML4KIIDS

2 → AI Starting

1 머신러닝 블록 사용해보기

명령 블록 중 TM이라는 부분이 머신러닝에 해당한다. [학습 모델]을 클릭해 직접 모델을 학습시킬 수 있다.

TM을 클릭하면 다음과 같은 화면이 실행된다.

Tip 예시에 대한 이름을 지정하고 카메라에 물체를 보이게 한 후 [배우기]를 누르면 해당 예시에 대한 샘플 이미지로 캡처가 된다. 기본적으로 모델을 사용하기 위해서는 최소 세 가지 이상의 예시를 입력해줘야 한다. 분류하고 싶은 모델을 더 사용하고 싶으면 [새로운 모델 만들기]를 클릭해 모델의 개수를 30개까지 정할 수 있다.

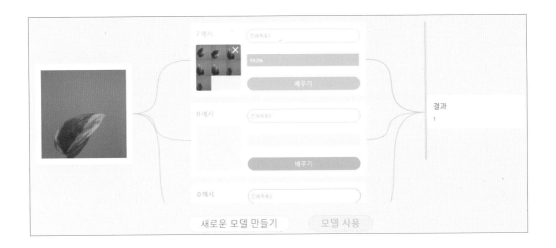

Tip 학습시킬 대상의 사진을 여러 장, 여러 각도에서 찍어 충분히 학습될 수 있도록 한다. 사진을 찍으면서 머신러닝이 진행돼 화면에 비쳐지는 결과가 나타나고 답변에 대한 확률(%)도 계속 변하므로 몇 장을 찍었을 때 높은 확률로 학습을 했는지에 대한 관찰이 필요하다.

모델이 충분히 학습됐다고 생각하면 [모델 사용]을 누른다. 다음과 같은 명령 블록이 생겨난다.

인식 결과는 카메라를 켰을 때 바로 찍힌 사물을 인식 결과를 출력한다. 만약 반복문에 넣어서 사용하면 인식 결괏값은 카메라의 움직임에 따라 계속 바뀌게 된다. '신뢰도'는 나뭇잎으로 추측한 확률을 0~1 사이 값으로 출력한다. 인식 결과가 나뭇잎인지 관찰하는 블록을 사용할 수도 있다.

AI Making

① 가위바위보

카메라를 사용해 가위바위보 모양의 스프라이트를 만든 후 스프라이트를 사용해 인공지능이 무조건 이기는 가위바위보 게임을 만들어보자.

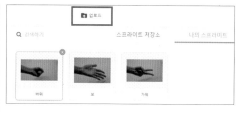

손으로 찍은 사진을 직접 사용할 수 있도록 카메라로 자신의 가위바위보 손 모양의 사진을 촬영한 후 바탕화면에 저장하고 업로드한다.

마법사 스프라이트에 위와 같이 블록을 정해 놓고 가위, 바위, 보의 각 스프라이트에 '방송하기' 블록을 사용해 방송을 받았을 때 스프라이트가 나타나도록 블록을 코딩한다.

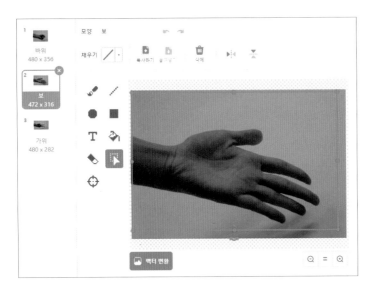

Tip 마우스를 드래그해 손이 있는 영역을 지정한 후 크기와 위치를 화면에 맞게 조정한다.

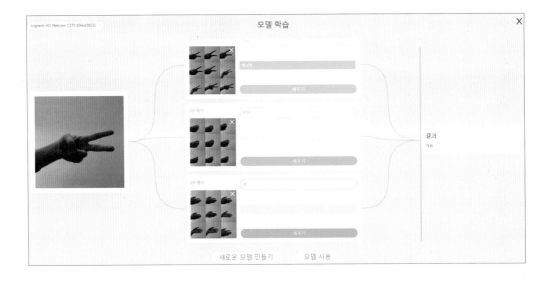

Tip 훈련시키는 횟수는 오른쪽에 테스트 결과에서 충분히 정확한 결과가 나올 때까지 조정할 수 있다.

위 명령 블록을 사용해 가위바위보를 하는 프로그램을 만들어보자. 코드를 약간 변형하거나
다른 블록을 사용해도 좋다. 완성된 코드 블록 예시는 다음과 같다.

9

2 모션 인식으로 벽돌 깨기 게임하기

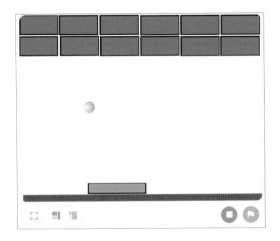

❶ 벽돌 스프라이트

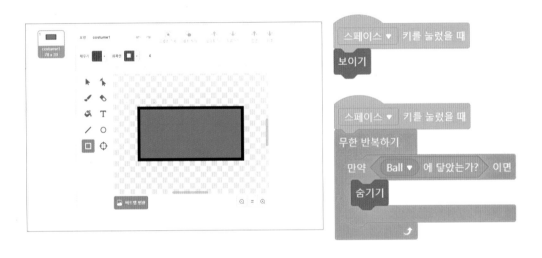

Tip 벽돌 스트라이프를 만든 후 코드를 작성하고 스프라이트에 마우스 오른쪽 버튼을 클릭하면 나타나는 단축 메뉴 중에서 [복사하기]를 클릭해 화면에 벽돌을 여러 개 배열한다.

❷ 볼 스프라이트

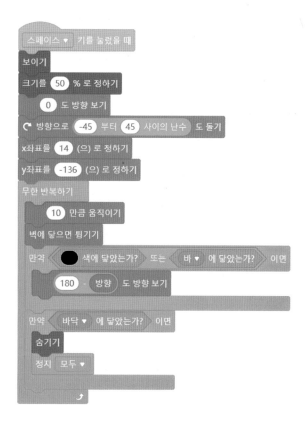

❸ 머신러닝으로 방향 훈련시키기

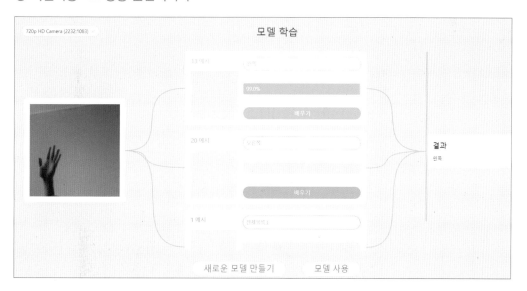

완성된 코드 블록의 예시는 다음과 같다.

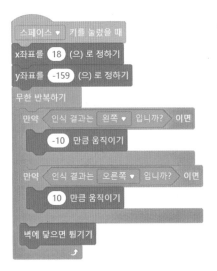

---

4 → AI Extending

① 게임 만들어 보기

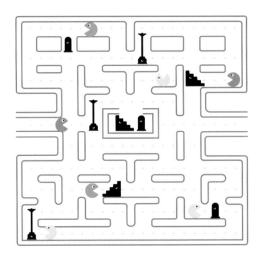

위의 활동에서 만들었던 게임의 스프라이트를 응용, 확장해 머신러닝을 시킬 수 있는 요인을 다양하게 늘려 게임을 만들어보자.

선택 1 가위바위보를 변형해 묵찌빠 게임 만들기

선택 2 손바닥 앞뒷면을 뒤집어 주어진 시간 동안 고기를 알맞게 구워야 하는 고기 굽기 게임 만들기

심화 왼쪽, 오른쪽에 위, 아래 방향을 같이 학습시켜 2차원 평면에서 모션 인식을 이용해 움직임을 조종할 수 있는 게임 만들어보기(예 팩맨, 자동차 주행)

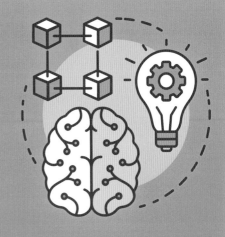

Chapter 10

머신러닝 (2)

1 → AI Starting

■ 얼굴 인식 보안 서비스

요즘에는 얼굴 인식을 이용한 서비스가 많다. 스마트폰은 물론, 얼굴 인식 결제 시스템도 있을 정도다. 머신러닝으로 얼굴 인식을 해보고 본인이 맞으면 문을 열어주도록 하자.

머신러닝 확장 블록을 열어 자신의 얼굴을 머신러닝으로 인식시켜 보도록 한다. 다른 2개는의 모델은 다른 친구의 얼굴을 인식시킨다.

머신러닝의 모델을 만들게 되면 사용할 수 해당 팔레트에 사용할 수 있는 블록을 세 가지다.
[인식 결과]는 학습한 결과 중 가장 확률이 높은 것이다.
[○○의 신뢰도]는 학습한 결과 중 해당 모델일 확률이다.
[인식 결과는 ○○입니까?]는 학습한 결과 중 가장 확률이 높으면 true를 반환한다.

Tip　셋 중 하나를 무조건 인식하게 돼 있기 때문에 자신의 얼굴과 필통, 연필 등의 세 가지로 모델을 만들면 얼굴 종류는 전부 자신의 얼굴로 인식할 가능성이 크다. 따라서 나와 친구 두 명의 얼굴로 세 가지 모델을 만들어야 얼굴을 제대로 구분할 수 있다.

카메라를 계속 확인해 집주인이 맞으면 인증됐다는 메시지를 출력하자.

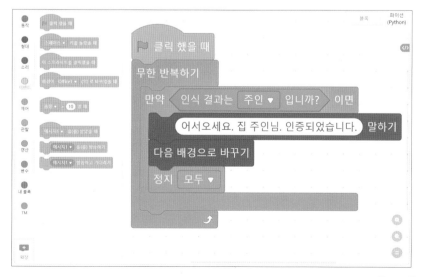

현재는 주인일 가능성이 70% 정도라도 주인으로 인식한다. 조금 더 강화된 인식을 원할 경우 [신뢰도] 블록을 활용해보자.

2 AI Making

■ 연예인 닮은 꼴 찾기

최근 유행했던 애플리케이션에는 연예인 닮은 꼴 찾기가 있다. 사진을 찍으면 자신과 닮은 연예인을 알려주는 것이다. 이런 서비스 역시 대부분 인공지능의 머신러닝을 이용한다. 여러 명의 연예인 사진으로 미리 학습한 후 몇 가지 이미지 조작 기술을 이용해 만드는 것이다. 많은 양의 학습은 어렵지만, 연예인 사진을 이용해 유사한 프로그램을 만들어보자. 먼저 머신러닝 블록을 확장하고 3명 정도의 연예인 사진 여러 장을 준비해 학습하도록 한다.

 기존 애플리케이션은 같은 인물의 다양한 각도의 사진을 학습하고 각도에 맞춰 얼굴을 변형시키는 기술을 사용한다. 다양하게 인식시켜보자.

인식 결과를 확인해보고 각 연예인 사진을 한 스프라이트 안에 업로드한다. 그리고 스프라이트의 이름을 머신러닝에서 정한 이름과 동일하게 만든다.

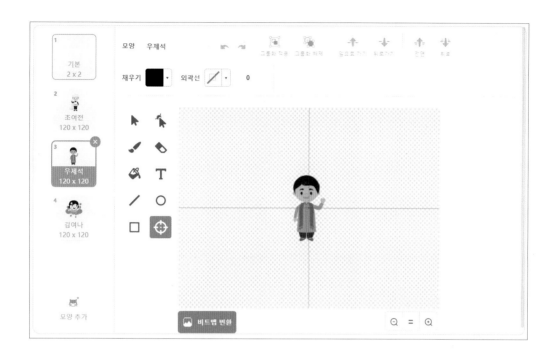

이제, [시작] 버튼을 누르면 인식 결과의 이름으로 스프라이트의 모양이 바뀌도록 한다.

자신의 얼굴을 카메라로 입력받아 인식 결과를 확인한다.

3 ⟳ AI Extending

수화 통역기

수어라고도 하는 수화는 주로 손가락이나 팔로 그리는 모양, 위치와 이동, 표정, 입술 등을 종합해 하는 것이 수화이다. 수화는 국가별로 모두 다르게 돼 있다. 수화는 단어를 뜻하기도 하지만 손 모양에 따라 자음과 모음을 나타내기도 한다. 단어를 알아볼 수 있는 수화를 만들어보자.

선택 1 손 모양에 따라 몇 가지의 자음이나 모음을 인식한다.

선택 2 손 모양에 따라 단어를 몇 가지 인식해 알려준다.

선택 3 손 모양을 차례차례 저장해 한꺼번에 의미를 알려줄 수 있도록 한다.

Chapter

11

음성 인식

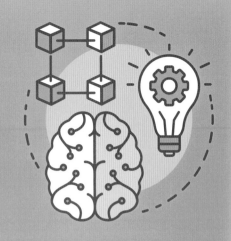

1 → AI Intro

인공지능 음성 인식을 활용한 사례는 주변 곳곳에 있으며 점차 그 플랫폼이 확장돼가고 있다. 핸드폰에 있는 시리(Siri)나 빅스비, OK구글과 같은 스마트 에이전트가 가장 대표적인 예이며 주방 가전이나 홈스피커와 같이 사물인터넷과 결합해 응용 범위를 확대해 우리의 삶을 더 편리하게 해주고 있다. 이러한 음성 인식 기기들은 사람과 대화하듯 하는 수준은 어렵더라도 간단한 명령 수행이나 필요한 정보를 알려줄 수 있다. 스마트 기기들이 음성 인식을 하는 원리는 사람의 음성을 마이크와 같은 센서를 통해 소리를 얻은 후 그 신호를 채널로 전송해 분석한 후 단어나 문장으로 변환한다. 채널을 통해 전송되는 신호에는 국적, 언어, 감정, 성별, 나이 등 다양한 정보가 포함될 수 있다.

▲ TTS 프로그램 예시

참고 https://blog.ncsoft.com/게임과-ai-6-음성-인식-기술

2 AI Starting

1 음성 인식 블록 사용하기

음성 인식 블록은 왼쪽에서 보이는 바와 같이 중국어, 영어, 프랑스어, 독일어 등의 8개 언어를 지원한다. 한국어 버전은 아직 나오지 않아 실습을 영어로 간단하게 해볼 것이다.

[실행] 버튼을 누르면 'Recognition window'라는 인식창이 나타나면서 마이크에 2초간 소리를 입력할 수 있다. 카메라가 함께 실행되지만 음성 인식에 영향을 미치지는 않는다.

≡ AI Lab

Q 다른 문장 또는 알고 있는 다른 언어로 다양하게 응용해보자.

Q 영어로 설정해놓은 상태에서 한국어로 말했다면 어떤 문장이 나타날까? 그렇게 나타난 이유는 무엇일까?

3 AI Making

1 음성 인식 인사하기

IoT는 'Internet of Things'를 줄인 말로, 각종 사물에 센서와 통신 기능을 내장해 인터넷에 연결하는 기술을 말한다. 인터넷으로 연결된 사물들이 데이터를 주고받으면서 스스로 분석하고 학습한 정보를 사용자에게 제공하거나 사용자가 이를 원격으로 조정할 수 있는 인공지능 기술이 발전하고 있다. 개인이 이용하는 사물인터넷에는 심장박동수, 걸음 수나 시간을 측정할 수 있는 스마트워치 그리고 스마트폰에 연결해 시동을 끄고 켜는 기능 등을 제어할 수 있는 자동차나 가전제품 등이 있다. 엠블록에 있는 카메라, 마이크도 센서의 일종이며 엠블록을 통해 제어할 수 있으므로 사물인터넷에 해당한다.

앞서 음성 인식 결과를 [말하기] 블록으로 구현해 내가 말한 단어
또는 문장이 어떻게 출력하는지를 살펴봤다. 하지만 이 기능은
음성 인식이 된 결과를 단순하게 텍스트로 화면에 나타내 주는
것으로 인간의 뇌처럼 이 텍스트를 기억하거나 저장하지 않으므
로 기억 또는 저장을 할 수 있는 변수인 리스트를 따로 만들어줘
야 한다.

대화 목록	
1	Hi.
2	Hello.
3	Good morning.
4	Nice to meet you.
+	length 4 =

Tip '대화 목록' 리스트를 만든 후 인사말을 다양하게 입력해보자. 앞의 실습에서 음성 인식 결과가 나타난 것을 주의깊게
살펴보면 끝부분에 온점이 꼭 들어가 있으므로 단어나 문장을 입력할 때 '.'을 꼭 입력해야 한다.

```
클릭 했을 때
  영어로 인사해 주세요.  을(를)  2  초동안 말하기
  영어 ▼  을(를)  2 ▼  초간 음성 인식합니다.
```

마이크가 연결돼 있는지 상태를 확인한 후, 화면에 '영어로 인사해 주세요.'라는 말이 나타나도
록 [말하기 블록]을 사용한 후 음성 인식이 이뤄질 수 있도록 한다.

```
만약  대화 목록  에  음성인식 결과  가 있는가?  이면
  만나서 반가워요!  을(를)  2  초동안 말하기
아니면
  음성인식 결과   은(는) 제가 모르는 말이네요...  결합하기  을(를)  2  초동안 말하기
```

완성된 코드 블록의 예시는 다음과 같다.

④ AI Extending

■ 음성 인식 확장하기

앞서 개발한 코드는 스마트폰에 있는 인공지능 비서인 시리나 OK구글이 사람의 음성을 인식해 화면에 문자로 표시해 보여주는 것과 같은 원리이다. 여기에 '지식 기반(Knowledge Base)' 이라는 기호주의 인공지능이 함께 사용되는데 음성 언어를 문자 언어로 변환한 후 명사를 기호로 동사를 관계로 바꿔 지식 기반 시스템에서 검색한 결과를 사용자에게 제공한다.

전문가 시스템은 지식을 컴퓨터 안에 기호화해 축적해 놓고 문제에 필요한 지식을 추출해 활용하며 지식 베이스와 추론 엔진(Inference Engine)으로 구성 돼 있다. 추론이 가능하려면 우리가 말한 문장을 단어로 쪼개고 그 단어를 인식해 명사, 동사 등의 형태로 분류하는 과정이 필요하다.

우리가 만든 코딩 문장은 위의 과정을 포함하지 않으므로 그 문장에 대해서만 대답할 수 밖 에 없다. 하지만 다른 코드를 활용해 여러 가지 변형된 실습을 해볼 수 있으므로 다음 중에서 할 수 있는 것을 실습해보자.

선택 1 "만나서 반가워요!" 밑에 대화를 조건문을 이용한 코드를 추가해 대화를 더 이어가기

선택 2 음성 인식을 해 작동하는 사물인터넷 스크립트로 나만의 스마트 홈 만들기

선택 3 음성 인식 결과를 리스트에 추가하는 기능을 이용해 그 목록을 다시 대화에 활용할 수 있는 나만의
챗봇을 만들어보기

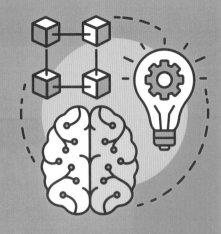

Chapter 12

텍스트 음성 변환 서비스

AI Starting

■ TTS 블록 사용해 보기

TTS는 오래전부터 많이 사용해오던 서비스로 음성 합성 서비스를 나타나는 'Text To Speech'의 줄인 말이다. 정확한 텍스트 인식률의 발전을 바탕으로 우리의 생활 속에서는 음성 비서, 차량용 내비게이션 음성 안내, 전자책(E-Book)에서 사용하는 오디오북 기능 등 다양한 서비스를 제공하고 있다. TTS는 자연스러운 대화처럼 매끄럽게 읽어나가며 사람과 상호 작용함으로써 인공지능을 결합한 대화형 인터페이스를 구현할 수 있다.

현재 TTS에 있는 기능은 세 가지다. 한국어 기능이 지원되며 목소리는 알토, 테너, 삐걱거리는 소리, 자이언트, 고양이의 다섯 종류 중 하나로 정할 수 있다.

≡ AI Lab

Q 음성을 바꿔 다양한 버전으로 해보자. 다음 중 소리가 다르게 들리는 하나를 찾아보고 이유를 추측해보자.

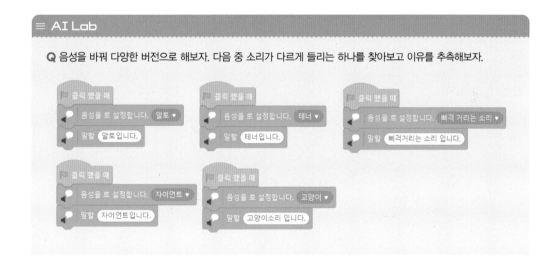

② AI Making

1 수강 신청 ARS 콜센터

TTS를 활용해 간단한 안내 서비스를 만들어보자. 학과별로 스마트폰 화면과 음성을 동시에 지원할 수 있는 자동 수강 신청 콜센터 ARS를 만들려고 한다. 학번 코드를 입력하면 해당 과

목에 있는 강좌 코드를 입력해 수강 신청을 할 수 있게 엠블록을 이용해 프로그래밍해보자.

❶ 리스트 만들기

다음 예시를 참고해 학번, 강좌 코드, 수강 신청 현황에 대한 세 가지 리스트를 만들어보자.

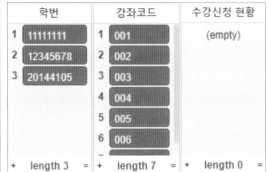

전공	세부 전공	학과명	학과 코드
의약계열	간호	간호학	001
	약학	약학	002
	의료	의학	003
		치의학	004
		한의학	005
	치료 · 보건	보건학	006
		의료 공학	007
		재활학	008

❷ 시작 부분 안내에 대한 코드 만들기

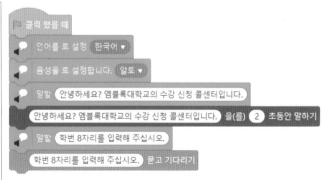

❸ 학번 입력하기

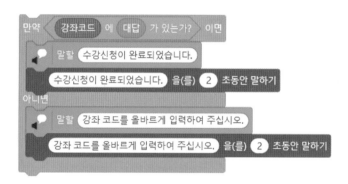

❹ 강좌 코드 입력하기

12

Tip 강좌 코드에 대한 대답을 입력받아 대답이 강좌 코드 리스트에 있다면 수강 신청을 완료하고 강좌 코드가 잘못됐으면 다시 입력할 수 있도록 코드를 정해야 한다.

위 코드를 실행해보면 강좌 코드를 올바르게 입력하지 않았을 때 더 이상 실행이 되지 않는 오류가 발생한다. 강좌 코드를 정확히 입력받을 때까지 실행되도록 하려면 강좌 코드에 대한 대답이 입력될 때까지 반복할 수 있도록 조건 반복 블록을 넣어준다.

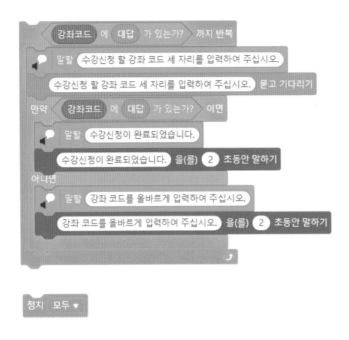

종료하는 제어 블록을 마지막에 넣어 마무리한다.

❺ 코드 실행해보기

코드를 실행해보고 제대로 작동하는지 확인해보자. 잘못된 부분이 있다면 수정해보자.

완성된 코드 블록의 예시는 다음과 같다.

클릭 했을 때

언어를 로 설정 한국어 ▼

음성을 로 설정합니다. 알토 ▼

말할 안녕하세요? 엠블록대학교의 수강 신청 콜센터입니다.

안녕하세요? 엠블록대학교의 수강 신청 콜센터입니다. 을(를) 2 초동안 말하기

말할 학번 8자리를 입력해 주십시오.

학번 8자리를 입력해 주십시오. 묻고 기다리기

만약 학번 에 대답 가 있는가? 이면

　수강신청 현황 ▼ 에 대답 항목을(를) 추가하기

　강좌코드 ▼ 리스트 보이기

　　강좌코드 에 대답 가 있는가? 까지 반복

　　말할 수강신청 할 강좌 코드 세 자리를 입력하여 주십시오.

　　수강신청 할 강좌 코드 세 자리를 입력하여 주십시오. 묻고 기다리기

　　만약 강좌코드 에 대답 가 있는가? 이면

　　　말할 수강신청이 완료되었습니다.

　　　수강신청이 완료되었습니다. 을(를) 2 초동안 말하기

　　아니면

　　　말할 강좌 코드를 올바르게 입력하여 주십시오.

　　　강좌 코드를 올바르게 입력하여 주십시오. 을(를) 2 초동안 말하기

아니면

　말할 학번을 올바르게 입력하여 주십시오.

　학번을 올바르게 입력하여 주십시오. 을(를) 2 초동안 말하기

정지 모두 ▼

3 AI Extending

① 수강 신청 ARS 콜센터 확장하기

기존 코드의 일 부분을 자율적으로 확장해 만들어보거나 다음 조건을 만족하도록 코드를 수정해보자.

- **선택 1** 수강 신청 인원과 응답 시간을 제한하도록 코드를 수정해보기
- **선택 2** 학번이 중복되게 수강 신청을 하지 않도록 코드를 수정해보기
- **선택 3** 수강 신청 현황에 학번과 학과 코드를 함께 입력할 수 있는 방법 생각해보기
- **심화** 다른 종류의 생활 속 콜센터 서비스를 코드로 구현해보기(신용카드 상담 등)

Chapter
13

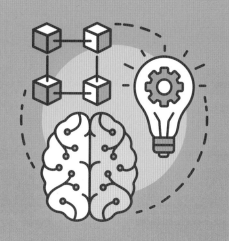

번역 서비스 (1)

1 AI Intro

15년 전의 번역기는 아주 단순한 기능만을 제공했다. 예를 들면 '백조 한 마리'를 영어로 번역하면 숫자 백조가 나오는 식인 것이다. 그러나 구글의 번역이 번역 서비스에 인공지능을 도입하게 되면서 자동 번역은 아주 빠르게 발전하는 분야가 됐다. 머신러닝을 거쳐 딥러닝을 통한 인공지능 번역 서비스는 이제 어떤 문서든 무리없이 이해할 수 있는 수준으로 발전하게 된 것이다. 스크래치에서는 이러한 구글의 번역 모듈(translate.google.com)을 간단한 확장 블록으로 제공해 쉽게 체험할 수 있도록 만들어 두었다. 우리도 이제 이 번역 블록을 이용해 여러 가지 프로젝트를 만들어보자.

▲ 다양한 번역 서비스

현재의 번역 방식은 이전의 번역 방식과는 많이 다르다. 예전에 단어를 어절 단위로 분해해 이를 번역했다. 주로 통계적인 방식으로 해당 단어를 다른 언어로 대체할 때 가장 높은 확률의 단어로 바꾸는 방식이었다. 해당 방법 아래에서는 '눈에서 뛰어놀았다'가 'I play in the eye'와 같은 표현이 되기도 했다. 이렇게 번역 서비스가 답보되고 여전히 외국어 능력이 가장 강조되던 때에 구글에서는 신경망(Neural Machine Translate, NMT)을 이용한 번역 서비스를 내놓았다. 이전과는 완전히 다른 방식이었다. 모든 문장을 벡터를 포함한 숫자값으로 바꿔 이를 신경망에서 재조합하는 방식이다. 그리고 재조합된 이 값들은 다시 다른 언어에 대응돼 그 언어가 나오는 방식이다. 구글은 이 방식의 언어 번역기를 만들기 위해 기존에 있던 모든 책들의 번역을 데이터로 넣어두었고 지금도 사람들이 번역을 실행할 때마다 값들이 쌓여 스스로 강화 학습을 하도록 설계돼 있다. 번역기가 지금도 스스로 진화하고 있는 셈이다. 비언어를 제외한 단지 언어만을 생각한다면 머지 않아 AI가 인간을 완전히 대체할 수 있을 것으로 많은 전문가들이 예측하고 있다.

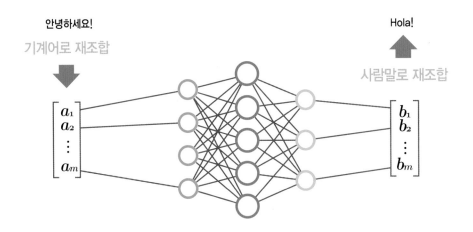

스크래치에서는 구글의 번역 기능을 블록으로 이용할 수 있게 준비해뒀다. 간단한 블록이지만, 이를 이용해 다양한 프로그램을 만들어보자.

 **AI Starting**

■ 번역 상담원 만들기

번역기를 이용해 사용자에게 언어를 입력받고 이를 일정한 언어로 바꿔주는 번역기를 만들어보자. 스프라이트를 이용해 사람이 말하는 것처럼 하는 것도 좋다. 먼저 간단하고 쉽게 체험해보자.

먼저 확장 블록에서 번역하기(Translate)를 추가한다.

	번역하기에는 두 가지 블록만이 존재한다. [번역하기]는 텍스트를 구글 번역기에 돌린 결과를 출력해주고 [언어]는 현재 언어를 반환해준다.

배경과 스프라이트를 적절하게 선택한 후 [묻고 기다리기]와 [대답] 블록과 함께 [번역하기] 블록을 이용해 사용자가 입력한 문장을 다른 언어로 말할 수 있도록 만든다.

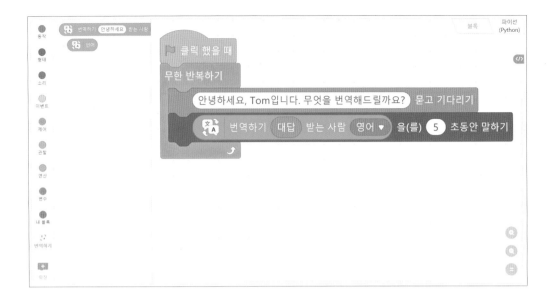

다른 언어를 이용해 다양한 언어로 말할 수 있게 하거나 동시에 여러 언어로 말할 수 있도록 만들어보자.

③ → AI Making

▇ 영어 회화 생성기

다양한 여행 필수 단어를 입력해두고 이를 입력한 언어에 따라 다양한 언어로 번역해 보여줄 수 있도록 만들어보자. 먼저, 필수 단어를 여러 개 만들어둔다.

그리고 이 단어들을 차례대로 말할 수 있도록 [○초 말하기] 블록에 끼워두자.

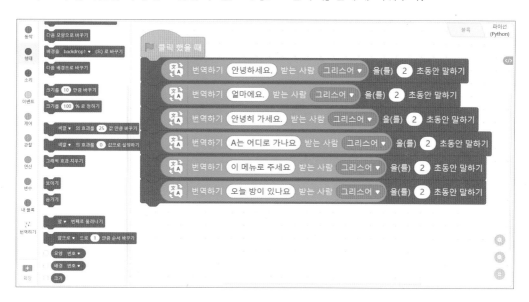

그 후 다양한 언어로 말할 수 있도록 사용자에게 어떤 언어로 바꿀 것인지도 물어보도록 한다.
그리고 그 후의 대답을 이용해 해당 나라의 언어로 바꾸도록 한다.

Tip 스크래치의 [대답]은 일종의 변수와 같습니다. 대답을 변수에 저장하고 변수를 이용해 해당 언어를 정해주어도 좋다.

이제 다양한 언어로 테스트해보자.

Tip 미국, 그리스 등의 나라 이름이 아니라 [그리스어], [영어] 등으로 입력해야 한다.

4 AI Extending

■ 구글 번역기 재연하기

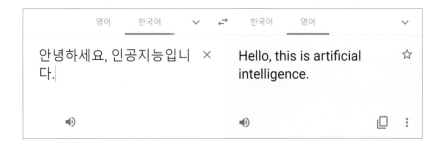

위 화면은 구글 번역기의 모습이다. 캐릭터의 모습대신 해당 화면처럼 프로그램으로 만들어 보자.

선택 1 [시작] 버튼 등을 누르면 사용자에게 대답을 입력받는다.

선택 2 입력받은 대답에 대한 번역본이 우측에 나온다.

선택 3 스피커 모양을 클릭하면 해당 언어에 대해서 TTS를 이용해 말을 한다.

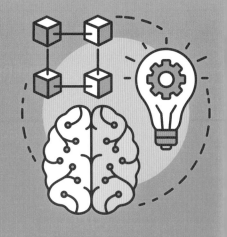

Chapter 14

번역 서비스 (2)

1 → AI Starting

▌ 영어 단어 시험

영어 단어 시험을 만들어보자. 먼저 출제자는 평가하고 싶은 단어를 한글로 입력하도록 하고 문제는 단어들이 영어로 나오면 한글로 맞추게 하는 것이다.

먼저, 리스트 기능을 만들어 문제의 답을 리스트 변수에 차곡차곡 영어로 넣어보자.

그리고 문제를 생성할 수 있게 준비한다. 리스트에 하나씩 차곡차곡 답을 미리 넣어둔다.

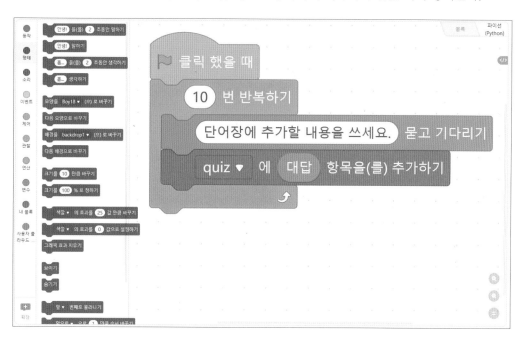

이제 대답하는 사람이 맞출 수 있도록 준비한다. 해당 리스트에서 번역본을 물어보고 대답이 리스트의 정답과 맞으면 "정답"을, 정답과 다르면 "오답"을 말할 수 있도록 한다. 그리고 지나간 문제는 지우자. 이를 문제가 끝날 때까지 10번 반복한다.

14

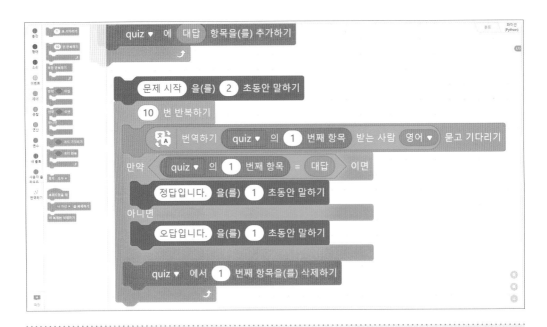

Tip 리스트의 첫 번째 항목을 반복적으로 지우는 대신 첫 번째 항목을 계속 증가시키면서 첫 번째~세 번째 항목으로 문제를 내도 좋다.

이제 명령어를 완성하여 영어 퀴즈 프로그램을 실행해보자.

Tip 리스트가 실행 창에서 보이지 않게 하려면 블록 팔레트의 변수 부분의 해당 리스트에 ☑ 표시를 해제한다.

2 → AI Making

■ 단어 기반 챗봇 구현하기

챗봇이란 대화형 인터페이스로 규칙이나 인공지능을 이용해 유저와 상호 작용을 하는 채팅 서비스를 말한다. 대화를 하는 간단한 로봇이라 생각하면 된다. 메신저의 플러스 서비스 중에는 이러한 서비스가 매우 많다. 사람들이 말하는 내용을 인식해 적절한 서비스와 안내를 제공하는 것이다. 요즘에는 거의 대부분이 기계학습 기반의 인공지능 형태로 작동하지만 초기의 챗봇은 규칙 기반이었다. 만약 사람들이 입력하는 문장의 내용 중 '요금'이라는 내용이 있으면 요금에 대한 안내를 하는 식이다.

이번에는 관련 내용을 외국인에게 전달할 수 있는 챗봇을 만들어볼 것이다. 먼저, 리스트를 이용해 수동으로 관련된 내용을 모두 추가한다. 그리고 해당 내용이 들어 있으면 할 말을 역시 다른 리스트에 추가한다. 해당 단어에 어울리는 문장으로 순서에 맞춰 넣어야 한다.

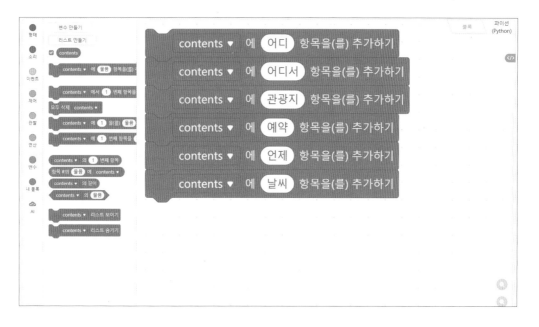

14

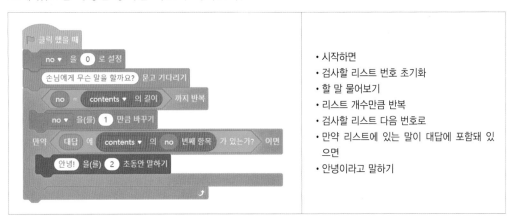

그럼 이제 스프라이트가 할 말을 [묻고 기다리기]를 하고 [대답]으로 받으면 이 [대답]이 리스트에 있으면 특정한 동작을 하도록 지시한다.

(블록 코드 이미지)	• 시작하면 • 검사할 리스트 번호 초기화 • 할 말 물어보기 • 리스트 개수만큼 반복 • 검사할 리스트 다음 번호로 • 만약 리스트에 있는 말이 대답에 포함돼 있으면 • 안녕이라고 말하기

[반복문 내부 설명]

no = 0 일 때, contents의 1번 항목인 "어디"라는 말이 대답 안에 포함돼 있으면 "안녕"이라고 말하기

no = 1 일 때, contents의 2번 항목인 "어디서"라는 말이 대답 안에 포함돼 있으면 "안녕"이라고 말하기

   ...

no = 5 일 때, contents의 6번 항목인 "어디서"라는 말이 대답 안에 포함돼 있으면 "안녕"이라고 말하기

이제 [말하기] 블록에 "안녕" 대신 우리가 입력했던 문장을 번역해 들려줄 차례다. 번역 확장 블록을 이용하고 리스트 contents의 3번 항목이면 리스트 say의 3번 항목을 번역해 들려준다.

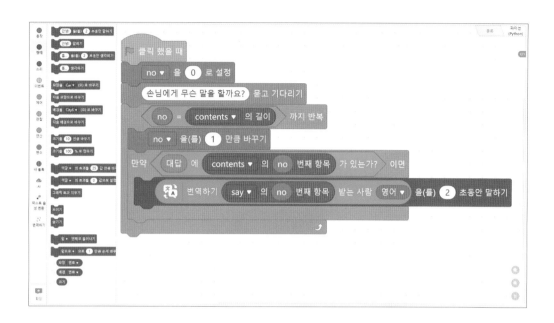

이제 실험해 보고 오류가 있으면 고쳐보자.

≡ AI Lab

Q. 통계적 기법의 번역과 머신러닝 번역은 각각 어떤 장점이 있을까?

Q. 챗봇이 인간과 자연스럽게 소통하려면 어떤 알고리즘이 필요할까?

Q. 한 시스템을 예시로 설정하고 챗봇의 대화 흐름도를 만들어보자.

3 → AI Extending

■ OCR 자동 번역기

요즘에는 스마트폰의 카메라를 텍스트에 가져다 대면 텍스트를 자동으로 인식해 이를 자동으로 한글로 번역해 주기도 한다. 카메라 번역기를 만들어보자.

선택 1 영어 텍스트를 카메라에 보여주면 한글로 번역해 알려준다.

선택 2 한글로 번역한 내용을 TTS를 이용해 알려준다.

선택 3 다양한 언어로 번역할 수 있도록 지원한다.

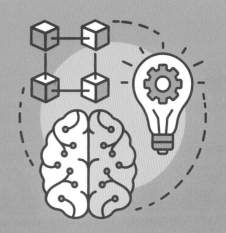

데이터 과학

 AI Intro

　엠블록에서는 확장 블록으로 데이터를 시각화할 수 있는 도구를 제공한다. 시각화 자체는 인공 지능 기술과 밀접한 관련은 없지만, 데이터를 다루는 과정에서 사람이 인지할 수 있는 범위 안에 서 처리하기 위해 필수적으로 하게 되는 작업 중 하나다. 데이터를 일일이 가공하지 말고 엠블록 에서 제공하는 기후 데이터를 이용해 데이터를 시각화해 보고 자신만의 프로그램을 만들어보자. 또한 전 세계적인 서비스를 하는 구글 스프레드시트를 이용해 데이터를 입력하거나 읽어서 처리 하는 것까지 함께 해보자. 또한 이 과정에서 데이터의 강력함과 이점을 느껴보자.

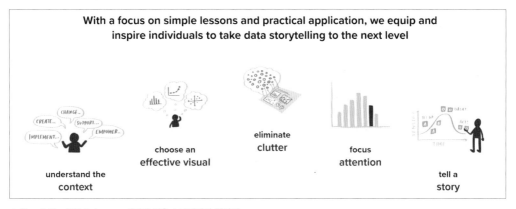

With a focus on simple lessons and practical application, we equip and inspire individuals to take data storytelling to the next level

understand the
context

choose an
effective visual

eliminate
clutter

focus
attention

tell a
story

▲ StorytellingWithData.com 시각화 이용 스토리텔링 챌린지

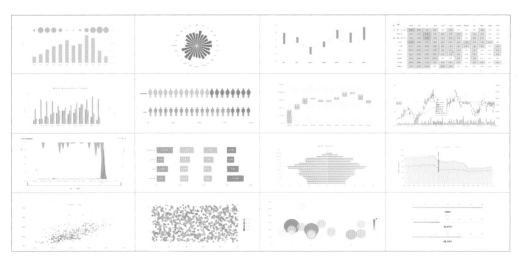

▲ Finereport.com의 데이터 시각화 서비스

→ **AI Starting**

1 API 사용하기

API란 'Application Programming Interface'의 줄인 말로, '응용 프로그램 프로그래밍 인터페이스'라고도 불린다. API는 우리가 요청한 정보를 중개하는 역할을 한다. 서버에서 직접 정보를 가져오는 것은 보안상의 문제 등이 있기 때문에 대신 중개자에게 정보를 요청하면 이 중개자가 서버에서 필요한 정보를 전달한다. 버스 도착 시간 정보를 알려주는 기기나, 날씨 앱 같은 것들이 모두 API를 이용한 서비스라고 볼 수 있다.

API의 역할

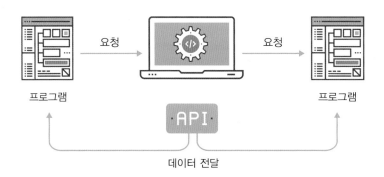

엠블록의 확장 센터에서는 이런 기후 정보에 한해 API를 쉽게 접근할 수 있도록 명령 블록으로 제공하고 있다. 간단하게 이 블록을 활용해 시각화된 자료를 만들어보자.

② 기상 캐스터 만들기

　기후 데이터에는 최고 온도와 최저 온도, 습도, 날씨, 일출과 일몰 시각, 공기 질 등 다양한 데이터를 담고 있다. 이 데이터들을 이용해 현재의 모든 날씨와 기상정보를 알려주는 간단한 프로그램을 만들어보자.

　먼저 확장 블록에서 기후 데이터를 가져온다.

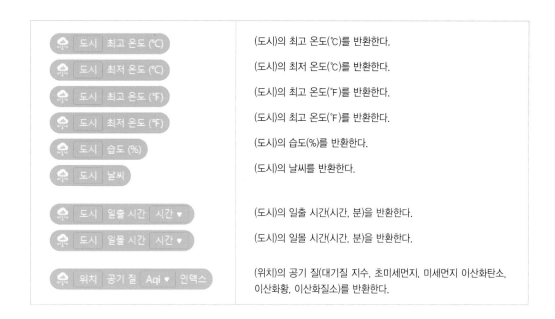

블록	설명
🌤 도시 최고 온도 (℃)	(도시)의 최고 온도(℃)를 반환한다.
🌤 도시 최저 온도 (℃)	(도시)의 최저 온도(℃)를 반환한다.
🌤 도시 최고 온도 (℉)	(도시)의 최고 온도(℉)를 반환한다.
🌤 도시 최저 온도 (℉)	(도시)의 최고 온도(℉)를 반환한다.
🌤 도시 습도 (%)	(도시)의 습도(%)를 반환한다.
🌤 도시 날씨	(도시)의 날씨를 반환한다.
🌤 도시 일출 시간 시간 ▼	(도시)의 일출 시간(시간, 분)을 반환한다.
🌤 도시 일몰 시간 시간 ▼	(도시)의 일몰 시간(시간, 분)을 반환한다.
🌤 위치 공기 질 Aqi ▼ 인덱스	(위치)의 공기 질(대기질 지수, 초미세먼지, 미세먼지 이산화탄소, 이산화황, 이산화질소)를 반환한다.

블록을 가져온 후 도시 부분에 '서울' 또는 'Seoul'을 입력한다.

[날씨], [최고 온도], [습도], [미세먼지] 등을 차례대로 출력하되, [결합하기] 블록을 이용해 여러 데이터를 연결해 텍스트로 출력한다.

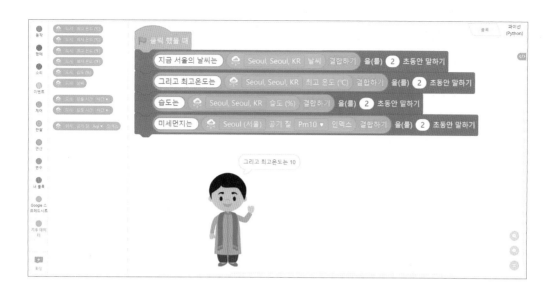

조건문을 이용해 값에 따라 다양한 정보를 안내하는 기상 캐스터를 만들어보자.

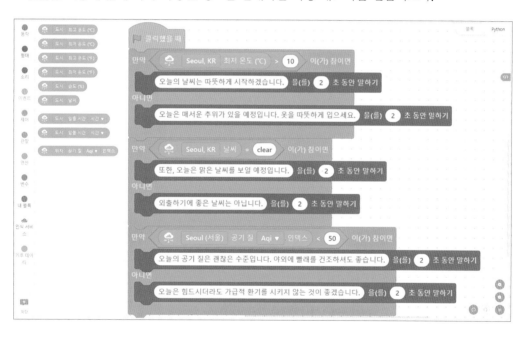

3 AI Making

1 세계 주요 도시 기온 그래프 만들기

먼저 확장 블록에서 데이터 차트를 가져온다.

Tip 엠블록에서는 데이터 차트 블록들을 통해 수치 데이터를 시각화(Visualization), 그래프화할 수 있는 확장을 제공한다.

블록	설명
데이터 차트 창 열기	데이터 차트 화면을 연다.
데이터 차트 창 닫기	데이터 차트 화면을 닫는다.
차트 제목 설정 (untitled)	데이터 차트의 제목(untitled)을 설정한다.
차트 종류 설정 (테이블 ▼)	차트 종류(테이블, 막대, 꺾은선)를 설정한다.
축 이름 설정: x (date) Y (temperature/ ℃)	x축 이름(date)과 Y축의 이름(temperature/℃)을 설정한다.
입력 데이터를 (indoor) : x (monday) Y (15)	입력 데이터를 (indoor) 자료에 (monday, 15)를 추가한다.
데이터 지우기	데이터들을 지운다.

[차트 종류], [차트 제목], [축 이름 설정], [입력 데이터]를 입력한 후 [데이터 차트 창] 열기를 통해 데이터 차트를 연다.

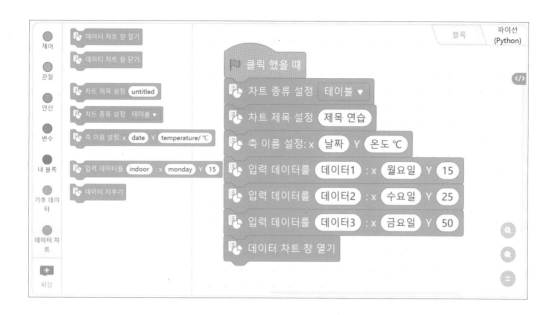

Tip 데이터 차트에는 자료 창을 열고 닫는 것과 더불어 차트 종류와 그 안의 제목, 축 이름, 데이터 등 차트를 꾸미는 필수 요소를 담고 있다.

데이터 테이블 외에도 꺾은선 그래프나 막대그래프 모양을 확인한다.

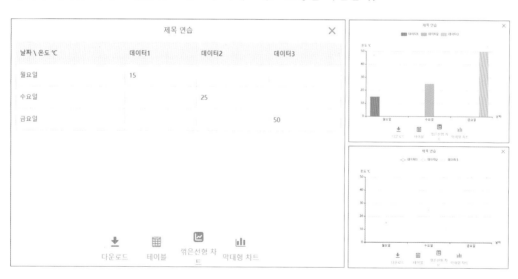

Tip 데이터 테이블을 보면 '데이터1'에는 '월요일'만 들어가 있고 '데이터2'에는 '수요일'만 들어가 있는 것을 확인할 수 있다. 즉, 조금 전에 설정했던 '데이터'이 각 데이터의 종류라는 것을 알 수 있다. 따라서 한 가지 종류의 데이터라면 같은 데이터 이름으로 입력해야 한다.

각 주요 도시를 선정한 후 막대그래프를 이용해 그래프를 만든다. 이때 이전의 데이터는 지운다.

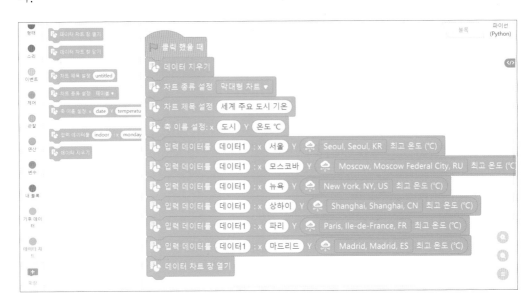

Tip 이전 데이터는 [데이터 지우기]를 통해 초기화한다.

현재의 실시간 정보를 데이터 차트를 통해 확인해보자.

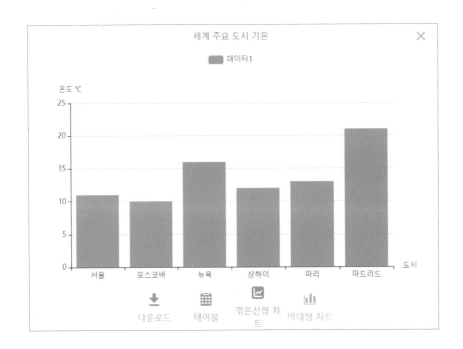

4 AI Extending

1 도시 날씨 전광판 만들기

시내 곳곳에서는 날씨에 관한 여러 상황판을 볼 수 있다. 다양한 날씨 정보를 실시간으로 표시하는 상황판을 만들어보자.

선택 1 날씨에 관한 상황판이다.

선택 2 실시간 단위로 상황판이 업데이트된다.

15

Chapter 16

스프레드시트

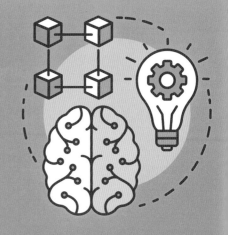

1 AI Intro

스프레드시트(Spreadsheet)란 표 형식으로 데이터를 구분해 저장하고 계산하고 분석할 수 있도록 한 격자형 프로그램을 말한다. 우리가 사용하는 엑셀이 스프레드시트 프로그램의 대표인 예다. 계산뿐 아니라 구분된 데이터를 이용할 때 유용하게 사용할 수 있어 매우 이용하는 빈도가 높다. 전통적으로 마이크로소프트 사의 엑셀을 많이 사용했지만 최근에는 협업을 위해 구글 시트(Google Sheets)의 사용 빈도가 높아지고 있다. 뛰어난 기능과 동시에 여러 사람이 온라인의 공간에서 제약 없이 공동으로 작업할 수 있고 웹상에서 파일을 관리할 수 있다는 것도 장점이다. 언제나 인터넷에 접속돼 있기 때문에 사물을 이용한 데이터 기록 등에서도 많이 사용한다.

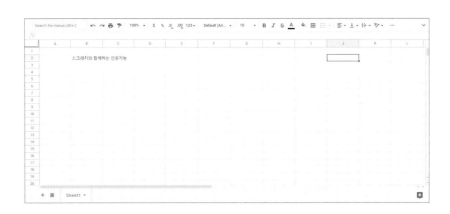

2 → AI Starting

① 엠블록과 구글 스프레드시트 연결하기

구글 아이디를 만들어 가입한다.

https://drive.google.com/로 접속하거나 구글 메뉴에서 [드라이브]로 접속한다. 해당 메인 화면에서 오른쪽 버튼을 눌러 구글 시트(Google Sheets)를 생성한다.

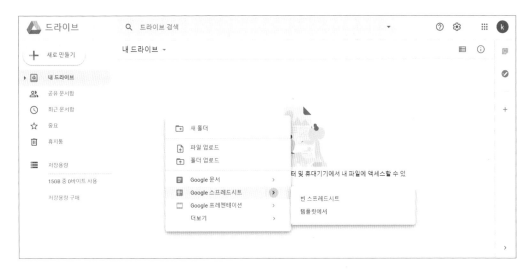

첫 번째 셀에 값을 입력하고 빠져나온 후 공유 설정을 한다.

16

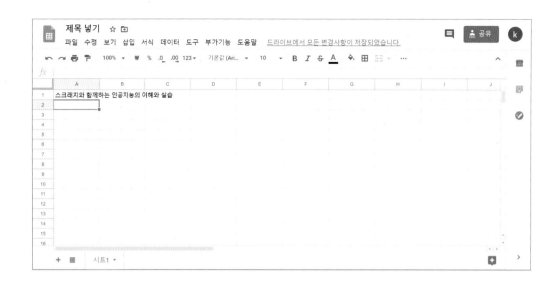

구글 시트는 작업 중에 아무 때나 종료해도 자동 저장되며 최종 수정한 내용을 기준으로 저장된다.

해당 파일에서 오른쪽 버튼을 눌러 [공유]를 선택한 후 [링크가 있는 모든 사용자가 수정할 수 있음] 상태로 두고 링크를 복사한다.

엠블록의 확장에서 [Google 스프레드시트]를 추가한다.

	편집한 시트에 접속한다. (50)을 (1, 1) 위치에 입력한다. (1, 1)의 값을 읽어 반환한다.

이제 간단하게 우리가 가져온 주소를 이용해 공유시트에 연결 후 (1, 1)에 입력했던 자료를 불러와 캐릭터가 말할 수 있도록 한다.

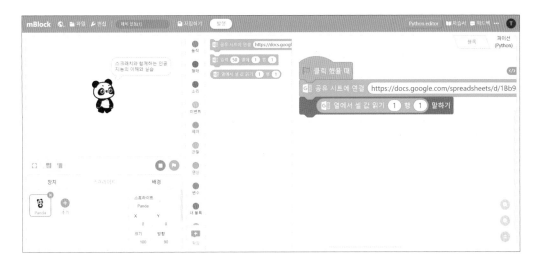

≡ AI Lab

Q 데이터의 속성과 스프레드시트의 행과, 열이 하는 기능과 연관지어 생각해 보자.

Q 데이터의 속성이 2개를 초과할 때는 어떤 형태로 표시할 수 있을까?

Q 스프레드시트의 값을 행렬로 표현하면 어떻게 표현할 수 있을까?

③ → AI Making

1 구글 스프레드시트에 데이터 누적하기

실시간 데이터를 다루다 보면 많이 하는 작업 중 하나는 기록한 데이터를 자동으로 입력하도록 하는 일이다. 실시간으로 데이터를 계속 받으면 이를 그냥 흘려버리지 않고 지속적으로 축적해둬야 나중에 의미 있는 자료가 된다. 엠블록에서 지원하는 기후 데이터를 이용해 구글 스프레드시트에 차례대로 데이터를 입력할 수 있도록 해보자.

[확장]에서 [기후 데이터]를 가져온 후 스프레드시트에 쓸 준비를 한다.

이제 클릭하면 공기질 값이 스프레드시트에 들어와 있는 것을 확인한다.

이를 반복문을 이용해 얼마간의 시간마다 계속 바뀌는 값이 저장되도록 한다.

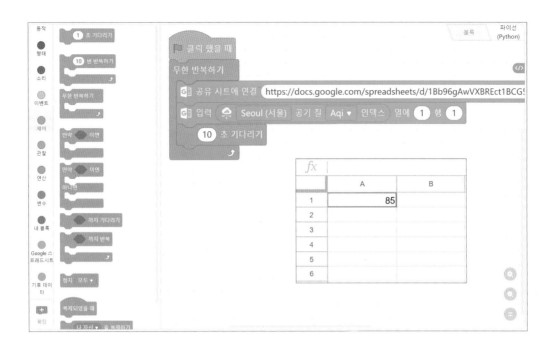

변수를 사용해 1부터 시작해 행을 바꾸면서 값을 입력하도록 만든다.

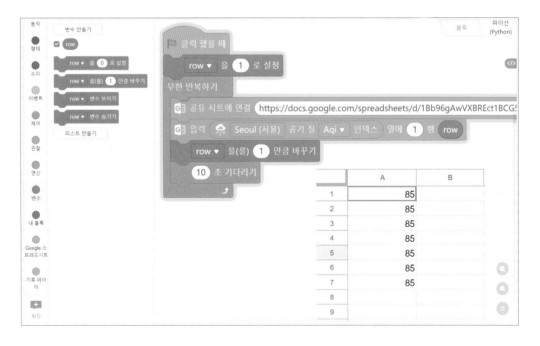

4 AI Extending

■ 누적 데이터베이스 이용하기

일반적으로 데이터를 저장할 때에는 일정한 형식에 맞춰 저장해야 데이터를 정리하고 쓸 수 있다. 따라서 보통은 스프레드시트를 이용해 데이터를 저장하고 관리하는 일이 많다. 이런 형태로 데이터를 쌓아두면 이러한 데이터들이 모여 빅데이터로서의 기능을 할 수 있게 된다. 시간과 공기질을 형식에 맞춰 저장해보자.

선택 1 날짜와 시간의 데이터를 넣고 공기질을 다음 셀에 데이터로 저장한다.

선택 2 다른 공기질의 내용을 더 추가한다.

선택 3 스프레드시트에 저장된 내용 중 알고 싶은 시간대의 공기질을 불러와 말할 수 있도록 한다.

	A	B	C
1	13일1시12분10초	85	
2	13일1시12분28초	85	
3	13일1시12분49초	85	
4	13일1시13분8초	85	

서울의 공기 질 현황 ☆ 🗁
파일 수정 보기 삽입 서식 데이터 도

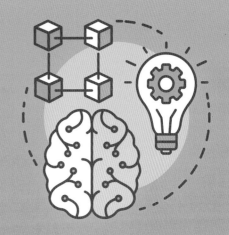

팀 프로젝트

Chapter
17

지금까지 인공지능의 여러 개념과 실습을 해 봤다. 4차 산업혁명과 인공지능의 의미는 단지 그 지식에 있기보다 실제 뭔가를 실현할 때 그 가치를 제대로 알 수 있다. 이제는 앞서 제시한 주제에서 벗어나 자신만의 작품을 만들어보자.

 메이커 프로젝트

메이커란, 디지털 기기나 다양한 도구를 사용해 창의적인 만들기 활동으로 자신의 아이디어를 실현하는 것을 말한다. 항상 사람들은 스스로 뭔가를 만들어왔다. 자신의 아이디어로 실현해내고 유사한 생각을 가진 사람들끼리 의견을 나누며 제품을 개선해 나가는 모든 DIY(Do-It-Yourself) 활동을 메이커 활동이라고 할 수 있다.

메이커 활동에서 가장 중요한 것은 '공유' 정신이다. '오픈 소스'를 통해 서로의 생각을 공유하고 발전시켜 나가면서 연결된 생각의 탁월성을 확인해 나가는 것이다. 메이커 과정은 창의적이면서도 구체적인 결과를 나타낼 수 있다.

메이커 활동에는 어떠한 단계나 제약도, 일관된 동기도 존재하지 않는다. 단지 직접 뭔가를 만들고 공유하고 다른 기술과 경험을 익히는 일을 하는 것이다. 하지만 여기서는 독자와 함께 하기 위해 네 가지의 단계를 설정했다.

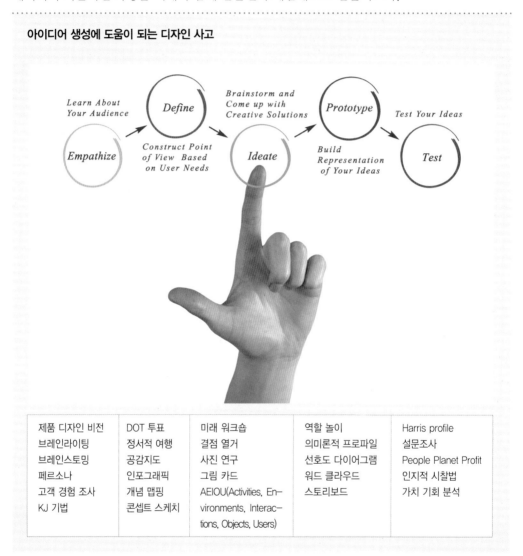

메이커의 기본적인 과정을 책에서 함께 만들면서 체험해보고 만들어보자.

아이디어 생성에 도움이 되는 디자인 사고

제품 디자인 비전 브레인라이팅 브레인스토밍 페르소나 고객 경험 조사 KJ 기법	DOT 투표 정서적 여행 공감지도 인포그래픽 개념 맵핑 콘셉트 스케치	미래 워크숍 결점 열거 사진 연구 그림 카드 AEIOU(Activities, En- vironments, Interac- tions, Objects, Users)	역할 놀이 의미론적 프로파일 선호도 다이어그램 워드 클라우드 스토리보드	Harris profile 설문조사 People Planet Profit 인지적 시찰법 가치 기회 분석

1 Tinkering – 개념화하기

본격적인 제작 활동에 앞서 다양한 재료들을 탐색하고 조합하면서 떠오르는 생각들을 스케치한다. 그리고 인공지능을 적용하거나 활용해 자신이 만들고 싶은 것이 무엇인지에 대해 조금씩 구체화해보자.

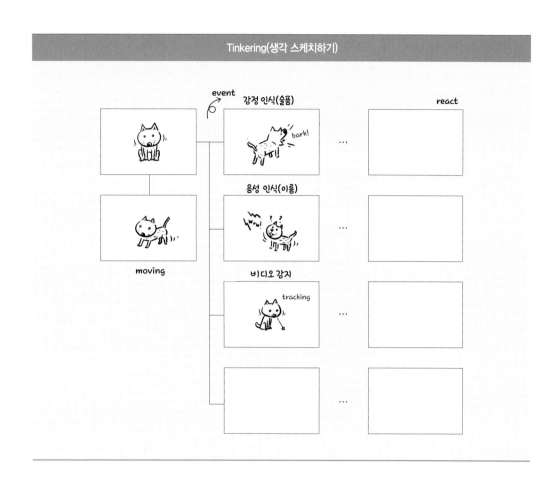

② Making - 아이디어 구체화하기

개인의 아이디어를 구체화해 실제 인공지능이 적용된 결과물을 만들어보자. 실험, 프로토타입 만들기, 문서화 해 다음 단계의 준비하기 등을 포함한다.

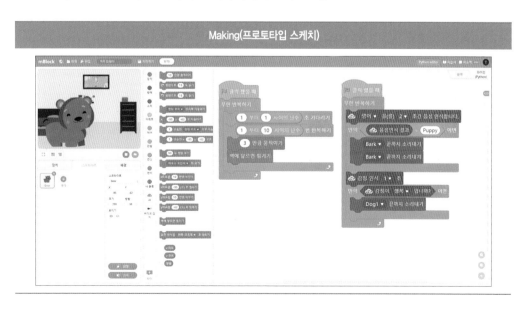

3 Sharing – 공유하기

결과물을 만드는 과정과 결과를 함께 공유한다. 이는 공유 및 개방의 정신을 반영한 것으로, 메이커의 정신이 깃들어 있는 활동이다. 인공지능이 적절하게 적용됐는지 의견을 구한다.

4 Improving – 개선하기

만든 과정과 결과를 되돌아보고 질적으로 좀 더 완성된 새로운 메이킹을 준비하는 활동을 한다. 메이커는 순환적이고 반복적인 것으로 점차 향상되는 방향으로 나아간다.

② 해커톤 프로젝트

해커톤(Hackathon)은 해킹(hacking)과 마라톤(Marathon)의 합성어이다. 처음에는 소프트웨어 개발 분야의 프로그래밍, 그래픽 디자이너, UI 디자이너 등 다양한 분야의 전문가들이 모여 제한된 시간동안 아이디어를 내고 이에 따른 결과물을 만들어내는 이벤트로 시작했다. 실제로 이런 결과물이 애플리케이션, 웹서비스, 비즈니스 모델 등으로 발전해 나가기도 한다. 최근에는 학습자들이 스스로 자기 활동을 선택하고 계획해 새로운 방향으로 문제를 해결하는 하나의 학습 방법으로도 각광받고 있다. 기존에 있었던 방법을 답습하기보다는 팀이 협력하며 새로운 프로젝트를 수행하는 데 중점을 두고 있다. 이 과정에서 원래 긍정적인 의미인 해킹의 즐거운 창의성과 함께 컴퓨팅 사고를 기를 수 있는 장점이 있다.

매우 집중적이고 제한된 시간 동안 긍정적인 해커가 돼 주어진 프로젝트를 마라톤처럼 포기하지 않고 끝까지 문제를 해결할 수 있도록 해보자. 해결하면서 끈기와 도전, 과정의 즐거움, 협력을 느끼며 함께 성장할 수 있다. 해커톤의 절차는 역시 정해진 것이 없다. 하지만 공유된 절차를 가지기 위해 계획하기, 공유하기, 제작하기의 과정을 거치도록 하자.

프로젝트 준비하기	프로젝트 계획하기	프로젝트 설계하기	프로젝트 개발하기	프로젝트 검토와 평가	프로젝트 공유하기

1 프로젝트 준비하기

프로젝트를 구성하기 위해 먼저 멤버들을 구성해보자. 멤버들은 유사한 일을 하거나 유사한 성향을 가진 것보다 여러 성향을 조합하는 게 효과적일 수 있다. 팀원을 모집하기 위해 자신의 프로젝트 아이디어를 홍보하거나 다른 팀에 들어가기 위한 자신의 관심이나 능력을 홍보할 수 있다. 인공지능을 적용한 프로젝트이므로 이에 대한 관심을 모아보자.

내가 좋아하는 프로젝트
• 지금까지 만든 작품 중에 가장 흥미로운 것은 무엇입니까? • 어떤 종류의 작품을 좋아합니까?

해커톤 프로젝트 아이디어
• 상상력을 발휘해 만들고 싶은 주제는 무엇입니까?

나의 능력
• 프로젝트에 도움이 될만한 나의 능력이나 지식, 재능은 무엇입니까?

3~4명의 팀원이 구성됐으면 팀 게시판에 멤버와 팀 이름을 쓰고 관심사를 모아보자.

② 프로젝트 계획하기

프로젝트를 시작하기 위해 아이디어를 탐색하고 작업을 나열할 수 있도록 하자. 프로젝트 주제를 위해 각자 브레인스토밍으로 포스트잇에 몇 가지의 아이디어를 생성하고 모두 모아 주제를 정하도록 하자. 인공지능을 적용한 프로젝트의 주제가 정해지면 이 주제를 목표를 명확히 하고 사용할 수 있는 자원과 도구를 알아보자.

프로젝트 주제	
• 프로젝트명은 무엇입니까?	
자원 및 도구(have)	**자원 및 도구(need)**
• 프로젝트를 위해 이미 갖고 있는 것(능력, 친구, 기존 프로젝트 등)은 무엇입니까?	• AI 프로젝트를 이루기 위해 더 필요한 것은 무엇입니까?

팀원의 역할	프로젝트 단계
• AI 프로젝트에 참여하는 멤버의 역할을 각각 무엇입니까?	• 프로젝트를 성공하기 위한 프로세스는 무엇입니까?

프로젝트의 방향을 확실하게 할 수 있도록 각각의 요소들, 즉 프로젝트 스케치, 작업 개요, 목록, 스토리보드를 작성한다. 아이디어를 낼 때는 충분한 시간을 갖고 낼 수 있도록 한다.

3 프로젝트 설계하기

이제 프로젝트를 명확하게 나타낼 단계다. AI 프로젝트의 진행 과정과 결과를 설계할 수 있도록 하자. 먼저, 프로젝트의 전체 과정을 스토리보드로 나타낼 수 있도록 한다. 큰 칠판이 없다면 포스트잇을 이용해 벽에 붙이고 작업이 한눈에 보이도록 정리한다. 간단한 그림과 설명이 곁들여지면 좋다.

또한 해당 작업의 결과물로 얻어지는 최종적인 청사진이 명확하게 그려지는 것도 좋다. 작업 구성원 모두가 최종적인 결과물의 비전을 확실하게 공유하는 것이 매우 도움이 된다.

프로젝트 목표
• 이 프로젝트는 어떤 가치를 창출합니까?   • 인공지능이 적절하게 적용됐나요?

4 프로젝트 개발하기

자신이 맡은 역할을 충실히 이행하고 작업한 결과물을 서로 융합해 하나의 큰 프로젝트가 완성될 수 있도록 한다. 먼저 자신이 맡은 부분의 작은 목표를 명확히 하고 하나씩 개발해본다. 만드는 과정에서 기존의 자원과 새로운 자원을 적극적으로 탐색하도록 한다.

개발 노트

오늘 제작의 목표
• 오늘 제작할 수 있는 목표는 무엇입니까?

추가로 필요한 자원
• 만드는 과정에서 더 필요한 것은 무엇입니까?

피드백
• 만들면서 느낀 점은 무엇입니까? • 만든 부분이 프로젝트에서 어떤 역할을 합니까?

자신이 만든 모듈이 잘 활용될 수 있도록 개발 스튜디오에 추가해 관리한다.

5 프로젝트 검토와 평가

프로젝트를 검토하기 위해 다양한 방법으로 팀을 구성하도록 한다. 자신이 만든 부분을 제외하고 팀을 구성하는 것도 좋고 돌아가면서 피드백을 주는 것도 좋다. 면밀히 살펴볼 수 있도록 피드백 질문을 이용하거나 자세하게 쓸 수 있는 학습지를 제공한다.

피드백

프로젝트명: _____ 검토자: _____

G 이 프로그램의 기능은 무엇인가? (가치 확인)
_____
_____

S 이 프로그램의 장점은 무엇인가?
_____
_____

이 프로그램에서 개선할 점은 무엇인가?
_____
_____ **W**

A 추가 조언
_____
_____

사용자 경험
☺ ☹ 😖
□ □ □

검토가 끝났으면 피드백 그룹이 작성한 결과를 받고 프로젝트를 제작할 때 필요하거나 추가할 내용에 대해 듣는 시간을 갖는다. 의도가 궁금한 경우 적극적인 질문을 통해 해결책을 찾자. 피드백이 끝나면 다시 자신의 부분을 수정할 시간을 갖는다.

⑥ 발표와 공유하기

최종적으로 프로그램을 하나의 프로그램으로 만들고 이를 공유할 시간을 갖도록 하자. 프로젝트를 설명할 수 있도록 설명서를 작성하고 팀원들끼리 과정에 대한 소감을 나눌 수 있도록 한다. 먼저 팀원들끼리 프로젝트 제작 과정을 되돌아보자.

AI 프로젝트로 만든 것은 무엇인가?
• 어떤 가치를 창출하기 위한 프로젝트입니까? • 어떤 아이디어로부터 제작을 시작했습니까?
AI 프로젝트를 만들면서 느낀 점
• 프로젝트를 하는 과정은 어떠했습니까? • 재미있던 점은 무엇입니까? • 어려웠던 점이나 새로 알게 된 점은 무엇입니까?
작품을 완성하고 난 후
• 여러분의 AI 작품에서 가장 주요한 점은 무엇입니까? • 다음에 추가로 개발하고 싶은 것은 무엇입니까?

해당 내용을 팀원과 공유해보고 서로 소감을 나눴으면 발표 자료를 준비한다. 발표 자료는 자유롭게 구성하되 목표와 과정, 기능이 잘 드러나도록 하며 초기에 만들었던 스토리보드와 피드백 질문지도 확인한다. 그리고 질문에 대한 예상 대답도 미리 준비한다. 그리고 최종적으로 발표를 하며 경험을 다시 상기해보자.

17

놀랍게 쉬운 인공지능의 이해와 실습

2021. 1. 11. 1판 1쇄 인쇄
2022. 1. 17. 1판 2쇄 발행

지은이 | 한선관, 류미영, 김태령, 고병철, 서정원
펴낸이 | 이종춘
펴낸곳 | **BM** ㈜도서출판 **성안당**

주소 | 04032 서울시 마포구 양화로 127 첨단빌딩 3층(출판기획 R&D 센터)
　　　| 10881 경기도 파주시 문발로 112 파주 출판 문화도시(제작 및 물류)

전화 | 02) 3142-0036
　　　| 031) 950-6300
팩스 | 031) 955-0510
등록 | 1973. 2. 1. 제406-2005-000046호
출판사 홈페이지 | **www.cyber.co.kr**
ISBN | 978-89-315-5684-1 (93000)
정가 | **25,000원**

이 책을 만든 사람들

책임 | 최옥현
기획·편집 | 조혜란
진행 | 안종군
교정·교열 | 안종군
일러스트 | 김학수
본문·표지 디자인 | 앤미디어, 박원석
홍보 | 김계향, 이보람, 유미나, 서세원
국제부 | 이선민, 조혜란, 권수경
마케팅 | 구본철, 차정욱, 나진호, 이동후, 강호묵
마케팅 지원 | 장상범, 박지연
제작 | 김유석

■ 도서 A/S 안내

성안당에서 발행하는 모든 도서는 저자와 출판사, 그리고 독자가 함께 만들어 나갑니다.
좋은 책을 펴내기 위해 많은 노력을 기울이고 있습니다. 혹시라도 내용상의 오류나 오탈자 등이 발견되면 **"좋은 책은 나라의 보배"**로서 우리 모두가 함께 만들어 간다는 마음으로 연락주시기 바랍니다. 수정 보완하여 더 나은 책이 되도록 최선을 다하겠습니다.
성안당은 늘 독자 여러분들의 소중한 의견을 기다리고 있습니다. 좋은 의견을 보내주시는 분께는 성안당 쇼핑몰의 포인트(3,000포인트)를 적립해 드립니다.
잘못 만들어진 책이나 부록 등이 파손된 경우에는 교환해 드립니다.